Marcel Reich-Ranicki
Sieben Wegbereiter

Marcel Reich-Ranicki

Sieben Wegbereiter

SCHRIFTSTELLER DES
ZWANZIGSTEN JAHRHUNDERTS

Arthur Schnitzler · Thomas Mann
Alfred Döblin · Robert Musil · Franz Kafka
Kurt Tucholsky · Bertolt Brecht

Deutsche Verlags-Anstalt
Stuttgart München

Für
Rüdiger Volhard
sehr herzlich
und dies
mit gutem Grund

Inhalt

Inhalt

BERTOLT BRECHT
Ungeheuer oben   255

Vorbemerkung

Wegbereiter – das ist ein schönes, altes Wort, gebräuchlich schon im späten Mittelalter. Doch was hat es besagt? Wurden mit ihm jene bezeichnet, die uns einen Weg bereiteten, wohin auch immer? Ja und nein. Denn zunächst war es, wenn wir uns auf die Literatur verlassen können, nur für einen Einzigen bestimmt und reserviert: für Jesus Christus. So wurde es im sechzehnten Jahrhundert verwendet (vor allem von Hans Sachs), so auch im siebzehnten Jahrhundert, zumal von Simon Dach.

Aber im achtzehnten Jahrhundert ist die Bedeutung dieser Vokabel stark erweitert: Nicht nur Jesus war es, der nun den Weg bereitete, dies taten jetzt auch die großen Repräsentanten des Geistes. Herder sprach von einem »wegbereitenden Herold der Wissenschaften« und Hegel, etwas später, von der »Wegbereitung für den Einzug wahrer Philosophie«. Mittlerweile ist mit dem Wort nichts anderes gemeint als ein Mensch, der mit Erfolg für etwas Neues eintritt – in der Kunst, in der Wissenschaft, in der Literatur und auch in der Politik.

Die sieben Schriftsteller, die in diesem Buch unter dem Stichwort »Wegbereiter« zusammengefaßt sind, haben mich schon in meiner Schulzeit, im Berlin der dreißiger Jahre, interessiert und irritiert und auch fasziniert. Die Novellen Arthur Schnitzlers, die Romane Thomas Manns und Alfred Döblins, die frühe Prosa Robert Musils, die Gleichnisse Franz Kafkas, die Feuilletons Kurt Tucholskys und schließlich die Lyrik des jungen Bertolt Brecht – das alles übte auf mich eine besondere, eine beinahe magische Anziehungskraft aus.

Zunächst hat das natürlich mit der außerordentlichen Qualität dieser Literatur zu tun. Hinzu kam noch ein aktueller Umstand, den ich nicht ignorieren konnte und wollte: Es handelte sich um Autoren, die im »Dritten Reich« verboten oder zumindest unwillkommen waren und die man auf jeden Fall in den Bibliotheken nicht erhalten und in den Antiquariaten nur mühselig finden konnte. Denn Thomas Mann und Alfred Döblin, Kurt Tucholsky und Bertolt Brecht gehörten zu den politischen Emigranten, der Österreicher Robert Musil schloß sich ihnen 1938 an, Franz Kafka und Arthur Schnitzler waren schon tot, doch als Juden verfemt.

Zur Attraktion, die man immer verbotenen Früchten nachsagen kann, gesellte sich bald ein anderer, keineswegs schwächerer Reiz – jener der Modernität. Wahrscheinlich habe ich es damals eher gespürt und geahnt als tatsächlich begriffen, daß mit den frühen Büchern Schnitzlers, Thomas Manns und Musils und der noch vor dem Ersten Weltkrieg folgenden Prosa Döblins und Kafkas eine neue Epoche der deutschen Literatur begonnen hatte.

Schnitzlers »Leutnant Gustl« und Thomas Manns »Buddenbrooks«, 1901 gleichzeitig erschienen, stehen, so unterschiedliche Werke es auch sind, am Anfang dieses Zeitalters. In Schnitzlers bahnbrechender Novelle sehen wir alles, anders als bis dahin in der erzählenden deutschen Prosa, mit den Augen der im Mittelpunkt befindlichen Figur. Wichtiger noch: Was sich hier abspielt, ereignet sich nahezu ausschließlich im Bewußtsein eben dieser Figur. So erhebt die Geschichte des Leutnants Gustl den inneren Monolog (zum ersten Mal in unserer Literatur und übrigens viele Jahre vor dem »Ulysses« von James Joyce) zum einzigen Ausdrucksmittel der erzählenden Prosa und erreicht mit ihm – auf wahrhaft überwältigende Weise – alle angestrebten Wirkungen.

Mit dem »Leutnant Gustl« und mit den »Buddenbrooks«

beginnt in der deutschen Literatur die Epoche der Psychologie. Freuds gern zitierte Feststellung, was er »in mühseliger Arbeit an anderen Menschen aufgedeckt habe«, das wisse er, Schnitzler, dank »Intuition und Selbstwahrnehmung«; im Grunde seines Wesens sei Schnitzler »ein psychologischer Tiefenforscher«. Dieses Wort gilt auch für Thomas Mann, für Döblin und Musil, für Kafka.

Die Erkenntnisse der Psychologie ermöglichten die Verfeinerung und Vertiefung auch und vor allem der erotischen Geschichten. Das Sexuelle, bisher verschwiegen und ausgespart oder nur knapp angedeutet, wurde nun in den Themenkreis der Literatur einbezogen. Thomas Mann vergegenwärtigte in seiner Erzählung »Der kleine Herr Friedemann« (1898) die Leiden seines unglücklichen, seines untergehenden Helden an der Geschlechtlichkeit, er zeigte mit einer in der deutschen Sprache noch nie gekannten Virtuosität die Sexualphantasien, die Masturbationsvisionen des pubertierenden Hanno Buddenbrook.

Wie Intellektualität in den Sadismus übergehen kann und der Ästhetizismus in den Terror, verdeutlichte Musil in den »Verwirrungen des Zöglings Törless« (1906). In seiner Erzählung »Das verzauberte Haus« (1908) und in dem Band »Vereinigungen« (1911) beobachtete Musil, ein ausgebildeter Mathematiker, mit nahezu mathematischer Genauigkeit die sexuellen Regungen und Qualen seiner Gestalten. Döblin, von Beruf Psychiater, drang in seiner Erzählung »Die Ermordung einer Butterblume« (1913) in die tiefsten Schichten des Unbewußten vor und zeigte die Voraussetzungen, die Symptome und auch die Folgen einer Geisteskrankheit.

Für die einsamen Menschen, die sich in dieser Literatur gegen das Dasein wehren, zerfällt die Welt in eine Fülle von Einzelheiten. Sie lassen sich zwar beobachten, doch haben sie keinen Sinn, sie ergeben keinen Zusammenhang. Die

Welt erweist sich als absurd. Das ist das zentrale Motiv Kafkas. In seiner Prosa ist das Ungeheuerliche banal und das Gewöhnliche unheimlich. Er zweifelte die rational erfaßbare Wirklichkeit an und gab dem Irrationalen und Dämonischen wirkliche Züge. Er verwandelte die Realität in einen Tagtraum, der wiederum eine Realität ist.

Neue Wege ging auch Bertolt Brecht, der als Dramatiker gegen die Tradition rebellierte und das epische Theater verwirklichte und der als Lyriker, meist an traditionelle Formen anknüpfend, gleichwohl und vielleicht in noch höherem Maße ein Wegbereiter war. Und Kurt Tucholsky? Gehört er wirklich hierher? Ja, ich bin dessen sicher. Denn er hat das Feuilleton wie kein anderer Autor im zwanzigsten Jahrhundert modernisiert, er hat dank ungewöhnlicher Treffsicherheit und Anschaulichkeit seiner betont flotten und bisweilen auch kokett-ungezwungenen Diktion einen Einfluß ausgeübt, der, obwohl auf Schritt und Tritt erkennbar, immer noch unterschätzt wird.

Allerdings sollte man nicht meinen, ich hätte die Werke dieser Schriftsteller in meiner Jugend gelesen, weil sie eine außerordentliche Rolle in der deutschen Literaturgeschichte gespielt haben. Die Wahrheit ist viel simpler: Ich habe sie benötigt, weil ich auf der Suche nach Unterhaltung und Vergnügen war. Und sie haben mich in der Regel durchaus nicht enttäuscht.

Zu allen diesen Schriftstellern kehrte ich an den verschiedenen Abschnitten meines Lebens immer wieder zurück – staunend und bewundernd, bisweilen zweifelnd und letztlich stets aufs neue begeistert. Die Wegbereiter wurden meine Wegbegleiter.

Frankfurt am Main, im Juli 2002   M. R.-R.

ARTHUR SCHNITZLER

Auch das Grausame kann diskret sein

Als Arthur Schnitzler sechzig Jahre alt wurde, veröffentlichte die »Neue Rundschau« zusammen mit anderen Geburtstagsartikeln auch einen kurzen Gruß von Thomas Mann. Neben einigen eher konventionellen Wendungen – so über »die Vereinigung von Leidenschaft und Weisheit, Strenge und Güte« – fällt hier der Versuch auf, den Jubilar in die Nähe eines ebenfalls 1862 geborenen Dichters zu rücken, nämlich Gerhart Hauptmanns. Beide seien, meinte Thomas Mann, »in eine ähnlich repräsentative Stellung hineingewachsen«[1]. Hauptmann und Schnitzler als ebenbürtige Figuren der zeitgenössischen Literatur? Damit deutete Thomas Mann nur an, wie es seiner Ansicht nach sein sollte, nicht aber, wie es tatsächlich war. Denn die Rolle, die Schnitzler damals, 1922, in der Öffentlichkeit spielte, ließ sich mit dem hohen Ansehen, in dem Hauptmann stand, kaum vergleichen.

»Wie ein Baum zieht er seine Säfte aus der schlesischen Erde, aber seine Krone ragt in den Himmel ...« – heißt es über Hauptmann in Klabunds populärer Literaturgeschichte.[2] Bei dem Namen Schnitzler dachte man nicht gerade an die Säfte der Erde, sondern eher an das Pflaster der Großstadt; und nicht die Erinnerung an den Himmel rief er wach, sondern an die Dachkammer des süßen Mädels und an das Boudoir der *Femme fatale*.

Der eine galt als Poet aus dem sagenumwobenen Riesengebirge, der andere nur als Literat aus dem Wiener Kaffee-

haus. Hauptmann feierte man als Seher, der tastend und rau-
nend den Weg zu den Müttern suche und zugleich die deutsche Zwietracht mitten ins Herz zu treffen wisse. Schnitzler
hingegen hatte den Ruf eines mehr oder weniger charman-
ten Leichtgewichtlers, ja, eines Erotikers, was in der Vorstellung vieler deutscher Leser gleichbedeutend war mit dem
Zug zum Frivolen und der Neigung zum Schlüpfrigen.

Wurde der Autor der »Weber« und der »Ratten« mit der
Kennmarke »Dichter des Mitleids« versehen, so hatte man
den anderen als Dichter nicht etwa der Liebe abgestempelt,
sondern bloß der Liebelei. Und während Hauptmann, der
mit den Idealen seiner Sturm- und Drangzeit längst nichts
mehr zu tun haben wollte und sich in den zwanziger Jahren
politischer Enthaltsamkeit befleißigte, gern als Repräsentant
der Weimarer Republik anerkannt wurde und allmählich
zum Klassiker aufstieg, sah sich Schnitzler in jener Zeit in
die Rolle eines liebenswürdig-harmlosen, auf jeden Fall aber
antiquierten Außenseiters gedrängt.

Noch hatte er zahlreiche Leser – seiner 1924 erschienenen
Novelle »Fräulein Else« war ein großer Publikumserfolg be-
schieden; noch wurden einige seiner Stücke, ältere zumal,
von vielen Bühnen gespielt. Symptomatisch ist allerdings, aus
heutiger Sicht, ein Vorfall, der sich im Herbst 1924 in einem
Berliner Theater ereignet hatte: Zwei Männer störten die
Vorstellung des Dramas »Der einsame Weg« mit, wie berichtet wird, »überaus lautstarken« Bekundungen ihres Mißfal-
lens – es sei, riefen sie, unbegreiflich, daß man derartigen
»Schund« aufführe. Die so stürmisch gegen Schnitzlers Stück
protestierten, waren zwei jüngere Dramatiker: Bertolt Brecht
und Arnolt Bronnen.[3]

Als im Frühjahr 1926 der preußische Kultusminister die
Gründung einer »Sektion für Dichtkunst« an der Akademie
der Künste zu Berlin angeordnet hatte, wandte sich die Re-

daktion der »Literarischen Welt« an rund 20.000 ihrer regelmäßigen Leser mit der Frage, wer nach deren Ansicht dieser Sektion angehören sollte.[4] Auch wenn wir nicht wissen, wie viele Leser die Umfrage tatsächlich beantwortet haben, zeigen ihre Ergebnisse sehr deutlich, welche Schriftsteller damals populär waren und von dem an der Literatur interessierten Publikum geschätzt wurden.

Über hundert Stimmen erhielten siebenundzwanzig Autoren, darunter auch mehrere Österreicher. An der Spitze der Liste stand mit weitem Vorsprung Thomas Mann, für den 1421 Leser votierten. Es folgten Franz Werfel (682 Stimmen) und Gerhart Hauptmann (594), ferner Rudolf Borchardt, Stefan George, Alfred Döblin, Rainer Maria Rilke und Hermann Hesse. Die nächsten auf der Liste, Albrecht Schaeffer und Fritz von Unruh, beide heute fast vergessen, hatten immerhin mehr Befürworter als Heinrich Mann, Ricarda Huch, Jakob Wassermann und Leonhard Frank. Und Georg Kaiser, der sich auf dem fünfzehnten Platz fand, schnitt besser ab als Stefan Zweig, Ernst Toller, Arno Holz, Hugo von Hofmannsthal (!) und Klabund. Auch Brecht war unter den siebenundzwanzig vorgeschlagenen Schriftstellern, freilich erst auf dem vierundzwanzigsten Platz. Den Namen Arthur Schnitzler sucht man auf dieser Liste vergeblich.

Für die neue Generation waren die Motive Schnitzlers belanglos geworden, und seine Gestalten muteten so fremd an wie seine Stoffe verstaubt. Die Welt, aus der er schuf, habe der Krieg zerstampft, so daß »seine ganze Kultur für lange oder für immer vernichtet scheint«, urteilte 1922 Stefan Zweig.[5] Damit sagte er damals nichts Neues, denn schon während des Krieges hatten viele Rezensenten Schnitzler immer wieder als Dichter nicht mehr vorhandener Milieus und niemanden angehender Fragen bezeichnet, wenn nicht beschimpft.

Auch das Spätwerk Schnitzlers, zu dem einige beachtliche Erzählungen gehören, blieb ohne Einfluß auf die literarische Welt: Kurt Tucholsky scheint von ihm nur die Novelle »Leutnant Gustl« aus dem Jahre 1900 gelesen zu haben, für Walter Benjamin, Georg Lukács und Theodor W. Adorno hat er offenbar überhaupt nicht existiert, in Brechts Schriften, Briefen und Tagebüchern wird sein Name kein einziges Mal erwähnt. Schnitzler, noch kurz zuvor von Thomas Mann als eine oder gar *die* repräsentative Figur der Gegenwartsliteratur gepriesen, wurde nun hartnäckig ignoriert. Als er 1931 starb, würdigte man ihn in meist knappen und kühlen Nachrufen nur als Autor einer abgeschlossenen Epoche, einer »versunkenen Welt«, den man nicht zu Unrecht vergessen habe.

Inzwischen hat sich das Blatt gewendet. Zwar stellt niemand die literarhistorische Bedeutung Hauptmanns ernsthaft in Frage, doch dominiert im Verhältnis zu ihm, was schlimmer ist als Mißbilligung und Verwerfung – Gleichgültigkeit. Ob er es verdient hat oder nicht – man hat den einst so geschätzten und so beliebten Dramatiker vorerst ins Museale entlassen.

Schnitzler hingegen wurde unverkennbar rehabilitiert und aufgewertet: Er gehört heute zu den wenigen deutschsprachigen Schriftstellern der Zeit um 1900, für die sich die Wissenschaftler in wachsendem Maße interessieren und die zugleich einen festen Platz im Bewußtsein des Publikums haben. Das Theater und das Fernsehen haben hierzu ebenso beigetragen wie Veröffentlichungen, die seinem Werk neue Züge hinzufügen und uns lehren, seine Person anders und genauer als bisher wahrzunehmen.

Autoren, die den Lesern ihren Nachlaß schon zu Lebzeiten offerieren, hat Schnitzler verspottet. So ist es denn nicht verwunderlich, daß sich der seinige als besonders reichhaltig erwiesen hat. Nachdem zunächst zwei unbekannte, doch nahezu vollendete Dramen (»Das Wort«, 1966, und »Zug der Schatten«, 1970) sowie das autobiographische Buch »Jugend in Wien« (1968) gedruckt wurden, folgte 1977 ein stattlicher und überaus bemerkenswerter Band mit Skizzen und Notizen (»Entworfenes und Vorgeworfenes«).

Ferner fanden sich im Nachlaß erstaunlich viele Briefe: Nach Bänden, die der Korrespondenz mit einzelnen Personen gewidmet waren (unter anderem mit Hofmannsthal, Otto Brahm und Georg Brandes sowie mit den Freundinnen Olga Waissnix und Adele Sandrock), erschien 1981 der über tausend Seiten umfassende Band »Briefe 1875 – 1912«, eine Fundgrube auch und vor allem für den Kenner der Materie. Schließlich hat man damit begonnen, das gigantische Tagebuch Schnitzlers zugänglich zu machen: die beiden 1981 und 1983 publizierten Bände betreffen die Zeit von 1909 bis 1916.

Und die Forschungsliteratur? Eine weltweite Schnitzler-Industrie, vergleichbar mit jener, die sich im Zeichen anderer deutscher Jahrhundertschriftsteller, Franz Kafkas zumal, entwickelt hat, gibt es vorerst nicht – und das mag, vom Rang des Wiener Autors abgesehen, auch mit einem Umstand zusammenhängen, der sich auf seine Beliebtheit bei den Literaturwissenschaftlern eher ungünstig auswirkt: Den Werken Schnitzlers fehlt es an jener Dunkelheit, die die Interpreten schätzen und lieben, weil sie gerade ihr ihre Daseinsberechtigung, ja ihre Unentbehrlichkeit verdanken.

Dennoch ist zur Klage kein Anlaß. Mittlerweile haben wir eine Reihe von Monographien und ungezählte gelehrte Beiträge in Sammelbänden und Zeitschriften erhalten. Von diesen Untersuchungen scheint mir die bescheidenste auch die nützlichste: die sich aller Deutungen und Spekulationen enthaltende und den billigen Positivismus-Vorwurf nicht fürchtende Biographie von Renate Wagner, ein materialreiches und informatives Buch, das nicht nur gründlich, sondern auch vernünftig und zuverlässig ist.[6]

Schnitzlers Werk lebt also, und es trifft bisweilen auf eben jenen Widerspruch, der dem einst viel berühmteren Gerhart Hauptmann heute in der Regel verweigert wird. Indes sollten wir uns vor Übertreibungen hüten: Noch kann von einer Schnitzler-Renaissance nicht die Rede sein; und noch ist Hauptmann nicht ganz in Vergessenheit geraten. Nichts wäre unsinniger, als die einst von Lukács propagierte Alternative »Franz Kafka oder Thomas Mann?« auf Schnitzler und Hauptmann übertragen und den einen gegen den anderen ausspielen zu wollen. Sehr wahrscheinlich wird auch Hauptmanns Zeit wiederkommen, vielleicht irgendwann im 21. Jahrhundert. Aber die Frage ist nicht überflüssig, warum wir Schnitzler hier und heute als den ungleich moderneren Autor empfinden.

Beide wollten zeit ihres Lebens von Ideologien nichts wissen, beide hielten nichts von moralischen Rezepten und sozialen Patentlösungen, beide versuchten, der Politik zu entgehen, ihr Leben von ihr freizuhalten, sofern dies nur irgend möglich war. Kein Zweifel: Diese ganze Sphäre interessierte sie überhaupt nicht. Aber das trotzige Desinteresse hatte sehr unterschiedliche Wurzeln.

Was bei Schnitzler dem Mißtrauen des Wissenden und der Schwermut des Skeptikers entsprang, kam bei Hauptmann vornehmlich aus der Intuition, aus seiner Mentalität, für die eine gewisse Trägheit charakteristisch ist und auch geistige Schwerfälligkeit, jedenfalls aber die augenscheinliche Unlust an der Reflexion. Wer will, kann hier auch eine Tugend erblicken und von grandioser, ja gelegentlich überwältigender Naivität sprechen.

Sollte unser distanziertes Verhältnis zu Hauptmann mit dieser Naivität, mit seiner offenkundigen Intellektarmut und

mit seiner bisweilen rührenden Provinzialität zu tun haben?
Ist hier etwa der Grund, weshalb uns die Werke dieses stammelnden Dichters und dennoch bewundernswerten Dramatikers, obwohl wir ihnen Dutzende herrlicher Figuren verdanken, meist überlebt oder zumindest allzu vordergründig
scheinen? Man kann sich des Eindrucks nicht erwehren, daß
Fontane uns heute näher steht als Hauptmann und daß wir
die uns bewegenden Fragen, auch wenn Büchner ein halbes
Jahrhundert vor ihm geboren wurde, eher im »Woyzeck« als
im »Fuhrmann Henschel« finden, eher in »Dantons Tod« als
im »Florian Geyer«.

Und gilt nicht, was hier für Fontane und Büchner in
Anspruch genommen wird, für Schnitzler ebenfalls? Anders
als der schwerblütige, oft dumpfe Schlesier war der gewandte
und urbane Wiener ein Poet und kritischer Intellektueller,
Sprachkünstler und nüchterner Seelenforscher in einem.
Seine Stücke, Novellen und Romane spielen zwar in verschiedenen Ländern und Epochen, aber sie lassen sich allesamt als Bruchstücke einer einzigen, einer großen Geschichte
lesen – und diese kann uns wahrlich nicht gleichgültig
sein. Denn es ist die Geschichte eines Verfalls: Die Bedrohung und der Untergang der bürgerlichen Welt und der
europäischen Zivilisation, die Heimatlosigkeit und die Entfremdung des Intellektuellen – das sind Schnitzlers zentrale
Themen.

Von Einsamkeit gequält, sehnen sich seine Helden nach
der Frau. Aber ob sie nun – um eine Formulierung aus seinem »Anatol« aufzugreifen – in jeder Kokotte das Weib zu
finden hoffen oder in jedem Weib die Kokotte, enttäuscht
werden sie allemal: Nirgends spüren sie ihre Einsamkeit
schmerzhafter als im Bett der Geliebten. So wenden sie sich
rasch von ihr ab, um das Glück bei der nächsten zu suchen.
Doch die Liebe bleibt ihnen versagt: Diese fortwährende

Jagd ist nichts anderes als ein Zeichen ihrer Unfähigkeit, mit dem Leben fertigzuwerden.

Persönliches und Allgemeines bilden im Werk Schnitzlers eine selbstverständliche Einheit, eine Synthese. Und je privater die Motive, desto deutlicher das Bild der Gesellschaft, die er kritisierte. Folglich wird sie am strengsten gerade in jenem seiner Stücke verurteilt, in dem er den Menschen in der intimsten Situation zeigt – vor und nach dem Coitus, also im »Reigen«. Er war, wie kaum ein anderer deutscher Schriftsteller, ein erotischer Zeitkritiker und ein zeitkritischer Erotiker.

Aber was sich ursprünglich nur auf die bürgerliche Welt im Österreich der Jahrhundertwende bezog und wovon man nach 1914 in Deutschland ebenso wie in der Heimat Schnitzlers nichts mehr hören wollte, das gerade hat für uns eine neue Aktualität gewonnen. Doch was uns interessiert, wenn nicht gar fasziniert, ist nicht allein das Bild jenes Fin-de-siècle-Milieus, das seinen Untergang sanft erleidet und fast wollüstig genießt – es ist der Prozeß des Untergehens selbst.

So wurde Schnitzler zum Dichter der großen Vergeblichkeit, des Scheiterns und des Abschieds, des sinnlosen Lebens und des sinnlosen Sterbens. Niemals ausgesprochen, geistert durch sein Werk das Bibelwort »Es ist alles ganz eitel«. Und ähnlich wie bei Thomas Mann gehen auch bei ihm Verfall und Verfeinerung Hand in Hand: Sie bedingen sich gegenseitig. Ist es also verwunderlich, daß Schnitzler uns näher steht als fast alle seine Generationsgenossen und die meisten der Nachgeborenen?

Überdies: Wir leben in der Nach-Brecht-Epoche; unter seinem Einfluß und im Widerspruch zu seinen Konzeptionen hat sich unser Geschmack gebildet. Er war ein Genie, gewiß, aber ein Genie mit dem Nürnberger Trichter – und ein unentwegter und unermüdlicher Lehrmeister, der mit jedem seiner Stücke (von den frühesten abgesehen) ein Scherflein zu jenem Klassenkampf beitragen wollte, den er als Impuls und als Thema für sein Werk benötigte. Es hat mit dem Überdruß an ihrer allzu aufdringlichen Didaktik zu tun, daß die meisten Bühnenwerke Brechts kaum noch gespielt werden, was nicht in jedem Fall bedauerlich ist: Wir glauben heute weniger denn je, es seien gerade die Dichter befugt und imstande, uns zu belehren und zu erziehen.

Auch deshalb wächst unsere Sympathie für Autoren, denen – wie eben Schnitzler – das Pädagogische in der Literatur fremd und verpönt ist. 1913 schrieb er in einem Brief: »Ich empfinde es als meinen Beruf, Menschen zu gestalten, und habe nichts zu beweisen als die Vielfältigkeit der Welt.«[7] Die moralischen Folgerungen, die sich aus seinen Arbeiten ziehen lassen, werden den Lesern überlassen und höchstens zwischen den Zeilen angedeutet. Und wenn in seinen Dramen und Novellen das Schicksal zuschlägt, dann geschieht dies stets gleichsam *con sordino* – es naht gedämpft auf leisen Sohlen. In der Welt Schnitzlers ist sogar das Grausame diskret und dezent.

Er hat auch alle, die sich von ihm Auskünfte über den Sinn seiner Dichtungen erhofften, konsequent zurückgewiesen. Als er 1905 um eine Erläuterung seiner Novelle »Andreas Thamayers letzter Brief« gebeten wurde, antwortete er, daß es ihm »recht prätentiös vorkäme, zu einer so einfachen Geschichte eine Art von Kommentar zu verfassen. Wenn die Novelette nicht verständlich ist, so bitte ich freundlichst, sie als mißlungen zu betrachten«[8].

Erst die 1981 und 1984 publizierten Briefe zeigen, wie wenig Schnitzler – im Unterschied zu Thomas Mann, zu Brecht und zu den meisten anderen großen Schriftstellern des zwanzigsten Jahrhunderts – bereit war, als sein eigener Werbechef zu fungieren. Literaturhistorikern und Kritikern, die ihn nach seiner Biographie befragten, empfahl er, sich an seine Bücher zu halten: Ohnehin pflege der Künstler mit seinen Werken »unbewußt und wenigstens gegen seinen Willen mehr von seinem Leben mitzutheilen«, als notwendig sei. Oder er verwies auf die »spärlichen, aber meinem Öffentlichkeitsbedürfnis vollkommen genügenden Angaben in Kürschners Literaturkalender«.[9]

Als Julius Kapp 1911 eine Monographie über ihn geschrieben hatte, lehnte es Schnitzler ab, diese Arbeit vor ihrer Veröffentlichung zu lesen: »Wenn Sie gelegentlich nicht ganz richtig interpretiert haben sollten, so sehe ich darin ein geringeres Malheur, als wenn Ihre Darstellung durch mich selbst beeinflußt werden sollte.«[10] Kapp schickte ihm dennoch einen Teil des Manuskripts, Schnitzler war nicht mit allem einverstanden, blieb aber dabei, daß er sich hierzu nicht äußern könne. Er beanstandete nur eine einzige Formulierung: eine abschätzige Bemerkung über einen Kollegen, wenn nicht Konkurrenten – über Hofmannsthal.

Nach der Lektüre einer anderen, etwa gleichzeitig erschienenen Schnitzler-Monographie schreibt er ihrem Autor, Victor Klemperer, er selber sehe viele seiner Arbeiten anders: »So glaube ich z. B., daß Sie den Paracelsus beträchtlich überschätzen. Ich hab ihn gestern auf Ihr Büchlein hin wieder gelesen (was mir mit meinen Sachen selten passiert) und finde ihn künstlerisch ziemlich schwach …« Die Novelle »Sterben«, wohl die bedeutendste Prosaarbeit seiner frühen Jahre, wolle er nicht noch einmal lesen, »aber wenn mich meine Erinnerung nicht trügt, würden Sie mich auch hier nicht ganz auf Ihrer enthusiastischen Seite finden«.[11]

Wer etwa argwöhnen sollte, Schnitzler habe dem Korrespondenzpartner seine Objektivität oder seine Fähigkeit zur Selbstkritik demonstrieren wollen, kann feststellen, daß er in seinem Tagebuch keineswegs anders urteilt. Denn als er ein

Jahr nach dem zitierten Brief sich überwinden und, da eine Gesamtausgabe seiner Werke vorbereitet wurde, die Novelle »Sterben« doch wieder lesen mußte, lautete die knappe Eintragung: »Ein begabtes aber peinliches Buch (in tieferm Sinn).«[12]

Was immer man von diesem Tagebuch Schnitzlers halten mag – es ist ein höchst seltsames Dokument. Am seltsamsten aber erscheint das Verhältnis des Autors zu dem eigenen Journal. Zunächst einmal: Es umfaßt nahezu sein ganzes Leben, denn es beginnt im März 1879 (damals war er noch nicht siebzehn Jahre alt) und reicht bis zum 19. Oktober 1931 (er starb zwei Tage später). Insgesamt sind es rund 6.000 Manuskriptseiten.

Schnitzler hat dem Tagebuch stets höchste Bedeutung beigemessen und offenbar auch dafür gesorgt, daß es von Menschen seiner Umgebung für ein Werk von außergewöhnlichem Wert gehalten wurde. »Fast beneide ich diejenigen« – schrieb ihm 1903 Hofmannsthal – »die nach uns einmal in Ihren Tagebüchern lesen und wochenlang ganz darin leben werden…«[13] Schon 1904 sprach Schnitzler von seiner »sonderbaren Angst«[14], das Manuskript des Tagebuchs könne verlorengehen. Als er sich 1905 mit seinen Aufzeichnungen aus dem Jahre 1893 beschäftigte, notierte er: »Mir ist, als wären die einzelnen Partien dieses Tgb. das einzige von meinen Sachen, worin Kraft.«[15]

Im August 1918 heißt es, es sei sein »brennender Wunsch«[16], daß die Tagebücher, die er zu dieser Zeit schon nicht mehr in seinem Haus aufbewahrte, sondern in einem Banksafe, erhalten blieben. Einige Tage vorher hatte er in seinen »Bestimmungen über meinen schriftlichen Nachlaß« verfügt, daß die Tagebücher »in keiner Weise verfälscht, also nicht gemildert, gekürzt oder sonstwie verändert werden dürfen«. Doch so wichtig für ihn deren postume Veröffentlichung

auch war, so wenig lag ihm an ihrer Verbreitung. Im Gegenteil: Der Verleger möge, eben um der Popularisierung ent-
gegenzuwirken, »für entsprechend theure Preise Sorge tragen«[17].

Allem Anschein nach hat er bis zu seinem Lebensende das
Tagebuch für bedeutsamer gehalten als seine dramatischen
und erzählenden Schriften. So zitiert Alma Mahler-Werfel in
ihrem Buch »Mein Leben« eine Äußerung Schnitzlers aus
dem Jahre 1928: »Nein, ich weiß, daß ich kein ganz Großer
bin. Es gibt viel, viel größere Dichter als ich, aber ich glaube,
daß diese Tagebücher, wenn sie einmal herauskommen sollten, sich an Bedeutung mit den Werken der Größten messen
können.«[18]

Als aber 1981 der erste Band des Tagebuchs erschien, wurden die Leser schon im einleitenden Aufsatz des Heraus-
gebers Werner Welzig auf eine große Enttäuschung vorbereitet. Schnitzlers »brennender Wunsch«, daß das Tagebuch
erhalten bleibe, sei – schreibt Welzig – »weder aus der stilistischen noch aus der gedanklichen Qualität der Aufzeichnungen erklärbar«[19], denn diese böten eine »über weite Strecken
hinweg den Leser ermüdende und vielleicht sogar abstoßende,
durch die zahllosen Wiederholungen jedenfalls eintönige
Registratur von Wegen, Begegnungen und Tätigkeiten«[20].
Sehr richtig: Die Lektüre dieses Tagebuchs stellt in der Tat
hohe und höchste Ansprüche, und zwar an die Geduld des
Lesers und an seine Ausdauer. Das freilich hat mit einer
Eigentümlichkeit zu tun, die diese Aufzeichnungen allen
Einwänden zum Trotz doch wertvoll machen.

Natürlich gilt Schnitzlers berühmtestes Wort – »Wir spielen immer, wer es weiß, ist klug« – für ihn selber ebenfalls:
Auch er wollte seine Person für die Öffentlichkeit stilisieren,
auch er spielte, zumal in seinen jungen Jahren, manch eine
Rolle – den Dandy oder den Bonvivant, den Bohémien

oder gar den Zyniker. Auf den Tagebuchschreiber indes trifft das nicht zu: Dieser denkt nicht daran, sich selber zu stilisieren, er will niemanden beeindrucken – weder mit seinen Gedanken und Einfällen noch mit seiner Schreibfähigkeit oder seiner Ehrlichkeit. Er ist sich auch bewußt, daß, wer von sich selber schreibt, immer des Eigenlobs verdächtigt werden kann: »Spricht man von seinen Fehlern, so lobt man seine Bescheidenheit, seine Selbsterkenntnis …«[21]

Ja, er führte dieses Tagebuch nur für sich selber. Und auch nachdem er dessen postume ungekürzte Veröffentlichung verfügt hatte, veränderten sich Stil und Inhalt der Aufzeichnungen nicht im geringsten: Weiterhin notierte er mit nicht nachlassender Konsequenz alltägliche Vorfälle und Verrichtungen, nach wie vor sind es so knappe wie flüchtige Eintragungen vornehmlich über Belangloses, und immer wieder dient ihm das Journal, wie es schon der Achtzehnjährige formulierte, als »holder Spucknapf« seiner »Stimmungen und Verstimmungen«[22].

Kurz und gut: ein ungewöhnlich langweiliges Tagebuch. Aber vielleicht auch eines der aufrichtigsten, das je verfaßt wurde: Wie kaum ein vergleichbares Dokument gewährt dieses Journal, das auch als Ergänzung der Korrespondenz gelesen werden muß, Einblick in die lebenslangen Leiden eines großen Dichters.

In einem Brief aus dem Jahre 1897 stellt Schnitzler fest: »Mit mir selbst steh ich wieder auf schlechtem Fuß.«[23] Das ist das Leitmotiv des Tagebuchs: Unzufriedenheit mit sich selbst, die in Selbstanklage übergeht und sich dem Selbsthaß zumindest nähert. Er sei unfähig, »was zu Ende zu leben«, »und daher« – so 1897 an Georg Brandes – »meist in einem Zustand beträchtlicher innerer Schlamperei«[24]. Er möchte arbeiten, um sich – heißt es in einem anderen Brief – »von meinem Widerwillen gegen mich zu befreien«. Er empfindet

»eine tiefe Sehnsucht nach Selbstbewußtsein«, komme sich aber »oft lächerlich vor wie einer, der nur die Gebärden des Künstlers hat«: Ich »sehe mich selbst als Wurstl dessen, was ich sein möchte ...«[25].

Unentwegt quält ihn das Gefühl, daß er zwar Talent habe, doch diesem nicht gewachsen sei:»Mit dem, was in mir ist«, schreibt Schnitzler 1897, »könnte einer, der mehr Kraft der Gestaltung und Frechheit des Lebens hätte, Sachen ersten Ranges produciren; mir werden sie nie gelingen.«[26] Schon der Achtunddreißigjährige zweifelt, ob er sich überhaupt noch entwickeln werde:»Die Wirklichen haben immer und immer gearbeitet; ihr Leben war Arbeit – ihre Arbeit war Leben – ich bin doch eigentlich nur ein Quartaldichter (so wie es Quartalsäufer gibt).«[27] Im Tagebuch von 1903 charakterisiert er sich mit masochistisch anmutenden Formeln: »Revolutionär ohne Mut, abenteuerlustig ohne die Fähigkeit, Unbequemlichkeiten zu ertragen – Egoist ohne Rücksichtslosigkeit – und endlich ein Künstler ohne Fleiß – ein Selbstkenner ohne Tendenz zur Besserung – ein Verächter des allgemeinen Urteils mit der kleinlichsten Empfindlichkeit.«[28]

Verglichen mit Hauptmann empfindet er sich – so nach einer Aufführung des »Florian Geyer« – als Dilettant. Und als er 1909 »ein paar Walzerchen« komponiert hat, stellt er lapidar fest:»Mein Wesen (überall): Dilettantismus.«[29] Seine früheren Werke sind ihm meist zuwider, er beurteilt sie unbarmherzig.

Den »Reigen« hält Schnitzler für literarisch wertlos, sein Stück »Professor Bernhardi«, das mittlerweile zu den Höhepunkten der deutschen Dramatik des zwanzigsten Jahrhunderts gezählt wird, macht auf ihn selber (nach abermaliger Lektüre im Jahre 1911) keinen Eindruck, es sei »flau«. Von »Anatol« und dem »Weiten Land«, Bühnenwerken, die bis

heute mit Erfolg gespielt werden, verspricht er sich schon
1912 keine Einkünfte mehr – mit beiden Stücken sei es »so
gut wie vorbei«[30]. Als er viele seiner Dramen für die Ausgabe
der »Gesammelten Werke« überprüfen muß, kommt er meist
zu niederschmetternden Ergebnissen: »ohne Niveau«, »ein
recht unleidliches Stück«, »als Ganzes verfehlt«. Bestenfalls
heißt es: »zwiespältiger Eindruck«.

Die vermeintliche Fragwürdigkeit seiner literarischen Bemühungen habe, glaubt er zu wissen, mit dem »tiefen Grund-
fehler« seiner Natur zu tun, und zwar mit »Ungeduld und
geringer Sammlungsfähigkeit«. Er erinnert sich an ein Wort
seines Vaters: »Du hast keine Geduld, was langes zu schreiben.« Hierzu Schnitzler: »Welche Minderwerthigkeiten in
meinen größern Werken neben Stellen hohen Rangs. Auch
daß mir die Schlüsse (…) oft so besonders gelingen, irgendwie mit meiner Stall-Ungeduld in Zusammenhang.«[31] Nach
der Lektüre des »Stechlin«, den er 1916 »mit größtem Vergnügen« gelesen hat, rühmt er Fontanes Geduld: »Um die
verehr – und beneid ich ihn.«[32]

Ganz falsch ist das nicht: Kein Zweifel, daß seine Novellen
und kürzeren Erzählungen ungleich origineller sind als seine
wenigen Romane. Für die Bühnenwerke gilt dies freilich
nur bedingt: Schnitzlers dramatisches Talent entfaltete sich
sowohl in Stücken wie »Liebelei«, »Professor Bernhardi« und
»Das weite Land« als auch, und bestimmt nicht weniger ein-
prägsam, in Zyklen, die aus einzelnen in sich geschlossenen
Szenen bestehen (»Anatol«, »Reigen«) sowie in mehreren
Einaktern, zumal im »Grünen Kakadu«.

Niemals war er auf der Suche nach Stoffen oder Figuren,
nie fehlte es ihm an Motiven oder Einfällen. Im Gegenteil:
Er wurde von ihnen auf bisweilen schon beängstigende
Weise bedrängt. Seine Arbeitsmethode – falls hier überhaupt
von Methode die Rede sein kann – hat damit zu tun. Das

Tagebuch beweist, daß es ihm unmöglich war, sich auf *ein* Projekt zu konzentrieren: Kaum hatte Schnitzler ein Drama oder eine Novelle entworfen und begonnen, da wandte er sich schon dem nächsten Plan zu. Erst nach Wochen oder Monaten (wenn nicht nach Jahren) holte er das Manuskript wieder hervor und ließ es nach einigen Tagen abermals liegen.

So befaßte er sich in der Regel mit mehreren (meist sehr unterschiedlichen) Vorhaben gleichzeitig. Und es fiel ihm schwer, ein scheinbar beendetes Manuskript aus der Hand zu geben: »Denn jedesmal« – heißt es in einem Brief aus dem Jahre 1897 – »find ich neue Fehler, Neues, was ich besser machen könnte und kann.«[33] Unentwegt feilte Schnitzler an einzelnen Sätzen, ließ das korrigierte Manuskript abschreiben, korrigierte es abermals und ließ es wieder abschreiben. Im September 1913 klagte er, er habe seit einem Jahr »kaum einen definitiven Satz niedergeschrieben«[34]. Vom ersten Einfall bis zur endgültigen Fertigstellung vergingen oft Jahre, gelegentlich sogar Jahrzehnte. Vieles kam über das Vorstadium nicht hinaus: Der Nachlaßband »Entworfenes und Verworfenes« vereint denn auch nicht weniger als achtzig Skizzen und Fragmente.

Fotos von Schnitzler erwecken meist den Eindruck, dieser behäbige Herr sei ein gleichmütiger und gelassener Mensch gewesen. Der Eindruck täuscht: Wie fast alle Juden in der Geschichte der deutschen Literatur kannte auch Schnitzler keine Ruhe, war auch er ein Getriebener. Die Hektik, die er sehr wohl zu tarnen wußte, hatte ihre tiefste Ursache in seinem geringen Selbstvertrauen. Sein »zerstreutes Arbeiten« – notierte er 1905 – sei »zumeist eine innere Sicherung gegen die Verzweiflung, die mich erfassen müßte, wenn ich gezwungen wäre, aus einer Idee das tiefste herauszuholen. Ich vermag ja bis auf den Grund zu schauen, nicht aber hinabzu-

steigen«35. Verblüffend seine Eintragung aus dem Jahre 1924:
»Eine überfüllte, und doch nicht ausgefüllte Existenz.«36

Allerdings hatte auf Schnitzlers depressive Gemütsverfassung auch ein Leiden Einfluß, von dessen Intensität wir bisher keine Vorstellung hatten: seine Schwerhörigkeit. »Das Ohrenleiden (...) bringt mich physisch, seelisch und auf diesem Umweg auch geistig herab«37 – so 1909, als er 47 Jahre alt war. Es bereitet ihm immer größere Schwierigkeiten, einem Gespräch oder gar einer Theateraufführung zu folgen. Noch »schlimmer als das Singen und Pfeifen« in seinem Ohr sei »das ununterbrochene Vogelgezwitscher, wie aus einem Riesenkäfig in der Ferne«38. Von dem Bewußtsein seines Ohrenleidens sei er »monomanisch besessen« und »wie zerstört«: »Es gibt keine Viertelstunde ruhigen, guten Nachdenkens; der ewige Lärm in meinen Ohren macht mich hin.«39

Doch berichtet das Tagebuch noch von ganz anderen Qualen, die er ein Leben lang ertragen mußte – von seinen Leiden an der Kritik. Sudermann habe, berichtet er in den Aufzeichnungen, vor der Premiere eines seiner Stücke wie ein Kind geweint – weil er sich schon vorstellen konnte, was Kerr schreiben werde. Schnitzlers Reaktion auf die Kritik war offenbar ähnlich: Man könne »die Empfindlichkeit gegenüber dem Dümmsten, wenn es nun einmal gedruckt ist, nicht ganz verlieren«, denn die Philosophie helfe zwar gegen die Todesangst, nicht aber gegen Flohstiche.40 Zeitweise hat er Kaffeehäuser gemieden, um nicht zufällig in einer Zeitung etwas Ungünstiges über seine Stücke zu lesen. Er sei beschämt, daß er sich von solchen Nichtigkeiten Stunden und Tage habe vergällen lassen, aber »die Tage sind nun einmal weg; wieder ein Stück Seelen- und Geistesintensität verbraucht – und diese Beschämung frißt selbst auch noch weiter«41.

Schon 1901 beklagt sich Schnitzler in einem Brief an Rilke, man habe ihn in das »Kastl« mit der Aufschrift »Liebelei« hineingetan, und die Kritiker hätten es nicht gern, »wenn die Taferln gewechselt werden«[42]. Immer wieder wehrt er sich gegen die Abstempelung durch Rezensenten, für die einer, der ein- oder zweimal eine grüne Krawatte getragen hat, stets »der Herr mit der grünen Krawatte« bleibt: »Es ist alles vergeblich – du bist etikettiert auf Lebenszeit.«[43] Gegen die Kritik wetternd, sucht Schnitzler – und das ist erstaunlich, wenn nicht einzigartig – die Schuld auch bei sich selber: 1915 hält er sich für den meistbeschimpften deutschen Dichter, räumt aber ein, daß da vieles mitwirke – und am Ende sogar »wirkliche Mängel meines Wesens«[44].

Ungewöhnlich ist auch sein Verhältnis zum Judentum. Einen Kritiker, der in dem Roman »Der Weg ins Freie« Schnitzlers Leiden an seiner jüdischen Abstammung wahrzunehmen glaubte, belehrte er: »Ich leide nicht im geringsten unter meiner jüdischen Abstammung, ja ich bin so fern von diesem Gefühl, als es einer nur sein kann, der es am Ende auch dumm fände, auf sein Judentum ... stolz zu sein.«[45]

Nein, nicht am Judentum hat er gelitten, sondern am österreichischen Antisemitismus, dessen Aktivitäten er, stets aufs neue verwundert, aufmerksam registrierte. Schließlich war er sein ganzes Leben hindurch antisemitischen Schmähungen ausgesetzt: Im Kampf gegen den »Reigen«, gegen den »Leutnant Gustl«, den »Professor Bernhardi« und in anderen Kampagnen wurde man nicht müde, darauf hinzuweisen, daß Schnitzler ein Jude sei. Nach der Lektüre einiger Gedichte von Liliencron stellte er kühl fest: »Wie schön ist es ein Arier zu sein – man hat sein Talent so ungestört.«[46] Auch diese Äußerung richtete sich nicht gegen das Judentum, von dem er sich niemals abwandte, sondern gegen die Judenfeinde, die ihn nie in Ruhe lassen wollten.

An einer anderen Stelle des Tagebuchs vermerkt Arthur Schnitzler den Widerstand, der gegen sein Werk von einer »Artistengruppe« geleistet wurde, »die wohl mit Recht fühlt, daß meine Künstlerschaft nicht ersten Ranges«. Von falscher Bescheidenheit kann hier keine Rede sein, denn der nächste Satz lautet: »Doch weiß ich daß von meinen Sachen mehr bleiben wird als von manchen die als Künstler größer sind.«[47]

THOMAS MANN

Die Liebe ist nie unnatürlich

Zu den beliebten Werken Thomas Manns gehörte »Der Erwählte« nie, geschätzt wurde er stets nur von wenigen. Als der Roman 1951 erschien, waren die Kritiken in beiden deutschen Staaten, aber auch in anderen europäischen Ländern, nicht eben freundlich und in den meisten Fällen betont zurückhaltend. Zu spät war das Buch gekommen oder, was wohl eher zutrifft, zu früh, jedenfalls im falschen Augenblick: Kurz nach dem Zweiten Weltkrieg und mitten im Kalten Krieg hatte man keinen Sinn für ein Mittelalter, dessen Kulissenzauber, Kostümpracht und Requisitenfülle zwar pittoresk anmuteten, vor allem jedoch antiquiert. Nein, empört war man natürlich nicht, doch in hohem Maße befremdet: Thomas Mann, noch unlängst als Autor sowohl des »Doktor Faustus« als auch einiger Aufsätze und offener Briefe heftig umstritten, galt nun als ein wunderlich gewordener Schriftsteller, der im Alter keine Lust mehr hatte, sich mit der unerquicklichen Gegenwart zu beschäftigen.

Die Germanisten freilich nahmen sich des kleinen Buches gern an: Der Vergleich des »Erwählten« mit dem Versepos »Gregorius« des Hartmann von Aue, Thomas Manns wichtigster Quelle, schien eine lohnende und übrigens nicht sonderlich mühsame Aufgabe. Indes wurde sie durch die Sprache des Romans erschwert, sie machte manche unserer Philologen nahezu ratlos: Für diese selbstgebastelte mittelalterliche Welt gibt es ein selbstgebasteltes Idiom, das man als

Kauderwelsch denunzieren mag – hier finden sich sogar amerikanische Ausdrücke, Jahrhunderte vor der Entdeckung Amerikas –, nur ist es das süffigste, das amüsanteste, kurz das schöne Kauderwelsch, das es je in der deutschen Literatur gegeben hat. Wie auch immer: Der »Erwählte« landete rasch in den Seminarräumen, und dort ist er geblieben, vornehmlich als Gegenstand germanistischer Prüfungsarbeiten – und nicht mehr.

Aber auch die Theologen haben sich gelegentlich diesem Roman zugewandt: In ihm ist oft von Sünde und Schuld die Rede, von Buße und Gnade – und da fühlen sie sich zu Hause. Allerdings gelang es ihnen nicht, ein gewisses Unbehagen zu verbergen. Sie, die dieses Unbehagen empfanden und empfinden, stehen mir ungleich näher als jene, die uns einreden wollen, der »Erwählte« sei ein literarisches Werk, das ganz und gar religiösen Vorstellungen entspricht.

Natürlich kann man einen Roman, der eine alte christliche Legende auf seine Weise nacherzählt, ohne weiteres für das Christentum in Anspruch nehmen, natürlich drängt sich immer wieder die Frage auf, ob denn hier mit christlichen Grundbegriffen beschwingt und leichtfertig gespielt, wenn nicht gar ein wenig Schabernack getrieben werde. Man mag dies mit Entrüstung zurückweisen. Doch bleibt ein Rest, zu tragen schwer – nämlich für jene gläubigen Kommentatoren, die fest entschlossen sind, dem »Erwählten« ein religiöses, ein solides christliches Fundament nachzurühmen. Sie können sich dabei auf den Autor selber, der als Interpret seiner Werke ein Leben lang folgenreiche Triumphe gefeiert hat, kaum berufen, woraus man aber nicht etwa folgern sollte, es sei überflüssig, auf diese Selbstinterpretationen einzugehen.

Ein typisches Spätwerk – in dieser Hinsicht sind sich wohl alle einig. Was aber charakterisiert in der Regel die Altersprodukte großer Schriftsteller, solcher zumal, denen in früheren Jahren der Erfolg nicht versagt geblieben ist? Darauf gibt es verschiedene Antworten, eine könnte lauten: Der Autor genehmigt sich, worauf er einst aus diesen oder jenen Gründen glaubte verzichten zu müssen. Er schreibt nicht mehr, was er schreiben sollte, sondern was er schreiben möchte, also wozu er gerade Lust hat. Und die Pflicht? Nun ja, sie gerät keineswegs in Vergessenheit, wird aber nicht mehr so ganz ernst genommen.

»Verbissenheit« und »Starrsinn« gehörten nun einmal zu Thomas Manns Arbeitsart, mehr noch: »eine Zucht und Selbstknechtung des Willens, von der man sich schwer eine Vorstellung macht und unter der die Nerven, wie man mir glauben darf, oft bis zum Schreien gespannt sind«[1] – als er diese hohen Worte, diese dramatischen Wendungen für angemessen hielt, war er einunddreißig Jahre alt. Bei dem Fünfundsiebzigjährigen klingt das ganz anders: »Die Zeit der Zauberberge und Faustusse ist vorüber... Nun unterhält man sich nur noch weiter, so gut es geht.«[2]

Keine Rede also von Verbissenheit und Starrsinn, hingegen: »Mich verlangt durchaus nach Komik«[3] – so in einem Brief vom April 1948. Schon vorher hatte er einem Korrespondenzpartner mitgeteilt, daß er, den »Erwählten« konzipierend, viel lachen müsse, die Sache gehe ihm »als Unterhaltung im Kopf herum«. Wann immer er in den Briefen aus diesen Jahren auf das neue Buch zu sprechen kommt, ist seinen Äußerungen keine Spur von Selbstknechtung anzumerken, wohl aber gute Laune. Im Grunde verfasse er es zu seiner eigenen »Zerstreuung«, es sei »eine ganz freundliche Altersunterhaltung«, ein »Nachspiel mit einigen guten Spässen«, wenn nicht gar »Allotria«. Diese »gelungene, lustige Sache« sei »ein etwas verspieltes Ding« und »ein etwas leichtsinniges Phantasiewerk«[4], das Vergnügen bereiten solle und zur Erholung dienen könne, und zwar beiden, dem Autor ebenso wie dem Leser.

Ich habe diese Selbstcharakteristiken – und es gibt noch viele weitere – hier zitiert, weil sie ausdrücken, was auch ich während der Lektüre gespürt und gedacht habe. Dies ist tatsächlich ein amüsantes und vergnügliches Buch, dem ich schon deshalb dankbar bin, weil ich, ähnlich wie sein Autor, immer wieder lachen mußte – und ich gebe so offen wie hochmütig zu, daß ich, anders als Fritz Kortner, überzeugt bin, niemals unter meinem Niveau zu lachen. Ich weiß, Superlative provozieren beinahe immer heftigen Widerspruch – dennoch sehe ich keinen Grund zu verheimlichen, was ich allerdings erst jetzt gemerkt habe: Dieser »Erwählte«, der als verstaubt gilt, ist doch wohl der prächtigste und auch raffinierteste deutsche Unterhaltungsroman des zwanzigsten Jahrhunderts.

Das Buch werde – heißt es gleich am Anfang – »zur Unterhaltung« erzählt und freilich auch zur »ausserordentlichen Erbauung«. Dies erklärt uns der Mönch Clemens, Thomas Manns epischer Statthalter, der verständlicherweise das Bedürfnis hat, sich zu salvieren – schließlich ist es eine hochunanständige Geschichte, die er uns bietet. Doch will es scheinen, daß es sich hier um eine Behauptung nicht nur des Ich-Erzählers handelt, sondern auch des Autors. Denn in einem Aufsatz aus dem Jahre 1951 bekennt er freimütig, daß sein Produkt zwar mit »Alt-Ehrwürdigem«, mit »einer langen Überlieferung sein Spiel« treibe, daß aber sein »Werkchen«, die Legende parodistisch belächelnd, »mit reinem Ernste ihren religiösen Kern, ihr Christentum« bewahre.

Thomas Mann und das Christentum – das wahrlich ist eine zu ernste Frage, als daß wir sie den Theologen überlassen könnten. Man hat seinem Lebenswerk gelegentlich jede Christlichkeit abgesprochen. Übertrieben wäre es, wollte man sagen, er habe gegen derartige Befunde und Vorwürfe heftig protestiert, ja, insgeheim schmeichelten sie ihm wohl. Sie ermöglichten ja, was ihm immer hoch willkommen war: noch eine Goethe-Parallele. Ohne sich sonderlich zur Wehr zu setzen, meldete er immerhin Zweifel und Bedenken an, wobei er nicht mit den Ideen und den Motiven seiner Schriften argumentierte, vielmehr auf die Impulse verwies, denen sie ihr Dasein verdanken. Das leuchtet schon ein – nur: Thomas Manns Werk verarbeitet so unendlich viele und so mannigfaltige Anregungen, daß es geradezu unbegreiflich wäre, wenn darunter christliche fehlten.

Ein Humanist sei er gewesen, der »im Religiösen ein Kulturprodukt sah, wie ein anderes, und es wie ein anderes behandelte«[7] – dies schrieb Thomas Mann über Goethe. Aber es gilt zugleich für ihn selber, er hat es oft unmißverständlich gesagt, so 1953 in einem Brief an Reinhold Schneider: »Um Ihre katholische Basis und Bindung sind Sie zu beneiden. Mir fehlt diese Geborgenheit, denn mein Protestantismus ist bloß Kultur, nicht Religion ...«[8] Vom Glauben also kein Wort.

Wem dies nicht genügt, der sei noch auf einen anderen, ebenfalls aus dem Jahre 1953 stammenden Brief verwiesen. Was für ein Glaube denn in seinem Schrank verstaut sei, wurde er sehr direkt befragt. Natürlich hätte sich Thomas Mann mit Ausflüchten behelfen können, etwa im Stile: »Wer darf ihn nennen / Und wer bekennen ...«, aber er antwortete klipp und klar: »Wenn ich mich examiniere, so ist das höchst triviale Ergebnis: Ich glaube an das Gute und Geistige, das Wahre, Freie, Kühne, Schöne und Rechte, mit einem Wort an die souveräne Heiterkeit der Kunst, dieses großen Lösungsmittels für Haß und Dummheit.« Ja – und wo bleibt da Gott? Hat Thomas Mann ihn ganz vergessen oder wollte er ihn vorsichtshalber aussparen? Nein, vielmehr fügte er spöttisch hinzu: »Man muß vielleicht außerdem an den lieben Gott oder an den Atlantic Pact glauben. Aber mir genügt das andere.«[9]

Nun ist es das unzweifelhafte Recht des Interpreten, die Äußerungen eines Romanciers in Briefen oder in essayistischen Arbeiten kurzerhand zu ignorieren und sich bloß an das Kunstwerk zu halten. Werden denn die Anschauungen Thomas Manns in Sachen Religion vom »Erwählten« widerlegt? Und wären jene im Recht, die gelegentlich meinten, dieses Buch habe mit den anderen Romanen Thomas Manns wenig gemein, es falle aus dem Rahmen seines Werks?

Zunächst einmal: Wovon wird hier erzählt? In zwar unzulässiger, doch nicht ganz falscher Verkürzung ließe sich sagen: Von den sexuellen Beziehungen zwischen drei Personen und von den sich daraus ergebenden Folgen, den physischen und den psychischen, den moralischen und den gesellschaftlichen. Wiligis und seine Schwester Sibylla, Kinder des Herzogs Grimald und als solche, wie alle Helden Thomas Manns, Luxusgeschöpfe, lieben einander. Während aber die Liebesbeteuerungen der Sibylla, wenn man vom glanzvollen sprachlichen Ausdruck absieht, eher konventionell anmuten, versucht Wiligis, ihre gegenseitigen Gefühle nicht etwa zu rechtfertigen – hierzu sieht er überhaupt keinen Anlaß –, wohl aber deren Ursprung rational zu erklären.

Nur für die Schwester habe er Augen, weil sie sein »weiblich Gegenstück auf Erden« sei, alle anderen seien hingegen »fremde Stücke, mir nicht ebenbürtig wie du, die mit mir geboren«. Und: »Unser beider ist niemand wert, weder deiner noch meiner, sondern wert ist eines nur des anderen, da wir völlig exceptionelle Kinder sind.«[10] Von diesem Ausnahmezustand zeuge ein vertieftes Zeichen, das jedes von ihnen auf seiner Stirn habe. Zwar komme es bloß von den Windpocken, doch wollen sie diese Zeichen als Auszeichnung verstanden wissen. So empfinden sie sich – Wiligis und die von ihm belehrte Sibylla – als Menschen, die ihr Glück nur mit ihresgleichen, mit Ebenbürtigen, mit einem »Neben-Ich«, finden können. Sie sind, was das Wort »exceptionell« schon andeutet, Erwählte.

Nichts liegt Thomas Mann ferner, als die sexuelle Vereinigung der Geschwister zu verdammen oder in irgendeinem Sinne zu beanstanden. Bevor es zu diesem Akt kommt, werden die beiden von einem unruhigen Zeugen, dem plötzlich kläglich heulenden Hund Hanegiff, gestört. Der aufgebrachte Wiligis schneidet dem Hund die Kehle durch. Hierzu der erzählende Mönch Clemens: »Nach meiner Meinung war es das Schlimmste, was diese Nacht geschah, und eher noch verzeih ich das andere, so unstatthaft es war.«[11] Was sich damals abgespielt hat, sei »ein Gewöll von Liebe, Mord und Fleischesnot, daß Gott erbarm. Mich jedenfalls erbarmt es« – sagt der Ich-Erzähler, sagt der Autor des Romans. Nur zu diesem Zweck, damit also der Erzähler Gelegenheit hat, über die Tötung des Hundes den Stab zu brechen und nicht über den Inzest, habe er – erklärte Thomas Mann in einem Brief – den in der Legende gar nicht vorkommenden Hund gebraucht.

Als die Übersetzerin ins Französische für den Titel dieses Kapitels – »Die schlimmen Kinder« – die Vokabel »pervers« verwendete, verlangte Thomas Mann eine Änderung. Dieses Wort – pervers – sei »zu direkt, um nicht zu sagen sexualpathologisch«. Er habe doch die Verfehlung der Geschwister »menschlich so weit wie möglich entschuldigt«[12]. In Wirklichkeit ist er noch weiter gegangen. Wir lesen in dem Roman über Wiligis und Sibylla: »Aus der Maßen liebten sie einander, und das ist es, weshalb ich mich des Wohlwollens für sie, helf Gott, nicht ganz entschlagen kann.«[13] Dies bezieht sich auf die Geschwister zu einem Zeitpunkt, da von deren Reue und Buße überhaupt noch nicht die Rede sein kann – nämlich unmittelbar nach der Liebesnacht.

Ähnliches gilt auch für den Sohn des Wiligis und der Sibylla, für jenes Kind, das in einer Tonne dem Meer anvertraut und, bald gerettet, auf einer Insel im Ärmelkanal von Fischern betreut und vom Abt eines Klosters erzogen wird. Dort gerät er, der nun Gregorius heißt, zwischen zwei Welten: Seine Gelehrsamkeit entfremdet ihn der Fischerhütte, in der er aufwächst, während es andererseits »Dinge, Gefühle und Denkbilder gab, die ihm ... auch die Lust am Klosterwissen und an den Büchern verdarben«. Ihm war es, als sei er »ein heimlich Fremder so hier wie dort«.[14]

Das kommt uns alles sehr bekannt vor, die zwiespältige Situation des jungen Gregorius erinnert an einen anderen jungen Mann, der darunter litt, daß er »im Widerstreit mit allem war«, »zerfallen mit den Lehrern und fremd unter den anderen Jungen«, der sich in »einem rätselhaften Gegensatz zu den anderen, den Gewöhnlichen, den Ordentlichen«[15] fühlt. Kurz und gut: Der Sohn des Wiligis und der Sibylla ist ein später Nachfahre unseres Tonio Kröger. Und wer in Thomas Manns Universum vom Tonio Kröger abstammt, der hat auch viele andere Vorfahren – zumindest von Gustav Aschenbach bis zum Adrian Leverkühn.

Geschlagen und gesegnet, gezeichnet und zugleich ausgezeichnet wie sie alle, vom Narzißmus beseelt und getrieben, will auch Gregorius sich begreifen, er ist auf der Suche nach seiner Identität. Übrigens sagt er es uns selber: »Seit ich weiß, wer ich nicht bin, gilt mir eines nur: die Fahrt nach mir selbst, die Wissenschaft, wer ich bin.«[16] Lange zu forschen braucht er nicht, da ihn ja sein Weg in jenes Land führt, dessen Königin die von ihren Rittern erwünschte Eheschließung ablehnt, weil sie einen ihr ebenbürtigen Fürsten nicht finden kann und, überzeugt, daß es ihn nicht gibt, gar nicht finden will. Da die Königin keine andere als Sibylla ist und Gregorius sich, nachdem er einen hartnäckigen Bewerber besiegt hat, als der Ebenbürtige erweist und somit als Gatte akzeptiert wird, haben wir in diesem Roman abermals eine inzestuöse Verbindung.

Also Oedipus und Iokaste vor mittelalterlichem Hintergrund? Nein, eben nicht. Denn anders als der König von Theben und seine Gemahlin gehen Sibylla und Gregorius ins Ehebett nicht obwohl, sondern weil sie Mutter und Sohn sind – was sie zwar nicht mit Sicherheit wissen, aber doch spüren und ahnen. Der also für die Königin kämpfte, kämpfte insgeheim auch um die Königin. Gleich die erste Begegnung zwischen ihr und dem jungen Gregorius läßt keinen Zweifel an dem hocherotischen Charakter dieser Beziehung zu. Sie küßt die Hand dessen, der den ihr unwillkommenen Bewerber im Zweikampf besiegt hat. Geschieht dies aus Dankbarkeit oder ist diese Dankbarkeit nur ein Vorwand für die Zärtlichkeit? Die Möglichkeit wird nicht ausgeschlossen, daß sie Gregorius' Hand küßt, weil diese sie an jene seines Vaters Wiligis erinnert, mit der er einst »erzsündlich ihren Leib gekost«[17].

Das Gespräch zwischen beiden wird rasch geführt: »In wenigen Minuten, halblaut, ohne Pausen und Besinnen lief es ab. Vor Zeugen ward es gehalten und war doch wie eine eilige Abrede im geheimen, bei der die Augen einander öfter mieden als suchten ...«[18] Sie entläßt ihn mit den Worten: »Ich seh Euch wieder.« Da fehlt es nur, daß Sibylla, des Französischen sehr wohl mächtig, noch leise sagt: *»N'oubliez pas de me rendre mon crayon.«*

Wie Thomas Mann sich gehütet hat, die Beziehung der Geschwister zu verurteilen, so findet sich hier auch kein Wort gegen die Verbindung von Mutter und Sohn: »Er war ein Mann, und sie war eine Frau, so konnten sie Mann und

Frau werden, denn weiter ist der Natur an nichts gelegen. Sie ist es, die ihn sich freuen läßt wie ein Narr an den Brüsten, die ihn säugten«, die ihn »strotzend ermächtigt, den Schoß zu besuchen, der ihn gebar«.[19]

Viele Jahre später, da Gregorius Papst geworden ist und Sibylla zu ihm pilgert, um zu beichten, da beruft sie sich keineswegs auf eine »teuflische Täuschung, die ihr angetan«. So stelle sich, sagt sie, die Seele nur obenauf an, »tief unten aber, wo still die Wahrheit wohne, da habe es gar keine Täuschung gegeben ... unwissentlich-wissend habe sie das eigene Kind zum Manne genommen, weil es der einzig Ebenbürtige« gewesen sei. Und auch ihr Sohn und Gatte, der Papst also, gesteht, daß er »dort, wo die Seele keine Faxen macht, ebenfalls recht gut wußte, daß es seine Mutter war, die er liebte«.[20]

Doch haben beide gesündigt und müssen, bevor sie sich in bester Laune gegenseitig mitteilen, daß sie – anders als Oedipus und seine Mutter – wußten, was sie taten, natürlich erst einmal büßen. Mit Sibylla hat Thomas Mann in dieser Hinsicht keinen Kummer: Sie nimmt sich der Alten und Obdachlosen an, der Kranken und der Gebrechlichen, sie labt die Siechen und wäscht die Füße der wandernden Bettler. So weit, so gut. Weit schwieriger sieht die Sache mit Gregorius aus. Groß sei – lesen wir – »sein Verlangen nach Buße und tiefer Erniedrigung«[21]. Aber in manchen Stücken – meint Thomas Mann – hätten es sich die Legende und auch Hartmann von Aue gar zu leicht gemacht: »So sollte Gregorius die siebzehn Jahre seiner Buße auf dem nackten Felsen überlebt haben, nicht nur ohne jeden Schutz seines Menschenleibes gegen die Unbilden der Witterung, sondern auch ohne andere Nahrung als ›das Wasser, das aus dem Felsen sickerte‹. Das war unmöglich ...« Wer wollte Thomas Mann da widersprechen.

Indes: Alle anderen Wunder, an denen es in der Legende

schließlich nicht mangelt, hat er ohne Bedenken und offenbar sogar mit Vergnügen übernommen. Dieses Motiv jedoch schien ihm gar zu unwahrscheinlich. So erfand er eine auf jenem Felsen vorhandene Erdmilchquelle, die volle siebzehn Jahre als Nahrung des frommen Büßers ausgereicht haben soll. Dies macht die Geschichte nicht akzeptabler, zumal Gregor im Laufe der Zeit »zum hornigen, filzigen kleinen Geschöpf«, zum »Erdsäugling« wird.[22]

Es ist sehr gut möglich, daß Thomas Mann zu dem Motiv der märchenhaften Verwandlung seines Helden von einem Dichter angeregt wurde, den er seit seiner Jugend geliebt hat – von Theodor Storm. In dessen Märchen »Bulemanns Haus« heißt es gegen Ende: »Nur auf dem Kanapee zusammengekauert saß eine kleine Gestalt von der Größe eines jährigen Kindes, aber das Gesicht war alt und bärtig... Diese Gestalt war Herr Bulemann. – Der Hunger hatte ihn nicht getötet, aber durch den Mangel an Nahrung war sein Leib verdorrt und eingeschwunden, und so war er im Laufe der Jahre kleiner und kleiner geworden.«[23]

Gleichviel, auf jeden Fall ist es sonderbar, daß es Gott und Thomas Mann gefallen hat, eine »Creatur, wenig größer als ein Igel«, ein in den vorzivilisierten Zustand des Menschen versetztes Wesen zum Papst zu wählen. Wollte Gott einen auszeichnen, der beides – ein Sünder und ein Büßer – auf niedrigste und äußerste Weise war? Ich will nicht verheimlichen, daß mir Gregors Buße höchst fragwürdig, ja bedenklich vorkommt. Während diejenige seiner Mutter und Ehefrau Sibylla immerhin einen praktischen Sinn hat und den Menschen nützt, vegetiert Gregor auf seinem Stein und verwandelt sich in ein tierisches Wesen.

Thomas Mann, der sich Gedanken über die Ernährung seines in schrecklicher Einsamkeit leidenden Helden gemacht hat, wollte sich für dessen geistigen Zustand nicht interessie-

ren. Die Wahrscheinlichkeit, die dem Autor des »Erwählten«
doch gar nicht gleichgültig ist, spricht dafür, daß Gregor,
ohne Umschweife formuliert, verblöden mußte. Und ein
solches »struppiges, verhorntes und verzotteltes Naturding«
soll Oberhaupt der ganzen Christenheit werden? Ganz unbegreiflich ist es nun doch nicht, daß die katholische Kirche
über diesen Roman nicht gerade glücklich war. Aber eine
solche Argumentation mag müßig sein, da es in dem Buch
ausdrücklich heißt: »Alle Erwählung ist schwer zu fassen und
der Vernunft nicht zugänglich.« Mehr noch: Nachdem er
Papst geworden, erlaubt sich Gregorius seine Erwählung zu
kritisieren: – sie grenze an Willkür.

Wir wissen es längst: »Das Wunder ist des Glaubens liebstes
Kind.« So geht es auch hier wie am Schnürchen: Dem abstoßenden Tier reichen seine Befreier, an christliche Rituale
anknüpfend, Brot und Wein – und siehe, aus der Mißgestalt
wird ein ansehnlicher Mann, der bald, wie einst Jesus in
Jerusalem, in Rom einziehen kann, in Glanz und Gloria versteht sich.

Gregor wird nun der beste Papst, den es je gegeben hat –
tolerant und liberal und obendrein auch humorvoll wie
wohl keiner vor und keiner nach ihm. Seine Wohltaten auf-
zählend (und es sind nicht erfundene, sondern mehreren
anderen Päpsten nachgerühmte und jetzt ihm, Gregor, zuge-
schriebene Wohltaten), verwendete Thomas Mann zweimal
eine Vokabel, die wir gerne hören – das Wort »Aufklärung«.
Gregors Eigenliebe, die ihn einst zum Inzest geführt hat, verwandelt sich in die Liebe zur Welt – gesühnt und sublimiert,
kann sie sehr wohl vergeben werden. »Ist denn Selbstliebe
von der Liebe zu den Menschen überhaupt zu trennen?«
fragte Thomas Mann schon 1921. Und damit sehen wir noch
einmal, wie eng die Verwandtschaft ist, die Gregor mit den
anderen Helden unseres Autors verbindet.

Wem daran gelegen ist, in einem Satz zusammenzufassen, was der »Erwählte« ausdrücken soll, der kann sich auf einen Brief aus dem Jahre 1951 berufen. Sein Roman – schrieb Thomas Mann – gebe »unter der Hand zu verstehen, daß das ›Unnatürliche‹ doch eigentlich etwas recht Natürliches ist, da man sich nicht wundern darf, wenn Gleich und Gleich sich liebt…«[24] Ja, das gibt der Roman sehr deutlich und nicht nur »unter der Hand« zu verstehen; und die von Thomas Mann gewählte Formulierung – »wenn Gleich und Gleich sich liebt« – läßt auch keinen Zweifel zu, daß hier zusammen mit inzestuösen auch homoerotische Beziehungen gemeint sind. Er protestiert gegen jegliche Verketzerung des Eros und der Sexualität, jene Verketzerung, die zwar nicht ein Werk der christlichen Kirchen ist, zu der sie aber jahrhundertelang kräftig beigetragen haben.

Als Sibylla beim Papst ein gutes Wort für ihre Gehilfin einlegt, für eine Gudula, die sich mit einem ziehenden Gaukler vergessen hat, von dem sie ein Kind zur Welt bringt, da verblüfft sie der Heilige Vater mit einer schon ziemlich burschikosen Antwort: Ob sie denn die weite Reise gemacht habe, um ihn mit Lappalien zu belästigen? Wäre dem Papst an einer würdigeren Erwiderung gelegen, dann hätte er wohl auch sagen können: »Alle menschlichen Gebrechen sühnet reine Menschlichkeit.«

Trotz zahlreicher christlicher Analogien – Sibyllas in Versen geschriebenes Gebet an die Mutter Gottes gehört zu den Höhepunkten des Buches – scheint mir »Der Erwählte« in viel höherem Maße ein kulturkritischer und psychologischer als ein religiöser Roman zu sein. Aber mit der Idee von Sünde und Gnade ist es Thomas Mann schon sehr ernst. Nur wäre zu fragen, wer es denn ist, der im »Erwählten« Gnade walten läßt? Gott etwa, an den Thomas Mann nicht recht glauben kann? Nein, Gnade läßt walten, der im ersten Kapitel dieses Romans die Glocken Roms läutet – der Geist der Erzählung.

Wenn sich der »Erwählte« als ein hochbedeutender Unterhaltungsroman lesen läßt, dann hat es – unter anderem – mit dem Humor des ernsten Buches zu tun, mit seiner Grazie. In diesem kulturkritischen und psychologischen Roman ist verwirklicht, was Goethe in der »Lotte in Weimar« empfiehlt und wünscht: »Nur nicht die stirnrunzelnde Erhabenheit, die … tragisch erschöpft dasteht als Product der Moral! Tiefsinn soll lächeln … das Schwere gelöst im läßlichen Scherz …«[25]

Doch da gib es noch einen weiteren Faktor, der zur unterhaltenden Qualität des Buches beiträgt, ja, der sie erst ermöglicht. Vom »Zauberberg« an spielen in den Romanen Thomas Manns – ähnlich übrigens wie in anderen Romanen der Zeit, von Hesses »Steppenwolf« bis zu Musils »Mann ohne Eigenschaften« – essayistische Elemente eine immer größere Rolle, mehr noch: Sie sind ohne diese Elemente gar nicht denkbar. Als erzählende Romane, die ohne eindeutig essayistische Einschübe auskommen, können nur die »Buddenbrooks« gelten und »Königliche Hoheit«. Mit dem »Erwählten« kehrt Thomas Mann – sieht man von den gelegentlich kommentierenden Anmerkungen des Mönchs Clemens ab – zum erzählenden Roman seiner frühen Jahre zurück. Diese Rückkehr bedeutet einerseits Verlust und Einbuße, andererseits aber Gewinn und auch Bereicherung.

Ähnlich wie die Liebe mit Zwang und Gewalt unvereinbar ist, so schließen sich auch in Thomas Manns Vorstellung die Liebe und die Perversion gegenseitig aus. Das soll heißen: Wen immer die Liebe miteinander verbindet und was sie auch bewirken mag, sie kann gar nicht unnatürlich sein, sie darf nicht als pervers gelten. Wenn aber die Liebe sich so wenig erfassen und ergründen läßt wie die Gnade und so wenig der Vernunft zugänglich ist wie die Erwählung, dann läßt sich ihr in einem Roman mit einer reflektierenden, diskursiven Betrachtung nicht beikommen, sondern nur mit der aus der Distanz erzählenden Darstellung. Und wo der Essayist kapitulieren muß, hat die Stunde des Epikers geschlagen. Genauer, wenn auch altmodisch: Der Liebe ist nur der Poet gewachsen. Damit wäre angedeutet, warum sich Thomas Mann nach vielen Jahren und vielen Werken im »Erwählten« doch wieder ganz und gar ihm anvertraut hat und anvertrauen mußte – ihm, dem Geist der Erzählung.

Am Ende ein persönliches Wort zu meiner Lektüre des »Erwählten«. Ein Zitat soll mir dabei helfen, denn so läßt sich zur Not Sentimentalität einschränken und Exhibitionismus vermeiden. In einem 1947 geschriebenen Brief Thomas Manns – er hat mit diesem Roman nichts zu tun – lesen wir: »Man ist natürlich einem Buche dankbar, welches einem zeigt, daß man noch mit versunkener Anteilnahme, mit Feuereifer zu lesen vermag.«[26]

»Wir verlorenen Kinder Deutschlands«

Die Zahl derer, die den seit 1977 erscheinenden Tagebüchern Thomas Manns die Treue hielten, wuchs von Band
zu Band. Auch diejenigen, die sich beschwerten, die Lektüre
dieser Eintragungen, die sich doch meist mit Belanglosem
und Nebensächlichem befassen, lohne sich kaum, konnten
nicht verbergen, daß sie, der Logik zum Trotz, den nächsten
Band mit Ungeduld erwarteten: Die lesend gelitten haben,
wollen abermals leiden.

Sollte es ein besonderer Genuß sein, von Thomas Mann
enttäuscht und gelangweilt zu werden? Haben seine Notizen
– wie man schon hören konnte – tatsächlich die Wirkung
einer Droge? Lassen Sie uns also süchtig werden? Sicher ist
jedenfalls, daß hier Außergewöhnliches geschieht. Nach wie
vor haben seine Romane und Novellen unzählige Bewunderer, die Tagebücher indes vermögen zu erreichen, was die
Geschichte der Rezeption seines Werks niemals kannte: Sie
machen aus Bewunderern Angehörige einer Gemeinde.

Woher rührt diese auffallend andersartige Reaktion der
Leser auf seine Tagebücher? Was läßt sich in ihnen finden, das
sonst in den Schriften Thomas Manns nicht zu haben ist?

Viel Platz beanspruchen seine Bemerkungen zu aktuellen
politischen Vorgängen, zum zeitgeschichtlichen Hintergrund.
Doch handelt es sich hier um ebenjene Fragen, die auch im
Mittelpunkt seiner zahlreichen Briefe aus diesen Jahren stehen und die er in seinen Essays untersucht – und dort

ungleich ausführlicher und ergiebiger. Das also kann es nicht
sein, was das Interesse des Publikums weckt. Allerlei läßt sich
den Tagebüchern über die eigenen Werke des Autors entnehmen, zumal über deren Entstehung und die fast immer
aufschlußreichen Begleitumstände. Aber wozu sollte man
sich aus seinen täglichen Notizen mühevoll zusammentra-
gen, worüber man an anderer Stelle gründlicher und syste-
matischer informiert wird, und zwar in den drei Thomas
Mann gewidmeten Bänden, die Hans Wysling innerhalb der
Reihe »Dichter über ihre Dichtungen« vorzüglich herausgegeben hat?

Und die Beschreibung des Alltags von Thomas Mann?
Sicher, die gibt es nur hier. Indes nahmen seine Tage, ob in
der Schweiz oder in den Vereinigten Staaten, in der Regel
einen ähnlichen Verlauf: Er schrieb stets nicht mehr als zwei
oder drei Stunden, er las täglich viel (neben Zeitungen fast
ausschließlich die großen Romanciers der Vergangenheit), er
hatte immer Zeit für Spaziergänge und für gar nicht kurze
Schallplatten-Konzerte (vorwiegend Komponisten des neunzehnten Jahrhunderts); eine riesige Korrespondenz mußte
erledigt werden; an Besuchen (meist eher prominenter Gäste
oder zumindest solcher, die für sein Werk etwas tun konnten) fehlte es niemals; gesundheitliche Komplikationen, zumal
Verdauungsstörungen, hat er ebenso pedantisch registriert
wie seine überaus häufigen seelischen Krisen.

Nichts, was Thomas Mann betrifft, kann uns gleichgültig
sein. Aber lohnt es sich, in das Meer dieser Prosa zu tauchen,
um hier und da eine kleine Perle zu finden?

Man übertreibt nur wenig, wenn man sagt, daß Thomas
Mann auf Hunderten und Tausenden von Seiten seiner
Tagebücher nichts erzählt und kaum etwas berichtet. Der
Text besteht aus raschen, lapidaren Hinweisen und rudimen-
tären Feststellungen; weit häufiger lesen wir Stichworte und

Satzteile als einigermaßen ordentliche Sätze. Ein Genie der Sprache stammelt. Das Ergebnis? Kurz und bündig: miserable Prosa. Aber diese Miserabilität ist zugleich ihre Qualität. Sie erzeugt jene Wirkung, die sich mit der einer Droge vergleichen läßt.

Wer literarische Skizzen und Bilder erwartet, kommt nicht auf seine Rechnung. Denn wohin man auch blickt, man kann hier bloß Punkte und Striche wahrnehmen. Diese freilich lassen sich ergänzen und verlängern, vervollständigen oder miteinander verbinden. Wir haben es also mit einer Art Malvorlage zu tun. Novalis war nicht der erste und nicht der letzte Schriftsteller, der meinte, der »wahre Leser« solle, ja müsse der »erweiterte Autor« sein.[27] Daß die Tagebücher auf einen solchen »erweiterten Autor« Anspruch erheben, mag eine Banalität sein, daß sie ihn aber zugleich erziehen und schaffen, ist wohl keine mehr. Aus diesen Lesern setzt sich die neuerdings existierende Gemeinde Thomas Manns zusammen.

Seine Romane und Erzählungen können eine derartige Wirkung schwerlich ausüben. Denn die Perfektion des Ausdrucks, diese bis dahin in deutscher Sprache nicht bekannte Virtuosität schafft zwischen dem Zaubermeister mit dem augurenhaften Lächeln und seinen Lesern einen Abstand, der unüberwindbar bleibt – zumal Thomas Mann allem Anschein nach nichts daran gelegen ist, ihn aufzuheben.

Da wir hier nicht mehr durch eine enorme Kunstleistung auf Distanz gehalten werden, weil wir nur mit dem Rohstoff des Lebens konfrontiert sind, können wir erfahren, was uns alle, ob wir es uns eingestehen oder nicht, am meisten interessiert, wonach wir fortwährend lechzen und was jedes denkende Individuum mitten ins Herz trifft: Thomas Manns Tagebücher bergen das in seinem Œuvre reichste und tiefste Identifikationsangebot. Sie ermöglichen uns ein aufschreckendes Erlebnis: die Begegnung mit uns selber.

Aber wird dieser Identifikationsprozeß nicht durch den Umstand erschwert, daß der Autor der Tagebücher zu einem der höchsten Repräsentanten der europäischen Kultur des zwanzigsten Jahrhunderts aufgestiegen ist? Gegenfrage: Muß man denn aus fürstlichem Geschlecht sein, um sich im Prinzen Hamlet oder im König Lear wiederzufinden? So können wir uns auch in Thomas Mann erkennen, obwohl und weil er ein Fürst des Lebens und ein König im Reich der Literatur war. Von unserem Elend und unserem Hochmut, von unserer Verletzbarkeit und unserem Egoismus, unseren Minderwertigkeitsgefühlen und unserem Größenwahn, unserer Sehnsucht nach der Liebe und unserer Angst vor dem Tod – davon ist hier die Rede.

Daß die Leidensgeschichte, die sich aus den Eintragungen Thomas Manns ergibt – es geht um die Zeit vom Mai 1946 bis Dezember 1948 – mit besonderer Schärfe hervortritt, ist vor allem der Herausgeberin Inge Jens zu verdanken. Sie hat den rund dreihundertfünfzig Seiten umfassenden Text des eigentlichen Journals mit einem zwar überdimensionalen, doch äußerst reichhaltigen Anhang versehen. Er besteht aus Anmerkungen (etwa fünfhundert Seiten) und aus allerlei Dokumenten, zumal ungedruckten Briefen Thomas Manns und ausgeschiedenen Passagen aus dem »Doktor Faustus« (rund hundert Seiten). Das Ganze vervollständigen zwei Register (rund achtzig Seiten). Zuviel des Guten? Schon möglich, aber auf diese Weise ist ein einzigartiges Nachschlagewerk entstanden, eine Fundgrube.[28]

So kann man bisweilen auch erfahren, was uns erspart blieb. Ein Beispiel für viele: In den Jahren 1947/48 hat George Tabori einen »Zauberberg«-Film vorbereitet, der offenbar schon weit gediehen war. Die Clawdia Chauchat sollte Greta Garbo spielen, den Hans Castorp Montgomery Clift. Der Plan wurde nicht realisiert. Warum? Weil, Tabori zufolge, ein nur unter Kranken spielender Film letztlich in Hollywood doch undenkbar war.

Die Themen, die im Mittelpunkt dieses Tagebuch-Bandes stehen – Deutschland nach der Niederlage und der Roman »Doktor Faustus« – werden in der Regel unter dem gleichen Aspekt gesehen. Natürlich ist es für Thomas Mann wichtig, was die Siegermächte aus Deutschland machen; aber in noch viel höherem Maße interessiert ihn, was aus den Deutschen geworden ist. Und woran könnte man dies besser ermessen als an deren Verhältnis zu ihm, Thomas Mann? Natürlich möchte er mit seinem neuen Roman einen Welterfolg erzielen, aber wiederum interessiert ihn eine andere Frage mehr: Wie werden seine Landsleute den »Doktor Faustus« aufnehmen? Hinter diesen beiden Themen, auf die er unentwegt zu sprechen kommt, verbirgt sich also ein einziges: Thomas Mann und die Deutschen.

Sicher, er konnte zufrieden sein, vielleicht sogar glücklich. Der Sieg der Alliierten war auch der seinige, und der Roman, unter Qualen geschrieben, war schließlich doch vollendet. Lauter Triumphe. Doch in seinem Tagebuch dominieren bittere Töne, düstere Farben. Das hat, immer noch und vor allem, mit 1933 zu tun. Er wurde damals, er persönlich, aufs schmerzhafteste verletzt. Später, als der Kampf gegen das »Dritte Reich« seiner Existenz einen neuen Sinn gab, ließ sich die Wunde leichter ertragen. Nur war es eine Amfortas-Wunde, eine unheilbare. Wer hatte sie ihm beigebracht? Jene neuen Machthaber, die ihn beschimpften und bedrohten, die ihm seine Staatsangehörigkeit aberkannten und sein Eigentum raubten, die ihn zwangen, ein Emigrant zu werden und auf das Publikum zu verzichten, für das er alle seine Bücher verfaßt hatte?

Wäre dies tatsächlich das Werk nur der regierenden Barbaren, des abstoßenden Pöbels also – Thomas Mann hätte sich damit zur Not abgefunden. Aber als er 1933 eine Weile schwankte, ob er seinen Ferienaufenthalt in der Schweiz verlängern oder vielleicht doch nach München zurückkehren sollte, mußte er erleben, was für ihn nahezu unfaßbar war: Niemand schien ihn in der Heimat zu vermissen, niemand forderte ihn auf, zurückzukommen. Wer hatte ihn denn eigentlich verstoßen – die Nationalsozialisten oder Deutschland?

Im August 1945 schreibt er in einem Brief, er sei in der Presse und vom Berliner Rundfunk zur Rückkehr nach Deutschland »ermahnt« worden. Er meint hierzu: »Ich finde es, das Wenigste zu sagen, unbillig. Sollen diese 12 Jahre ein Spaß gewesen sein?«[29] Eine begreifliche Reaktion. Wie aber, wenn derartige Aufforderungen oder »Ermahnungen« ganz ausgeblieben wären? Als Walter von Molo an ihn appelliert hatte, wieder in Deutschland zu leben (»zu Rat und Tat«), antwortete Thomas Mann im September 1945 ohne Umschweife, er habe sich an der herrlichen Küste Kaliforniens das Haus gebaut, in dessen Schutz er sein Lebenswerk zu Ende führen möchte: »Ich sehe nicht, warum ich die Vorteile meines seltsamen Loses nicht genießen sollte, nachdem ich seine Nachteile bis zur Hefe gekostet.«[30]

Erich Kästner feierte ihn im Januar 1946 zwar als den bedeutendsten und berühmtesten unter den lebenden deutschen Dichtern, fügte jedoch gleich hinzu, dieser sei nun »ein alter Herr«, der »noch manches für ihn und uns wichtige Buch« verfassen möchte, weshalb es falsch sei, ihn »über den Ozean zwischen unsere Trümmer zu rufen«, er könne in Amerika besser für Deutschland werben, man sollte ihn bitten, »nur ja und auf alle Fälle drüben zu bleiben«[31] – da war Thomas Mann empört: Das sei »das Unverschämteste, was die Deutschen sich gegen mich geleistet haben«.[32]

Ob Walter von Molo oder Erich Kästner – sie können es ihm nicht recht machen. Die Schriftsteller, die nicht emi-

griert waren, nennt er »die in Deutschland Sitzengebliebe-
nen«, allesamt seien sie ihm »wildfremd und unverständlich
geworden«, von »Ofenhockern« spricht er, »über denen der
Ofen zusammengefallen ist und die sich dieses Malheur nun
zur höchsten Ehre und als Treue zu Deutschland anrech-
nen«.[33] Er wirft Furtwängler vor, in Himmlers Deutschland
den »Fidelio« dirigiert zu haben.[34] Furtwängler antwortet:
»Meint Thomas Mann wirklich, daß man im Deutschland
Himmlers nicht Beethoven musizieren durfte? Konnte er
sich nicht denken, daß niemals Menschen es nötiger hatten... Beethoven und seine Botschaft der Freiheit und
Menschenliebe zu hören, zu erleben, als gerade die Deutschen, die unter dem Terror Himmlers leben mußten?«[35]
Diese Erwiderung, die doch viel für sich hat, macht ihn wieder einmal fassungslos und erinnert ihn, »welch ein Abgrund
zwischen unserem Erlebnis und dem der in Deutschland
Zurückgebliebenen klafft«[36].

Die Verständigung war äußerst schwierig. Es fragt sich nur,
ob man diesen Abgrund nicht doch hätte überbrücken können. Im Herbst 1946 schrieb der einundsiebzigjährige Thomas Mann: »Nach Deutschland zurückzukehren, noch einmal mein Leben umzustürzen und ein neues zu bauen, bin
ich zu alt.«[37] Wirklich? Rund sechs Jahre später war er nicht
zu alt, um die Vereinigten Staaten zu verlassen und nach
Europa überzusiedeln – nicht nach Deutschland, sondern in
die Schweiz.

»Wir verlorenen Kinder Deutschlands...«, heißt es in einem
Brief Thomas Manns vom Dezember 1946. Wer sich zu den
»verlorenen Kindern« zählt, der wünscht, ob er es zugibt
oder nicht, die Heimkehr. Doch kaum hat er dies angedeutet, verweist er auch schon auf die immer noch offene
Wunde von 1933: »Mein Gott, wie gleichgültig ließ man uns
ziehen!«[38] Deutschland sollte ihn zurückrufen – nicht dieser

oder jener Schriftsteller, diese oder jene Zeitung. Aber wer konnte damals – 1946, 1947 – im Namen Deutschlands sprechen? Noch gab es kein Parlament und keine Regierung. Wenn wenigstens der Oberbürgermeister von München seine Aufwartung in Pacific Palisades gemacht hätte, besser noch: vor ihm auf die Knie gefallen wäre. Nur hatte der in jener Zeit ganz andere Sorgen.

So groß ist Thomas Manns Enttäuschung, daß er 1947, eine Europa-Reise vorbereitend, die amerikanischen Behörden wissen läßt, es wäre ihm sehr willkommen, wenn sie die Güte hätten, ihm die Einreise nach Deutschland zu verweigern. Im Januar 1948 notiert er im Tagebuch: »Unmögliche Lage der Deutschen, die in Mißerfolgs-Anbetung nun gegen Friedrich, Bismarck, Nietzsche, Wagner wüten und Jahrhunderte ihrer Geschichte abschütteln wollen.« Das sei bloß »Konjunktur-Schreiberei«.[39] Ob sie vielleicht auch gegen ihn zielt? Gehört auch er zu der Vergangenheit, der sich jene zu entledigen versuchen, die, wie er glaubt, nicht mehr Deutsche sein mögen? Jedenfalls äußert er im Oktober 1948 die doch verblüffende Ansicht: »Die Deutschen, besonders natürlich die deutschen Literaten, haben mich nie richtig gesehen.«[40] Wenn ihn die Deutschen nicht richtig gesehen haben – wer dann? Thomas Mann, der unverstandene Schriftsteller?

Antideutsche, scheinbar antideutsche, Akzente finden sich in seinen Briefen und Tagebüchern aus diesen Jahren recht häufig. Schon während des Krieges, im Oktober 1944, bemerkt er beiläufig, daß sein »dégoût an allem Deutschen gerade jetzt ins Unermeßliche wächst«; zugleich unterstrich er das »Deutschtum« des »Doktor Faustus«, an dem er gerade arbeitete – so in einem Brief an einen Deutschen.[41] Doch wenn er sich an Amerikaner oder andere Ausländer wandte, rühmte er bei jeder sich bietenden Gelegenheit die Leistungen und Errungenschaften der deutschen Kultur.

Auf bisweilen sogar ostentative Bekenntnisse zum »Anti-Deutschen« folgen nicht selten (so im Dezember 1947 im Brief an einen englischen Germanisten) Hinweise, dieses »Anti-Deutsche« sei charakteristisch für »alles große Deutschtum«.[42] Als Kronzeuge dient dann, wie schon oft, Goethe, »das urbane Genie«. Ebenfalls im Dezember 1947 ergänzt er das Manuskript seiner »Phantasie über Goethe«: Er sei »der europäische Deutsche, welcher der Welt zwar ein ausgeprägt deutsches, der eigenen Nation aber ein europäisches Antlitz zuwendet...«[43] Das trifft genau zu, klingt aber auch wie Thomas Manns Selbstcharakteristik, ja wie sein Programm. Er habe sich nie – beteuert er in mehreren Briefen – »als Deserteur vom Deutschtum und vom deutschen Schicksal gefühlt«.[44] Der »Doktor Faustus«, hofft er, werde die deutschen Leser davon überzeugen.

Noch viel ungeduldiger als bei seinen früheren Büchern erwartet er das Echo auf den Roman, zumal aus der Heimat. Das Tagebuch registriert sorgfältig die (stets enthusiastische) Reaktion auf Lesungen vor Freunden und Familienmitgliedern (»wärmste Akklamation«, »sichtliche Ergriffenheit«) ebenso wie das Verhalten des Publikums nach öffentlichen Veranstaltungen in der Schweiz (»große Dankbarkeit«, »Beifallsdonner«). Endlich ist die deutsche Ausgabe des »Faustus« ausgeliefert, nun kommen die erhofften Rezensionen und Zuschriften. Der Autor kann sich nicht beklagen, vorerst geht alles großartig. Schon im Januar 1948 notiert er: »Das Echo des Faustus schallt fort. Ich habe nie solches erweckt.«[45] Dem »Tagesspiegel« zufolge – heißt es wenig später – sei sein Buch »das größte seit Wilhelm Meister«.[46] Zu einem Brief von Emil Preetorius: »Die fast schon gewohnten höchsten Töne.«[47]

Zufrieden ist Thomas Mann dennoch nicht. Das hat zunächst mit einer Kritik zu tun, die ihn überrascht und kränkt. Am 10. Dezember 1947 lesen wir in seinem Journal: »Arger Tag, da Bermann die Übersetzung eines stupiden und giftigen Artikels der Hamburger über den Roman schickte.«[48] Die Rezension der Germanistin Käte Hamburger, in schwedischer Sprache veröffentlicht, ist jedoch weder stupid noch giftig, enthält freilich, bei allem Respekt, gewichtige Einwände gegen den »Faustus«. Hatte ihn dieser Artikel so schmerzhaft getroffen, weil Käte Hamburger eine vorzügliche Kennerin seines Werks war und auch von ihm selber, als sie seine Bücher nachdrücklich lobte, hoch geschätzt wurde? Gewiß, nur kommt noch ein anderer Umstand hinzu: Die Germanistin hatte, wohl als erste, auf jene Schwächen des Romans hingewiesen, deren sich vermutlich auch Thomas Mann bewußt war, die er indes weder hatte vermeiden noch beseitigen können.

Im Dezember 1946 notiert er im Zusammenhang mit dem »Faustus«-Manuskript: »Sah auch in den Text und war angewidert. Fühlte mich sehr elend.«[49] War dies nur jener Überdruß, an dem früher oder später alle Autoren leiden, die sich lange mit ein- und derselben Arbeit beschäftigen? Oder ahnte Thomas Mann schon damals, daß dem Buch eine unglückliche Konzeption zugrunde lag, daß es, soviel Bewundernswertes in ihm auch zu finden ist, letztlich höchst problematisch, wenn nicht gar mißraten war?

Seine Romane seien »aus ganz bescheidenen erzählerischen Absichten erwachsen«, diesmal aber habe er von vornherein gewußt, was er beabsichtigte und was er sich selber aufgab: »Mir war, in aller Neubegier, nicht wohl bei der Sache. Ein Werk groß zu wollen, es gleich als groß zu planen, war wahrscheinlich nicht das Richtige ...«[50] Was hatte Thomas Mann denn gewollt und geplant? Im August 1946 entwarf er auf Bitten des tschechischen Übersetzers seiner Werke einen »Waschzettel« für den »Faustus«. Er nannte ihn einen »Musik-Roman« (»beinahe den Roman der Musik«), es sei »ein schrecklich deutscher Roman – beinahe der Roman Deutschlands, das sich dem Teufel verschrieb«.[51] Wie ist das zu verstehen?

Das Leben des Tonsetzers Adrian Leverkühn, seine zum Teufelspakt und zum Wahnsinn führende Verzweiflung soll die Krise der modernen Kunst, ja der Kultur überhaupt, symbolisieren und das Elend des deutschen Volkes, das sich, gleichsam in Wahnsinn verfallend, vom Nationalsozialismus betören und verführen ließ. Der Autor sagt es uns selber: »Das Sündenbewußtsein und das vom Teufel geholt Werden ist in Parallele gestellt zum deutschen Rausch und zum deutschen Kollaps ...«[52]

Doch Leverkühn, der dekadente, der geniale Künstler ist keineswegs repräsentativ für das deutsche Volk oder gar für jene Deutschen, die sich Hitler angeschlossen haben. Die fundamentale Antithese im Werk von Thomas Mann – hier der Künstler, dort der Bürger – verkümmert im »Faustus« zur bloßen Analogie, der jener innere Zusammenhang fehlt und die nichts Exemplarisches hat. Mehr noch: Indem der Roman mit Leverkühns Weg zum Untergang der Geschichte Deutschlands in der ersten Hälfte unseres Jahrhunderts zu personifizieren und zu deuten bemüht ist, poetisiert und mystifiziert er historische Fakten, die sich der rationalen Interpretation durchaus nicht entziehen. Schließlich war Hitlers Sieg im Jahre 1933 weder ein mystischer Vorgang oder ein mysteriöser Triumph, noch glich er einer Teufelsverschreibung; er hatte, wie wir wissen, erklärbare Gründe – politische, ökonomische, soziologische, psychologische.

Die im »Doktor Faustus« enthaltenen oder sich aus den symbolischen Handlungen ergebenden geschichtlichen Deutungen und weltanschaulichen Kommentare irritierten und

befremdeten viele Kritiker und stießen beim deutschen
Publikum schlechterdings auf Unverständnis: Der Roman,
der die zwischen seinem Autor und dessen Landsleuten be-
stehende Kluft verringern und die Versöhnung wenigstens
vorbereiten sollte, konnte somit diese Aufgabe nicht erfüllen.
Trotz einer Anzahl ehrerbietiger und sogar hymnischer
Besprechungen war Thomas Mann nicht entgangen – das
Tagebuch läßt dies immer wieder erkennen –, daß sein
Bekenntnis zum deutschen Geist kaum wahrgenommen,
daß seine Liebeserklärung im Grunde verschmäht wurde:
Der Konflikt zwischen ihm und seinem Vaterland ließ sich
nicht mehr lösen, sein Leiden an Deutschland war unheilbar.

Hatte er also als Romancier versagt? Es sei der »Doktor
Faustus« – tröstete er sich – »gewiß kein Buch ersten Ranges, aber innerhalb der zeitgenössischen Literatur schon
etwas Besonderes und ziemlich Aufregendes«. Dem kann
man ohne weiteres zustimmen. Und: »Natürlich ist man
immer derselbe, aber doch immer auf einer höheren Spi-
rale.«[53] Daß sich hier nicht mehr zustimmen läßt, hat wiederum mit der Figur Leverkühns zu tun.

Es wäre geradezu »läppisch« – so Thomas Mann –, in der
Geschichte eines Musikers dessen Kunst und Genie »nur
zu behaupten, nur anzupreisen« und von ihren »seelischen
Wirkungen nur zu schwärmen«. Er wollte Leverkühns
Lebenswerk so darstellen, »daß man es hörte, daß man daran
glaubte«. Hierbei stand ihm als »Helfer, Ratgeber, teilneh-
mender Instruktor«[54] Theodor W. Adorno zur Seite. Wie
intensiv die Zusammenarbeit Thomas Manns mit seinem
musikalischen Berater war, können wir jetzt erst ermessen.
Zugleich geht aus dem Journal hervor, daß Katia und Erika
Mann die häufigen Besuche Adornos und die vielen Telefongespräche mit ihm ungern sahen – gewiß spielte dabei
simple Eifersucht eine wichtige Rolle – und später Thomas

Mann überredeten, die Würdigung der Verdienste dieses »teil-
nehmenden Instruktors« im Manuskript des Buches »Die
Entstehung des Doktor Faustus« erheblich zu straffen. Die
ausgeschiedenen Passagen kann man im Anhang des neuen
Tagebuch-Bandes lesen.

War der Einfluß Adornos auf den »Faustus« wirklich segens-
reich? Denn nur auf ihn ist es zurückzuführen, daß Thomas
Mann seinem Helden die Zwölftontechnik Arnold Schönbergs zuschrieb und für ihn Kompositionen erfand und ausführlich schilderte, die dieser Technik entsprachen. Fataler-
weise war ihm jedoch das Werk Schönbergs und seiner
Schüler, ja überhaupt die atonale Musik vollkommen fremd
– und blieb es trotz der vielfachen Bemühungen Adornos.
Das Tagebuch bietet dafür aufschlußreiche Belege. So hört er
eine Plattenaufnahme von Alban Bergs »Wozzeck« und hebt
aus dem ganzen Werk nur Maries Wiegenlied hervor: Es ist
ein tonales Einsprengsel innerhalb der vorwiegend atonalen
Oper.

Geradezu verräterisch ist eine Eintragung vom 22. Februar
1948: »Legte abends die alte Platte ›Abendlicht strahlt‹ ein
und war fast zu Tränen bewegt von dem Gesang der Rhein-
töchter mit dem ›Traulich und treu ist's nur in der Tiefe‹.
Gebe für diese Stelle allein die ganze Musik Schönbergs,
Bergs, Kreneks und Leverkühns dahin.«[55] Das verblüffende
Geständnis – vielleicht ein Schlüsselsatz – erklärt, warum die
unter Adornos Einfluß entstandenen Visionen der Werke
Adrian Leverkühns, ungeachtet ihres bisweilen außerordentlichen sprachlichen Glanzes, den Roman »Doktor Faustus«
häufiger belasten als bereichern. Das mußte die Glaubwür-
digkeit dieses Romanhelden in hohem Maße beeinträchti-
gen: Wenn er weniger zu überzeugen vermag als seine Vorgänger in Thomas Manns Universum, als Thomas oder Hanno
Buddenbrook, Hans Castorp oder Joseph, so nicht zuletzt

deshalb, weil Leverkühn, vom Autor mehr geliebt als alle seine Figuren, von ihm dennoch mit einer ungeliebten und im Grunde nicht einmal geschätzten Musik assoziiert und sogar identifiziert wurde.

Dieser Widerspruch zwischen dem Verhältnis Thomas Manns zu seinem Helden und jenem zu dessen künstlerischer Produktion fällt besonders schwer ins Gewicht, weil Leverkühn nicht nur ein Symbol für »das Verderben Deutschlands« sein sollte, sondern auch »eine versetzte, verschobene, verzerrte dämonische Wiedergabe und Bloßstellung meines eigenen Lebens«.[56] Dabei wollte Thomas Mann die Homoerotik keineswegs aussparen, allerdings – wie das Tagebuch zeigt – auch nicht zu deutlich zum Vorschein kommen lassen.

So hat er sich, an dem Manuskript arbeitend, Gedanken »über Möglichkeiten des geheimnisvollen Verschleierns«[57] (der gleichgeschlechtlichen Liebe) gemacht und auch gemeint, daß manches, was er schon geschrieben hatte, doch »zu direkt« sei und der »Diskretisierung«[58] bedürfe. Auch diese gestrichenen oder geänderten Abschnitte finden sich jetzt im Anhang. Unter anderem hat er eine längere Passage getilgt, in der die Homoerotik für den schöpferischen Menschen in Anspruch genommen wird. Die geistige Leistung setze ihn »mit einer gewissen Notwendigkeit in ein leeres, gleichgültiges Verhältnis zur Welt der Zeugung und Gattung«.[59] Es ist nicht zu bedauern, daß solche fragwürdigen Thesen aus dem Roman wieder ausgeschieden wurden.

Das Tagebuch beweist auch, daß das sexuelle Interesse Thomas Manns im Alter nicht nachgelassen hat und weiterhin, was niemanden wundern kann, ausschließlich auf das männliche Geschlecht gerichtet war. Es wiederholen sich lapidare Feststellungen: »Flirt mit dem Lift boy Louis Marti«, »Faible für den jungen Aufwärter aus St. Gallen, … höchst angenehmes Gesicht und sanftes Wesen«, »nach Tische Besuch von drei Schweizer Jungen, deren Einer sehr hübsch«.[60]

Es will scheinen, daß Thomas Mann seine Sexualität in dieser Zeit als ambivalent empfunden hat: »Für meine Jahre werde ich vom Geschlecht mehr als gebührend geplagt. Man fragt sich, ob man sich dessen freuen soll.«[61] Wenige Monate später klagt er über »viel sexuelle Bedrängnis« und über »das Kreuz des Geschlechtes«; doch fügt er gleich hinzu, es seien »Leiden mit einem Einschlag von Eitelkeit«.[62] Im Journal fällt auch ein kurzer Satz auf: »Toscaninis geschlechtliche Aktivität mit 82 Jahren soll verbürgt sein.«[63] Der dies notierte, ohne es zu kommentieren, war zweiundsiebzig Jahre alt. Nicht nur bei solchen Eintragungen drängt sich die Frage auf, ob diese Tagebücher ihre Leser in Voyeure verwandeln – ja, das mag schon zutreffen: in Voyeure des Lebens von Thomas Mann. Und zugleich unseres eigenen Lebens.

Seine letzte Liebe

Man denke wohl, lesen wir im letzten Teil der Tetralogie »Joseph und seine Brüder«, mit fünfundsiebzig Jahren könne es so schlimm nicht mehr sein »mit der Hörigkeit und knechtischen Lust«. Aber da irre man sich: »Das hält aus bis zum letzten Seufzer«, auch wenn der Speer ein wenig stumpfer geworden sei.[64] Als Thomas Mann dies schrieb, war er siebenundsechzig Jahre alt.

Im Juni 1950 feierte er – und mit ihm die gesittete Welt – seinen fünfundsiebzigsten Geburtstag. Noch im selben Monat und in den folgenden Wochen überkam ihn die knechtische Lust. Mit aller Macht schlug sie zu: die Hörigkeit. Nicht mehr erwartet, nicht mehr erhofft, war sie plötzlich da und erschütterte seine ganze Existenz: die Liebe.

Es beginnt ja immer ganz unauffällig und durchaus nicht originell: Da macht es sich einer am Strand in einem Liegestuhl bequem. Die Hände im Schoß gefaltet, läßt er seine Augen in die Weiten des Meeres schweifen. Wie er nun so tief ins Leere träumt – und nichts zu suchen, das ist sein Sinn –, wird plötzlich die Horizontale des Ufersaumes von einer menschlichen Gestalt überschnitten: Ein schöner Knabe geht vor ihm im Sande vorüber. Da ist's um ihn geschehn, um ihn, den Schriftsteller Gustav von Aschenbach: Er hat diesen polnischen Knaben namens Tadzio sehnsüchtig betrachtet, er hat ihn bewundert und begehrt, doch nie berührt.

Auch Thomas Mann hat jenen, der Ende Juni 1950 ohne jede Absicht, aufs harmloseste also, seinen Weg kreuzte und für rund zwei Monate sein Leben veränderte, stets bloß aus der Distanz bewundert und begehrt: Der fremde, junge Mann, er wurde sein Geliebter, aber er war und blieb, selbst wenn er in Reichweite vor oder neben ihm stand, nur sein *ferner* Geliebter.

Anders jedoch als in der Novelle, die von Aschenbachs einsamem Glück, von seinem Tod in Venedig erzählt, liefert hier nicht das Meer mit seiner »rollenden Monotonie« den Hintergrund, nicht die gefährdete und bedrohte, die untergehende Stadt bietet den Rahmen. Distinguiert ist die Szenerie gleichwohl: das Hotel Dolder oberhalb von Zürich. Der Salon, der Speisesaal, die Gartenterrasse – dort, und nicht etwa in einem Hotelzimmer, spielt sich alles ab.

Nie ist der Fünfundsiebzigjährige mit dem, nach dem er sich unentwegt sehnt, allein, und wenn er mit ihm einige (immer belanglose) Worte wechselt, so stets in Gegenwart der Ehefrau oder der Tochter und überdies beobachtet von vielen Hotelgästen, die wenig Lust zeigen, den weltberühmten Schriftsteller auch nur für einen Moment aus den Augen zu verlieren. Nein, nichts spielt sich in diesen gepflegten Räumen ab, alles ereignet sich im Kopf dessen, der hier berichtet.

Seine erste Eintragung im Tagebuch ist knapp: »Bedienung durch den kleinen ›Münchener‹« – am 29. Juni 1950. Noch weiß er nicht, welche seelische Erschütterung ihm bevorsteht. Die nächste Eintragung ist vom dritten Juli und schon von ganz anderer Art – kurz davor muß es geschehen sein, muß er den Schock erlitten haben. Sie lautet: »Immer grüßt der kleine Tegernseer mich strahlend, sagt auch ›Herrlicher Abend!‹ u. dergl. Welche hübschen Augen und Zähne! Welche charmierende Stimme!«[65] Da haben wir es: Schon hat die Liebe ihn getroffen. Sie aber, die Liebe, »sie sieht mit dem Gemüt, nicht mit den Augen. / Und ihr Gemüt kann nie zum Urteil taugen« – heißt es im »Sommernachtstraum«.

Ja, Thomas Manns Urteilskraft ist bereits getrübt und eingeschränkt. Denn der Kellner vom Tegernsee tut nur, was zu seinen gewöhnlichen Pflichten gehört: Jedem Gast sagt er, daß der Abend doch herrlich sei, alle grüßt er strahlend, zumal jene, die, wie der deutsche Herr aus Kalifornien, am Trinkgeld nicht sparen. Und die Augen, die Zähne, die Stimme? Sollten sie wirklich besonders schön gewesen sein? Kein Wort glauben wir dem Tagebuchschreiber, der noch in derselben Eintragung erkennen läßt, wie sehr er verliebt ist: Er fragt den schönen Kellner nach seinem Namen, notiert ihn aber nur ungenau (»oder ähnlich«), Hauptsache sei nämlich der Vorname. Kaum hat er ihn erfahren – Franz heißt der Liebliche –, schon umgibt diesen Namen (natürlich in seiner Phantasie) eine Aura, schon geht von ihm ein Fluidum aus. Gleich hat er auch das Bedürfnis, den fremden jungen Mann zu duzen: Die unmittelbare Anrede soll die Annäherung im Geist ermöglichen. Nur im Geist?

Wenige Tage später kommt es in der Hotelhalle in Anwesenheit der Tochter Erika (sie ist vierundvierzig Jahre alt) zu einem kurzen Gespräch mit Franz, »den ich lange nicht gesehen«. Thomas Mann scheint sich vergessen zu haben, jedenfalls für einige Augenblicke, er kümmerte sich nicht um die Hotelgäste, »die etwa die Herzlichkeit meines Abschiednickens beobachteten«. Ein geringfügiger, vielleicht ein wenig peinlicher Vorfall wird nicht verheimlicht: »Erika zupfte mich am Ärmel, während ich noch in sein Gesicht sah, und schalt mich unbeherrscht. Hätte auch wohl das Gespräch in der Halle nicht länger ausdehnen dürfen ...«

Er versucht die Tochter zu überzeugen, daß seine Beziehung zu dem Kellner sich kaum vom »Wohlgefallen an

einem schönen Pudel« unterscheide: »Viel sexueller sei dies
auch nicht.« Er fügt hinzu: »Was sie nicht glaubte.« Recht
hatte sie. Am nächsten Tag denkt er über seine »Gefühle für
den Kleinen« nach, »die wirklich viel von Liebe zur Creatur haben«. Warum: wirklich? Wollte er sich rechtfertigen?
Und sollten die Gefühle des Fünfundsiebzigjährigen zu dem
Neunzehnjährigen zulässiger oder gar erhabener sein, wenn
dieser in seiner Vorstellung kaum mehr wäre als ein Tier,
eben ein schöner Pudel? Jedenfalls möchte er seine Empfindungen stilisieren, ins Poetische anheben. Da behilft er
sich mit einer berühmten Hölderlin-Zeile: »Wer das Tiefste
gedacht, liebt das Lebendigste.«

Bei dieser Gelegenheit: Thomas Mann schrieb über sie
alle, über Goethe und Schiller, über Lessing und Kleist,
Heine und Platen, doch auf Hölderlin, den er häufig er-
wähnte und zitierte, ging er nie näher ein. Ein Zufall? Oder
hat es vielleicht damit zu tun, daß er Hölderlin fürchtete und
daß er sich mit ihm weniger identifizieren konnte als mit
irgendeinem der großen deutschen Dichter?

Wie auch immer: Die Erinnerung an Hölderlins Gedicht
»Sokrates und Alkibiades«, wohl das schönste, das in deutscher Sprache über Homoerotik geschrieben wurde, verrät
schon, daß die Formel »Liebe zur Creatur« nicht ausreicht,
um die Beziehung Thomas Manns zum Kellner Franz zu
charakterisieren. Noch am selben Tag notiert er im Tagebuch: »Das Gefühl für den Jungen geht recht tief. Denke
beständig an ihn und versuche, Begegnungen herbeizufüh-
ren, die leicht zum Anstoß werden könnten.«

Wieder bewundert er des jungen Mannes Augen und
Stimme. Doch nicht sein Begehren sei weitgehend, wohl
aber seine Freude, seine Zärtlichkeit und Verliebtheit: Sie
»untergründen den ganzen Tag«. Daß er ihm gefalle, habe
Franz gewiß längst bemerkt, »was natürlich meinen Wün-

schen entspräche«. Es genügt ihm nicht zu lieben, wieder-
geliebt will er werden. Er muß ihn sehen, er ist erregt, er
erwartet ihn auf der Terrasse: »War aber nicht da. Fühlte
mich nicht wohl ...«

Doch dann holt er aus zum Bekenntnis, genauer, zum
Befund, der ihn beglückt und berauscht: »Noch einmal also
dies, noch einmal die Liebe, das Ergriffensein von einem
Menschen, das tiefe Trachten nach ihm – seit 25 Jahren war
es nicht da und sollte mir noch einmal geschehen.« Und
weil es ihm noch einmal geschehen, will er sich selber
beweisen, daß er die Objektivität nicht ganz eingebüßt hat:
Zu plump sei der Nacken des Geliebten und sein Profil
nicht sangeswürdig. Aber was mache das schon, wenn man
dieses Gesicht *en face* sehe, wenn man diese Stimme höre, die
diskrete, die zu »Herzen« gehe. Nachts dann »gewaltige
Ermächtigung und Auslösung«, verbunden mit einem gewissen Stolz »auf die Vitalität meiner Jahre, wie auf das ganze
Erlebnis«.

Von Tag zu Tag wird sein Zustand bedenklicher: Alles sei
durchtränkt und überschattet »von entbehrender Trauer um
den Erreger, Schmerz, Liebe, nervöse Erwartung, stündliche
Träumereien, Zerstreutheit und Leiden«. Plötzlich sieht er
ihn »flüchtig bei der Herabkunft im Lift«. Aber: »Er wollte
nichts von mir wissen, sein Interesse an meiner Teilnahme
scheint mir erloschen.«

Es folgt ein Satz, der daran erinnert, daß die Liebe die
Zurechnungsfähigkeit des Individuums zeitweise einzuschrän-
ken vermag – auch die eines Fünfundsiebzigjährigen, eines
Thomas Mann: »Weltruhm ist mir nichtig genug, aber wie
gar kein Gewicht hat er gegen ein Lächeln von ihm, den
Blick seiner Augen, die Weichheit seiner Stimme!« Um sein
Lächeln zu sehen, gibt er ihm ein hohes Trinkgeld, um die
Nähe seiner Hand zu spüren, läßt er sich von ihm die

Zigarette anzünden. Er schläft ein »im Gedanken an den Liebling«, und er wacht auf im Gedanken an ihn: »Man tut es noch mit 75. Noch einmal, noch einmal!« Aber was ihm bevorsteht, kann er keinen Augenblick vergessen: die Trennung. Der Abschied findet in der Nähe des Lifts statt: »Wir schüttelten uns lange die Hände.« Er bildet sich ein, Franz sei »nicht ganz unbewegt« gewesen. »Leb wohl in Ewigkeit, Du Reizender, später, schmerzlich aufwühlender Liebestraum!«[66]

Kaum hat Thomas Mann das Hotel Dolder und Zürich verlassen, da quält ihn schon die Frage, ob Franz ihm schreiben werde: »Wüßte der Junge in der weißen Jacke, wie ungeduldig ich bin, ein paar Worte von ihm in Händen zu haben, er würde sich etwas mehr beeilen!« Am nächsten Tag: »Warum schreibt er mir nicht, daß er geehrt und erfreut sei? Geliebter Dummkopf!« Zwei Tage später: »Ich warte auf ein Wort des Jungen.« Endlich kommt ein »lieber, schlichter Brief« von ihm, dort der Satz: »Ich habe mich wirklich sehr gefreut, daß Sie an mich gedacht haben.« Thomas Mann ist gerührt und beglückt, er zitiert diese Worte innerhalb von drei Tagen nicht weniger als dreimal.[67]

Er hält sich jetzt mit Frau und Tochter in St. Moritz auf, wo er den Shaw-Übersetzer Siegfried Trebitsch trifft: Erika empfiehlt dem alten Trebitsch einen Aufenthalt auf dem Dolder, »wo wir ihn zu einem letzten Wiedersehen besuchen können. Sie tut es im Hinblick auf mich und den Franzl dort.« Das scheint auch dringend nötig, denn »der Schmerz um den auf dem Dolder hat sich in diesen Tagen zu einer allgemeinen Trauer um mein Leben und seine Liebe vertieft und verstärkt«. Er spricht von seinem »wahnhaften und doch leidenschaftlich behaupteten Enthusiasmus für den *unvergleichlichen, von nichts in der Welt übertroffenen Reiz* männlicher Jugend, die von jeher mein Glück und Elend«.[68] Wie denn: Der Reiz der männlichen Jugend werde von nichts übertroffen? Bei allem Respekt vor Thomas Mann – hier wagen wir, ihm leise zu widersprechen: Es gibt immer noch Männer, die den Reiz des weiblichen Geschlechts höher einschätzen... und das ist vielleicht gar nicht so schlecht.

Aber was wollte der liebende alte Thomas Mann von Franz und mit Franz? Das sei eine sehr direkte, eine beinahe plumpe Frage? Gewiß, nur dürfen wir sie stellen, weil das Tagebuch die Antwort keineswegs schuldig bleibt. Es sei – meditiert er – seine »Energie zur Wirklichkeit« nur gering, denn »schließlich bestünden Möglichkeiten, dem Gefühl zielstrebig nachzugehen ...« Ihn hemmten »außer der Scheu vor der Erschütterung und außer dem Zwang, das Geheimnis zu wahren«, auch noch »Bequemlichkeit« und »Widerwille gegen Aktivität und Unternehmen, bei soviel Ergriffenheit«.

Acht Tage später wird die Frage, ob es richtig sei, dem »Gefühl zielstrebig nachzugehen«, wieder aufgenommen und schon weniger umständlich formuliert: »Es müßte lieblich sein, mit ihm zu schlafen, aber ich stelle mir von seinen Gliedern nichts Besonderes vor und wäre zärtlich zu ihnen um seiner Augen willen.« Nach dem von der Tochter Erika arrangierten abermaligen, offenbar nur sehr kurzen Treffen mit Franz im Hotel Dolder (»Der Druck seiner kräftigen Hand. Sein Lächeln, seine Augen«) wird er noch deutlicher: »Kein Widerwille mehr gegen zu nahe Berührung, gegen die fremde Leiblichkeit, etwa mit ihm im Bett zu liegen.« Jedoch: »Das Glück der realen Vereinigung und Umarmung sehr zweifelhaft.«[69] So am 16. August 1950. Kurz darauf kehrt Thomas Mann nach Pacific Palisades zurück. Die letzte Eintragung über Franz stammt vom achten November. Es verwundert ihn selber, daß er immer noch in jeder neuen Post eine Zuschrift des Geliebten vom Hotel Dolder sucht:

»Schließlich sind erst drei Monate, daß ich zuletzt seine etwas falschen Augen sah.«[70]

Wie denn – diese Augen, von denen wir lasen, daß sie »hübsch«, »gar zu hübsch« und »unvergeßlich auf jeden Fall« seien, diese Augen, die den Betrachter mehr gereizt haben sollen als alle anderen Körperteile des jungen Mannes (einen Brief von Franz erwartend, klagte er: »In seinen Schriftzügen werden ja nicht seine Augen sein«), nennt er jetzt plötzlich »etwas falsch«. Das ist für uns neu, nicht aber neu ist die Tatsache, die uns, ob wir betroffen sind oder nicht, immer aufs neue überrascht – die Tatsache, daß die Liebe, die so unerwartet gekommen war, auch unerwartet wieder schwindet, daß alles gleitet und vorüberrinnt.

Der Gedanke an seine »letzte Liebe« – lesen wir in einer früheren Eintragung – rufe »alle Unter- und Hintergründe« seines Lebens wach. Diese »Unter- und Hintergründe« – das sind seine erotischen Erlebnisse mit Halbwüchsigen, mit jungen Männern. Sie seien allesamt in seinem Werk zu finden: der eine im »Tonio Kröger« als Hans Hansen, der andere im »Zauberberg« als Pribislaw Hippe und auch als Clawdia Chauchat, der dritte im »Doktor Faustus« als Rudi Schwerdtfeger, dem vierten gehöre die Einleitung zum Amphitryon-Essay von 1927.[71] Und Franz, der Kellner?

Am 30. Juli 1950 heißt es im Tagebuch: »Vorlesung des Aufsatzes, in dem das Franzl-Erlebnis wohl recht deutlich eingegangen.«[72] Gemeint ist der noch 1950 veröffentlichte Essay über »Die Erotik Michelangelos«. Hier schrieb Thomas Mann, Michelangelo habe die Liebe »stets als Übel, als Heimsuchung und süßes Gift verwünscht und dabei ihr angehangen wie keiner. Sie war der Untergrund seines Schöpfertums, sein inspirierender Genius ...«[73]

Und Franz, der ferne Geliebte, was ist aus ihm geworden? Ein schwerer oberbayerischer Gastwirt – wie Thomas Mann vermutete? Nein, aber er blieb bei seinem Beruf, er lebt heute in New York und ist »Bankett-Oberkellner«. 1991 befragt, erklärte er, er könne sich an Thomas Mann gut erinnern: Er »war immer sehr freundlich und steckte mir heimlich Trinkgeld zu … Nie ist er mir in irgendeiner Weise zu nahe getreten.« Den »netten Brief aus Kalifornien«, an den er sich zu erinnern glaubt, habe er leider verloren.[74]

»O sink hernieder, Nacht der Liebe«

Im Herbst 1927 hielt Thomas Mann in München einen Vortrag über Kleists »Amphitryon«. Er habe sich gehütet – sagte er – zu lesen, was von anderen darüber geschrieben wurde: »Für mich hat noch kein Literarhistoriker vom ›Amphitryon‹ etwas gemerkt.« Er werde sich um »dies ungerührte Zeug« nicht kümmern und über das alte und bekannte Lustspiel reden, als sei es neu und unbekannt.

Ging es Thomas Mann nur um Kleist? Die Heftigkeit des Vokabulars und des Tonfalls macht uns mißtrauisch. Denn wir hören von »Abscheu vor jener Ernüchterung und Entmutigung«, deren Opfer wir seien, wenn sich andere mit »geschäftsmäßiger und affektlos selbstverständlicher Einsicht über den Gegenstand unserer innigsten Neigung« verbreiten.[75] Zusammen mit Kleists Werk hat er sicherlich noch einen anderen »Gegenstand unserer innigsten Neigung« im Sinne gehabt, noch von einem anderen Autor war die Rede, dem die Wissenschaft offenbar auf »geschäftsmäßige« Weise ein Unrecht antue. Thomas Mann sprach auch in eigener Sache.

Nun müßte der Schriftsteller noch geboren werden, der mit der Behandlung seiner Bücher seitens der Kritiker und der Literarhistoriker zufrieden wäre. Das gilt erst recht für Thomas Mann, der zwar von Anfang an für die Kritik als Institution plädierte, den aber beinahe immer jene enttäuschte, die sich mit seinen Büchern beschäftigte. Er habe, schrieb er 1918, »von der Kritik noch nie etwas Gescheites gehört«[76], was er nicht schon selber gesagt hätte. Dabei ist es auch geblieben: Er war in der Tat der beste Kenner seines Werks; nur betätigte er sich zugleich – und wir sollten ihm dies keinesfalls verübeln – als sein eigener Werbechef.

Dennoch läßt sich der Protest in seinem »Amphitryon«-Essay nicht auf die leichte Schulter nehmen. Nun ja, die Trockenheit der Philologen ist für manche oft schwer erträglich. Aber sachlich sollte sie wohl sein, die Wissenschaft von der Literatur – und wo wäre die Grenze zwischen der mißliebigen Trockenheit und der notwendigen Sachlichkeit zu ziehen? Die Ernüchterung wiederum, vor der Thomas Mann geradezu Abscheu empfand – ist sie von vornherein abzulehnen? Gehört es denn nicht zu den Pflichten der Forschung, hier und da eben zur Ernüchterung beizutragen?

Aber wogegen er sich so vehement wehrte, war wohl eine gar zu weit gehende Entzauberung. Er hatte doch gegen die denkbar gründlichste und vielleicht sogar dürre Analyse seines Werks nichts einzuwenden, wenn sie nur auf dessen möglichst nachdrückliche Befürwortung hinauslief. Da war er schon bereit, die Entzauberung des Poetischen in Kauf zu nehmen. Nicht abfinden mochte er sich hingegen mit der zu befürchtenden Entzauberung des Zauberers selber. Er, der 1945 in einer schwachen Stunde zugab, er habe sich »schon früh in einer Art von höherem Abschreiben geübt«[77], er wollte nun doch nicht, daß man ihm gar zu oft auf die Schliche komme.

Wie auch immer: Als Thomas Mann in den letzten Monaten seines Lebens das Wort zu Ehren Schillers führte, gestand er, nicht ohne Koketterie, seine Zaghaftigkeit angesichts jenes »Gebirges kundiger Würdigungen und Erörterungen seines Lebens und Bildens, welche in anderthalb Jahrhunderten die gelehrte Forschung aufgetürmt«[78] habe. Daß er wenig

Lust verspürte, sich darauf einzulassen, was vor ihm über das gewaltige Thema geschrieben wurde, begreift man wohl. Daß er aber in seinem »Versuch über Schiller« trotzdem, gleichsam unter der Hand, von den Ergebnissen der gelehrten Forschung profitiert hat, sehen wir nicht ohne Genugtuung.

Noch sind seit dem Tod Thomas Manns keine vierzig Jahre vergangen, und schon gibt es ein beängstigendes »Gebirge kundiger Würdigungen und Erörterungen«, die ihm gewidmet sind. Kein Monat vergeht, ohne daß neue Arbeiten über ihn erscheinen: Die weltweite, die internationale Thomas-Mann-Industrie blüht und gedeiht. Ihre Dimensionen sind enorm, und während wir uns hier Gedanken über sein Werk machen, wird irgendwo auf Erden eine neue Abhandlung gedruckt, vielleicht über die Rolle des Hundes in Thomas Manns epischem Universum oder über die Zigarre als Phallussymbol in seinen Romanen.

Gewachsen ist nicht nur die Literatur über ihn, gewachsen ist auch das Werk selber. Damit haben wir 1955, als eine respektvoll erschütterte Welt die Nachricht von seinem Tode empfing, nicht gerechnet – ich meine: mit diesem Reichtum an Tagebüchern, Briefen und Notizbüchern. Alle diese Dokumente lehren uns das, was wir schon kannten und worauf es doch in erster Linie ankommt, seine Romane also und seine Erzählungen anders als vorher zu lesen. Zu großen Revisionen oder sensationellen Neudeutungen besteht letztlich kein Anlaß: Mißverstanden wurde die Epik Thomas Manns zu seinen Lebzeiten keineswegs. Daß er aber, wie Goethe, von seinen frühen Jahren bis ins hohe Alter, von dem »Kleinen Herrn Friedemann« bis zur »Betrogenen« und bis zum »Felix Krull«, ein Erotiker war und daß sexuelle Motive in seinem Werk eine zentrale Rolle spielen – das haben wir damals nicht verkannt, doch mit Sicherheit unterschätzt.

Die Liebe – was ist das? Eine treuherzige Frage, natürlich, aber es ist vielleicht nicht ganz überflüssig, sich um eine Antwort – um noch eine Antwort – zu bemühen. Nun denn: Liebe – so nennen wir jenes extreme Gefühl, das von der Zuneigung zur Leidenschaft führt und von der Leidenschaft zur Abhängigkeit; es versetzt das Individuum in einen rauschhaften Zustand, der zeitweise die Zurechnungsfähigkeit einzuschränken vermag: Ein Glück ist es, das Leiden bereitet, und ein Leiden, das den Menschen beglückt.

Eine solche Verallgemeinerung mag fragwürdig sein, doch scheint sie geeignet, einen der roten Fäden im Werk Thomas Manns kenntlich zu machen. Denn dies hat von Anfang an seine irritierte Aufmerksamkeit auf sich gezogen: Wie plötzlich ein noch unbestimmtes Interesse für eine Person erwacht und sich beinahe gleichzeitig in eine Zuneigung verwandelt und bald in eine Leidenschaft, und wie diese eine gefährliche Abhängigkeit zur Folge hat, ja, eine Katastrophe.

In seinem Roman »Joseph in Ägypten« heißt es, die Liebe schaffe eine »berückende Steigerung« des Lebens, »so bekannt wie unsäglich«, sie sei ein »Segen an Lust und Qual«, an beidem zugleich und in einem.[79] Daß aber dieser Segen den Menschen um den Verstand bringen, ihn gänzlich ruinieren könne – nie vermochte er es zu vergessen, nie wollte er es verdrängen. Im Gegenteil: Er hat es immer wieder dargestellt, und dies schon in seinen frühesten Arbeiten.

Johannes Friedemann, der kleine Herr, der Bucklige, der als Sechzehnjähriger eine plötzliche Zuneigung zu einem gleichaltrigen Mädchen faßt, einem ausgelassen fröhlichen Geschöpf, das ihn nicht einmal abweist, weil es ihn auch nicht für einen Augenblick ernst nimmt, Friedemann, dieser unglückliche Krüppel, der das Leben zärtlich liebt, doch nie und nimmer auf Gegenliebe stößt, muß sich damit abfinden, daß ihm das Erotische versagt bleibt. Er sucht und findet Zuflucht in einer Gegenwelt: Er läßt sich kein Konzert in seiner Stadt entgehen, er selber spielt nicht übel die Violine.

Doch gerade die Musik, die seinen Seelenfrieden zu sichern scheint, wird ihm zum Verhängnis. Denn die Musik ist – so Shakespeare – der Liebe Nahrung. Während einer »Lohengrin«-Aufführung sitzt der kleine Herr Friedemann neben der üppigen, ein wenig dekolletierten Gerda von Rinnlingen, der Ehefrau des neuen Bezirkskommandanten, und es fügt sich, daß er »einen Augenblick den warmen Duft ihrer Brust atmen«[80] muß, richtiger gesagt, atmen darf. Und da ist es um ihn geschehen: Er verläßt rasch das Stadttheater, gefolgt von den Klängen der Musik, und gerät bald in einen »Zustand von Schwindel, Trunkenheit, Sehnsucht und Qual«, er fühlt in sich einen »ohnmächtigen, wollüstigen Haß« aufsteigen.

Wenig später lesen wir: »Die Lohengrinmusik klang ihm wieder in den Ohren, er sah noch einmal Frau von Rinnlingens Gestalt vor sich, ihren weißen Arm auf dem Roten Sammet.« Wagners Musik verringert seine Hemmungen, seine Selbstkontrolle – und in ihm empört sich alles, was er von seiner Jugend an unterdrückt hat, zu unterdrücken gezwungen war. Alles? Nichts anderes ist gemeint als die Welt der Triebe, nichts anderes als die Sexualität, deren Opfer er werden wird. Im erregten Zustand nimmt er am Empfang bei Frau von Rinnlingen teil, er kann seine Augen nicht von ihr losreißen, er trinkt viel, wohl zuviel Wein, er folgt ihr in den Garten und sinkt dort mit einem Klagelaut vor ihr zu Boden: Der kleine, verwachsene Mann – da liegt er nun »zitternd und zuckend« auf den Knien, sein Gesicht in ihren Schoß drückend. Sie aber schleudert ihn zu Boden, springt auf und verschwindet in der Allee. Der kleine Herr Friedemann wird schroff zur Ordnung gerufen und geht zugrunde, weil er sich geleistet hat, was man in seiner Welt zu vergeben nicht bereit ist: einen haarsträubenden Verstoß gegen die Konvention, gegen die Sitte und den Anstand.

In den »Buddenbrooks« heißt es von einem Musiker, dem Organisten von Sankt Marien, sein Blick erscheine vag und leer, weil er in einem Reich einer »tieferen, reineren, schlackenloseren und unbedingteren Logik weilt als dem unserer sprachlichen Begriffe und Gedanken«[81]. Im »Zauberberg« jedoch hält Settembrini die Musik für »das halb Artikulierte, das Zweifelhafte, das Unverantwortliche, das Indifferente«.[82] Wie also – gehört die Musik zum Reich der Logik, oder repräsentiert sie die Welt des nur halb Artikulierten und Indifferenten? Oder sollte gar beides zutreffen und sie somit ein tief zweideutiges Element sein? Schon im »Kleinen Herrn Friedemann« hat die Musik eine doppelte Funktion: Dem Einsamen und Leidenden, dem Träumer und Sehnsüchtigen bietet sie Schutz und Zuflucht; zugleich aber ist sie ein Stimulans, eine dubiose, gefährliche Kraft, die das Individuum verführt und bestrickt, bedroht und betäubt.

Die Helden Thomas Manns brauchen die Musik, um auszudrücken, was sie um keinen Preis sagen möchten und was sie auf keinen Fall verschweigen können. »Später einmal im Leben, das vielleicht seinen Mund immer fester verschließen wird, muß er eine Möglichkeit haben zu reden ...«[83] – meint Hanno Buddenbrooks Klavierlehrer. Da ist Hanno alles in allem acht Jahre alt. Gleichwohl hat er schon eine kleine Phantasie komponiert.

Es ist ein teils kindliches, teils raffiniertes Musikstück mit einem verwunderlichen, nahezu unheimlichen Finale: Ein Akkord wächst, nimmt zu und schwillt langsam an, aber Hanno »verweigerte sich der Auflösung ... Noch nicht ... noch nicht! Noch einen Augenblick des Aufschubs, der Verzögerung, der Spannung, die unerträglich werden mußte,

damit die Befriedigung desto köstlicher sei … Noch ein
letztes, allerletztes Auskosten dieser drängenden und treiben-
den Sehnsucht, dieser Begierde des ganzen Wesens, dieser
äußersten und krampfhaften Anspannung des Willens, der
sich dennoch die Erfüllung und Erlösung noch verweigerte,
weil er wußte: Das Glück ist nur ein Augenblick …« Hannos
Augen »wurden ganz groß … und dann war die Wonne nicht
mehr zurückzuhalten«.[84] Die Herkunft dieser Musik ist
übrigens nicht bekannt. Da Hanno den e-Moll-Akkord tre-
moliert, dann »das dissonierende, zur Grundtonart leitende
cis« hinzusetzt und die Auflösung (dieses »entzückende und
befreite Hineinsinken«) in H-Dur findet − kann Thomas
Mann schwerlich an etwas anderes gedacht haben als an den
letzten Harmoniewechsel in Wagners »Tristan«.[85]

Die Spannung und die Verzögerung, die drängende Sehnsucht und die Begierde des ganzen Wesens, die Wonne, die
sich nicht mehr zurückhalten läßt, und schließlich die köst-
liche Befriedigung − das alles betrifft einen Achtjährigen,
doch läßt sich dieses Vokabular nicht mißverstehen: Es verweist auf jene Sphäre, die schon dem Kind soviel zu schaffen
macht und mit der es nicht zu Rande kommt − auf die
Sexualität.

Über derartiges kann Hanno, mittlerweile über fünfzehn
Jahre alt, nur mit einem einzigen Menschen sprechen − mit
seinem gleichaltrigen Freund Kai, dem Grafen Mölln. Ihm
klagt er: »Ich möchte schlafen und nichts mehr wissen. Ich
möchte sterben, Kai!«[86] Dieser aber ist an dem düsteren
Geständnis nicht interessiert, vielmehr wünscht er, daß ihm
Hanno, der Leidende, der sich selber ausgiebig bemitleidet,
von seinem Klavierspielen erzähle. Ob er heute nachmittag
wieder spielen werde? Eine harmlose Frage, gewiß, doch
Hannos betretene Reaktion − »etwas Trübes, Verwirrtes und
Heißes war in seinen Blick gekommen« − läßt erkennen, daß

nicht nur Pianistisches gemeint ist. Das Zeitwort »spielen« ist hier eine Chiffre, derer sich die beiden Freunde in vertraulichen Gesprächen bedienen. Denn Hanno antwortet: »Ich werde wohl spielen, ich kann es nicht lassen, obgleich es alles noch schlimmer macht.« Er schweigt, Kai aber sagt: »Ich weiß, wovon du spielst.« Dann schweigen sie beide, Kai wird rot, Hanno blaß, Kai blickt zu Boden, und auch Hanno mag dem Freund nicht in die Augen sehen.[87]

Mitten in diesem Dialog findet sich die knappe Feststellung: »Sie waren in einem seltsamen Alter.« Gewiß ist hier von etwas Peinlichem die Rede, von etwas, das die beiden Halbwüchsigen quält, was sie aber nicht aussprechen möchten. Bevor sie sich wenig später trennen, bevor Kai im Schneegestöber verschwindet, legt er Hanno den Arm um den Hals und sagt ihm leise: »Sei nicht verzweifelt ... und spiele lieber nicht!«[88]

Doch Kais Mahnung ist vergeblich: Hanno spielt eine seiner Phantasien. Sie kreist um eine Figur, die »aus einer einzigen Auflösung bestand, einem sehnsüchtigen und schmerzlichen Hinsinken von einer Tonart in die andere ... ja, es war als reize es auf zu immer neuen, gewaltsamen Anstrengungen, rasende Anläufe in Oktaven folgten ihm, die in Schreie ausklangen, und dann begann ein Aufschwellen, eine langsame, unaufhaltsame Steigerung«, es ist »wie ein Versinken in Begierde«, »und es kam, es war nicht mehr hintanzuhalten«, »die vollkommene Befriedigung brach herein«, eine »zügellose Orgie« ergoß sich durch alle Oktaven. »Etwas Lasterhaftes« sei in der Maßlosigkeit, in der Unersättlichkeit, »etwas wie Wille zu Wonne und Untergang in der Gier«. Dann folgen Erschöpfung, Ekel, Überdruß und »Ermattung nach allen Ausschweifungen«.[89]

Davor also hat Kai den Freund Hanno beschwörend gewarnt – vor dem »Versinken in Begierde«, vor der »zügellosen Orgie«. Mit seiner mahnenden Aufforderung »Spiele lieber nicht!« meinte er nichts anderes als: Gib nicht nach, laß dich nicht zum Lasterhaften drängen. Denn das hat Kai erkannt und durchschaut: Hannos Improvisationen am Klavier haben mit der Geschlechtlichkeit zu tun. Es sind Sexualphantasien eines Pubertierenden, genauer: Masturbationsvisionen.

Im Herbst 1896 schrieb Thomas Mann an seinen Freund Otto Grautoff: »Woran leide ich? An der Geschlechtlichkeit … Wird sie mich denn zu Grunde richten?«[90] Er spricht von den »Hunden im Souterrain«[91], die man an die Kette bringen müsse. Das Thema seiner (gerade abgeschlossenen) Novelle »Der kleine Herr Friedemann« sei »der Untergang im Geschlechtlichen«.[92] Und man übertreibt wohl kaum, wenn man sagt, daß dies auch das Thema der Hanno-Geschichte ist, bekanntlich der Keimzelle des Romans »Buddenbrooks«. So ist denn Hanno ein Bruder des Johannes Friedemann, und auch er ist mit einem Buckel geschlagen, freilich mit einem Buckel nach innen.

Im Dasein beider kommt der Musik eine außerordentliche Rolle zu, doch ist der Unterschied nicht zu übersehen: Dem kleinen Herrn Friedemann, mit dem keine Frau zu tun haben will, hilft die Musik, sein Los zu ertragen. Was die Musik ihm sonst bietet und was er ihr zu verdanken hat, wissen wir nicht. Und Hanno? Musizierend gibt er dem Sexualtrieb nach, musizierend stellt er seine intimsten Erlebnisse dar. Indem er sie darstellt, genießt er sie – und das notfalls vor der ganzen Familie, die nicht ahnen kann, was hier (in des Wortes doppelter Bedeutung) gespielt wird, und die, wollte Hanno über seine »zügellosen Orgien« in Worten berichten, natürlich entsetzt wäre, mehr noch: die dies niemals dulden würde.

So sind sie beide, Johannes Friedemann und Hanno Buddenbrook, Opfer des Lebens, nicht etwa der Liebe. Sie brauchen die Liebe, aber sie kennen sie überhaupt nicht, jedenfalls nicht aus eigener Erfahrung. Sie sehnen sich nach der Liebe, aber die geht für sie nicht in Erfüllung. Daher kann die schlichte und doch so gern zitierte Erkenntnis des jungen Thomas Mann: »Wer am meisten liebt, ist der Unterlegene und muß leiden«[93], weder für den kleinen Friedemann gelten noch für Hanno, sondern erst für Tonio Kröger. Gilt sie auch für Detlev Spinell?

Im Frühjahr 1901 – das Manuskript der »Buddenbrooks« war längst abgeschlossen, doch ließ die Buchausgabe noch auf sich warten – schrieb Thomas Mann an den Bruder Heinrich: »Das Ganze ist Metaphysik, Musik und Pubertätserotik: – ich kommt nie aus der Pubertät heraus.«[94] Kurz davor hatte er dem Bruder mitgeteilt, daß er an einer »Burleske« arbeite, die wahrscheinlich »Tristan« heißen werde. Eine Burleske wurde daraus nicht, wohl aber eine Liebesgeschichte und zwar eine, die glücklicherweise über die Synthese aus Metaphysik, Musik und Pubertätserotik weit hinausgeht.

Den Schriftsteller Detlev Spinell, der seit einigen Wochen zu den Patienten des Sanatoriums »Einfried« gehört, empfindet man dort als einen Fremdling. Ein Italiener vielleicht? Die danach fragt, Frau Klöterjahn, wird unterrichtet: »Nein, er ist kein Italiener, sondern bloß aus Lemberg gebürtig…« Aus Galizien kommt er also. Aber was soll das: *bloß* aus Lemberg? Ist dies etwa eine Herkunft, auf die niemand besonders stolz sein könne? In Hans Rudolf Vagets Kommentar zur Novelle »Tristan« findet sich der Hinweis: »Nach den literarischen Konventionen der Zeit suggeriert die galizische Herkunft, daß Spinell jüdischer Abstammung ist.«[95]

Vorbild dieser Figur war der Erzähler und Journalist Arthur Holitscher, ein Jude aus Budapest. Neuere Forschungen haben überzeugend nachgewiesen, daß Thomas Mann, Spinell porträtierend, sich noch von einem anderen Autor inspirieren ließ, von dem Wiener Impressionisten Peter Altenberg, ebenfalls einem Juden. Unbedingt sympathische, für sich einnehmende Menschen sind die Juden in den Romanen und Novellen Thomas Manns keineswegs. Um einige Beispiele herauszugreifen: die häßliche Baronin Stein in der frühen Geschichte »Der Wille zum Glück«, der an »fast kriecherischer Selbstverkleinerung« leidende Rechtsanwalt Jacoby in der Novelle »Luischen« oder, im Spätwerk, Figuren wie der Konzertagent Saul Fitelberg und der Publizist Chaim Breisacher im »Doktor Faustus«.

Im Judentum sah Thomas Mann, wie er 1921 schrieb, »eine pittoreske Tatsache, geeignet, die Farbigkeit der Welt zu erhöhen«, und zugleich »eines jener Symbole der Ausnahme und der hohen Erschwerung, nach denen man mich als Dichter des öfteren auf der Suche fand«.[96] Das mag auch für Spinell gelten, den wunderlichen Kauz mit gedunsenem Gesicht, einem bartlosen Kinn und mit »Füßen von seltenem Umfange«. Aber Spinell, dieser »verweste Säugling«, über den sich Thomas Mann ausgiebig lustig macht, ist nicht nur komisch und lächerlich, sondern auch rührend und liebenswert – und vielleicht ist diese Figur so ambivalent geraten, weil hier neben Holitscher und Altenberg noch einer Modell stand: kein anderer als der Autor selber. Er hat es 1906 an etwas versteckter Stelle bekannt: »Ich züchtige mich selbst in dieser Gestalt.«[97]

Wie Johannes Friedemann, Hanno Buddenbrook oder Tonio Kröger leidet auch Spinell »ob seiner zweifelhaften Stellung unter den Menschen«[98], auch er ist einer von jenen, die vor einem Fenster mit herabgelassener Jalousie stehen[99], auch er trägt eine schwere Last, die mit seiner von der Umwelt gewiß nie übersehenen Abstammung zusammenhängt. Sehr einsam ist er, ja geradezu isoliert: Er schreibt viele Briefe, aber die Menschen finden es belustigend, »daß er seinerseits höchst selten welche empfing«.[100] Nach »empfing« folgen im Text drei Punkte.

Je länger er sich ausgeschlossen fühlt, desto mehr sehnt er sich nach anderen Menschen, nach Frauen zumal: Auch er ist, wie seine Vorgänger, der Liebe bedürftig. Nur gibt es weit und breit keine Frau, die als Gegenstand seiner Neigung in Betracht käme. Je länger dieser Zustand dauert, desto mehr neigt er dazu, die Frauen im Lichte jener beliebten Beleuchtungskörper zu sehen, die die Wahrnehmung eher erschweren als erleichtern – im Lichte von Aureolen. Er verklärt die Frauen, weil er sie, aus welchen Gründen auch immer, entbehren muß: Er sieht in ihnen geheimnisvolle Geschöpfe.

Da taucht im Sanatorium »Einfried« Gabriele Klöterjahn auf, die Kaufmannsgattin aus Bremen. Und schon ist Spinell in jenem rauschhaften Zustand, der die Zurechnungsfähigkeit des Individuums einschränkt. Er berichtet es selber: »Ich habe die Dame im Vorübergehen nur mit einem halben Blick gestreift, ich habe sie in Wirklichkeit nicht gesehen. Aber der verwischte Schatten von ihr, den ich empfing, hat genügt, meine Phantasie anzuregen und mich ein Bild mit fortnehmen zu lassen, das schön ist ... Gott, ist es schön!«

Befragt, ob das seine Art sei, schöne Frauen zu betrachten, antwortet Spinell klar und aufrichtig: »Ja, gnädige Frau; und es ist eine bessere Art, als wenn ich ihnen plump und wirklichkeitsgierig ins Gesicht starrte ...«[101] Mit anderen Worten: Was er beschreibt, ist nicht die Wirklichkeit, sondern das Werk seiner Phantasie. Es war die zarte und ansehnliche Gabriele Klöterjahn, die seinen Weg gekreuzt und die ihn gleich so außerordentlich beeindruckt hat. Aber es ist sehr wahrscheinlich, daß in diesem Augenblick seines Lebens der »verwischte Schatten« auch jeder anderen zarten und ansehnlichen Frau imstande gewesen wäre, seine Phantasie auf ähnliche Weise anzuregen.

Es komme nicht darauf an, geliebt zu werden, das Glück sei es vielmehr zu lieben und »vielleicht kleine trügerische Annäherungen an den geliebten Gegenstand zu erhaschen«[102] – das sagt sich der von der blonden Inge ignorierte Tonio Kröger, der es wohl bei Plato gelesen hat. Ebenso tröstet sich auch Detlev Spinell. Denn Gabriele denkt nicht daran, die plötzliche und starke Zuneigung des fremden Mannes, dieses, wie sie meint, »durch und durch rätselhaften Menschen«[103] zu erwidern, nein, so schnell liebt man in Bremen nun doch nicht.

Aber Spinell, der Künstler, der Schriftsteller, der Mann aus Lemberg, verkörpert für sie eine ihr unbekannte und für sie gerade deshalb sehr reizvolle Gegenwelt. Mehr noch: Er unterhält sich mit ihr über ein Thema, das er poetisch erläutert und das er schön auszuschmücken vermag, ein Thema, das ihr ungleich wichtiger ist als alle anderen auf Erden. Er redet mit Gabriele über sie selber, er ruft in ihr »eine seltsame Neugier, ein nie gekanntes Interesse für ihr eigenes Sein hervor«.[104] Dies ermöglicht denn auch die »Annäherungen an den geliebten Gegenstand«. Freilich sind es Annäherungen von ganz besonderer Art.

Gabriele Klöterjahn und Detlev Spinell sind im Salon des Sanatoriums; noch ist eine dritte Person zugegen, doch wird sie bald verschwinden. So bleiben sie allein. Es ist ein Winternachmittag, es dämmert schon. Von Spinell gebeten und bedrängt, setzt sich Gabriele ans Klavier. Sie spielt ein Chopin-Nocturne, dann stößt er einen »unverständlichen Laut« aus und wird bleich: Er hat den Klavierauszug des Wagnerschen »Tristan« gefunden. Jetzt braucht er sie nicht mehr zu bitten, sie beginnt gleich zu spielen.

Das Sehnsuchtsmotiv ließ »leise seine bange Frage verneh-

men«, das Liebesmotiv rang sich empor »bis zur süßen Ver-
schlingung« und sank, »sich lösend«, zurück.[105] Was geschah?
»Zwei entrückte Wesen strebten in Leiden und Seligkeit
nacheinander und umarmten sich in dem verzückten und
wahnsinnigen Begehren nach dem Ewigen und Absolu-
ten ...«[106] Von welchen »entrückten Wesen« ist hier die Rede?
Natürlich von Tristan und Isolde – und natürlich nicht nur
von ihnen.

Inzwischen war es ganz dunkel geworden, die beiden
Klavierkerzen gaben ein wankendes und begrenztes Licht,
gerade genug, um die Noten lesen zu können. Von Gabriele
gespielt, erklingen sie – eine unerhörte Steigerung und ein
plötzliches Pianissimo, das wie »ein Entgleiten des Bodens
unter den Füßen und ein Versinken in sublimer Begierde«
ist: »Der Überschwang einer ungeheuren Lösung und Erfüllung brach herein, wiederholte sich, ein betäubendes Brau-
sen maßloser Befriedigung.«[107] Die Vokabeln, wir erkennen
sie wieder, es sind ja beinahe jene, mit denen uns Thomas
Mann wenige Jahre früher Hannos »zügellose Orgie« bewußt
gemacht hat. Und auch jetzt wird eine wahre Orgie gefeiert.

Im dunklen Konversationszimmer des noblen Sanatoriums
»Einfried« haben sie zueinander gefunden, Spinell und
Gabriele, »zwei entrückte Wesen«, die sich umarmen im
»verzückten und wahnsinnigen Begehren«, die sich vereini-
gen: »O sink hernieder, Nacht der Liebe, gib ihnen jenes
Vergessen, das sie ersehnen ... löse sie los von der Welt des
Truges ...«[108] Nein, sie umarmen sich nicht, es sei denn in
Spinells Vorstellung. Und wenn sie sich vereinigen, so nicht
in der realen Welt, sondern in einer anderen, die ihnen
Zuflucht bietet und die das Liebeserlebnis ohne körperliche
Vereinigung, ja überhaupt ohne körperliche Berührung er-
möglicht – in der Welt der Musik: Unschuldig ist Spinells
Glück, keusch diese Orgie.

Monologisch veranlagt wie Detlev Spinell ist auch ein
anderer Intellektueller in Thomas Manns Universum und
wiederum ein feinsinniger Schriftsteller: jener Gustav Aschenbach, der in Venedig von der Liebe ergriffen und vom Tod
erteilt wird. Sind die beiden denn vergleichbar? Der eine ist
doch skurril und grotesk, der andere vornehm und feierlich,
der eine ein beinahe exotischer Bohemien, dem kein Erfolg
vergönnt ist und von dem niemand etwas wissen will, der
andere ein würdevoller Staatsdichter, dem es gefällt, »von
seinem Schreibtische aus zu repräsentieren«, und der sich
verpflichtet fühlt, »seinen Ruhm zu verwalten«.[110]

Aber ob dieser oder jener − es sind musische Menschen,
deren subtile Egozentrik so ausgeprägt ist wie ihre Sehnsucht nach der Liebe. Nur ist es eine ganz andere Sehnsucht,
die Aschenbach empfindet, ein anderes erotisches Verlangen.
Weil Spinell von einer Frau träumt und Aschenbach von
einem Knaben? Nicht die Frage der Geschlechtszugehörig-
keit entscheidet hier. Der polnische Knabe Tadzio, ein überaus anmutiges, ein vollkommen schönes Geschöpf, ist natürlich ebenso austauschbar wie Gabriele Klöterjahn. Auch
Tadzios verwischter Schatten genügt, um sofort das bren-
nende Interesse Aschenbachs zu wecken und seine Phantasie
zu beflügeln; auch Aschenbach gerät sehr bald in jenen
rauschhaften Zustand, der die Abhängigkeit vom Geliebten
nach sich zieht.

Er will Tadzio sehen − so oft, so lange und so nahe wie
möglich. Er beobachtet ihn, wo immer er ihn finden kann −
im Hotel, auf der Straße, am Strand. Unentwegt denkt er an
ihn, er kann nicht anders, er muß ihn suchen, er muß ihm
folgen. Seine Selbstkontrolle ist schon stark beeinträchtigt.
Da lauscht er, der anspruchsvolle Ästhet, der Darbietung
einer kleinen Bande von Straßensängern: »Seine Nerven
nahmen die dudelnden Klänge, die vulgären und schmach-

tenden Melodien begierig auf, denn die Leidenschaft lähmt den wählerischen Sinn und läßt sich allen Ernstes mit Reizen ein, welche die Nüchternheit humoristisch aufnehmen oder unwillig ablehnen würde.«[111] Die Nüchternheit? Gewiß doch, sie würde diese ordinären Töne weit von sich weisen. Nur fragt es sich, ob ein nüchtern gewordener Aschenbach noch empfänglich wäre für den Reiz, den, vorerst jedenfalls, der Knabe Tadzio auf ihn ausübt, ob er ihn also noch lieben könnte.

Von der Freitreppe des Hotels sieht er, daß Tadzio allein zum Meer geht: »Der Wunsch, der einfache Gedanke, die Gelegenheit zu nutzen und mit dem, der ihn unwissentlich so viel Erhebung und Bewegung bereitet, leichte, heitere Bekanntschaft zu machen, ihn anzureden, sich seiner Antwort, seines Blickes zu erfreuen, lag nahe und drängte sich auf.« Er beschleunigt seine Schritte, er erreicht Tadzio, jetzt wird es sich entscheiden: »Er will ihm die Hand aufs Haupt, auf die Schulter legen.«[117] Aber er zögert, er sucht sich zu beherrschen, er verzichtet, er geht gesenkten Hauptes vorüber.

Anders als Spinell, der das Gespräch mit Gabriele wünschte und begehrte, der keinerlei Entzauberung fürchtete, ahnt Aschenbach, daß jener Schritt, den er zu tun sich hütet, zu »heilsamer Ernüchterung«[113] hätte führen können – doch gerade das möchte er vermeiden. Der Rausch ist ihm zu teuer, als daß er bereit wäre, die Ernüchterung zu akzeptieren und also auf ihn zu verzichten. Nicht der Geliebte beglückt ihn, sondern das Gefühl, das er auslöst. Nicht ihn begehrt er, sondern die Liebe.

Hannos »Wille zu Wonne« erregt, bewegt und leitet auch ihn, Gustav Aschenbach. Seine einsamen Orgien sind unschuldig wie jene Hannos, sie sind keusch wie Tonio Krögers Sehnsucht, wie Spinells irrealer Glückstraum. Aber Aschen-

bachs »Wille zur Wonne« bedarf der Musik nicht. O sink
hernieder, Nacht der Liebe? Nein, in das »Wunderreich der
Nacht«, von dem Wagners Tristan träumt, braucht Aschenbach nicht zu fliehen.

Er hat es nicht nötig, das Sonnenlicht zu meiden: Was sich
zwischen ihm und Tadzio abspielt, es ereignet sich ja nur in
seinem Kopf – und nirgends sonst. Er macht sich auch keinerlei Illusionen hinsichtlich des Geliebten, der die Erinnerung an die Antike wachruft und an allerlei Mythen: Er weiß
sehr wohl, daß sich der zarte und edle Jüngling als ein dum-
mer Junge erweisen könnte. Denn – lesen wir im »Tod in
Venedig« – »der Mensch liebt und ehrt den Menschen,
solange er ihn nicht zu beurteilen vermag, und die Sehnsucht ist ein Erzeugnis mangelhafter Erkenntnis«.[114]

Dies also ist der Wahrheit letzter Schluß? Das finden wir
schon bei Shakespeare und schlichter ausgedrückt. Die Liebe
– sagt im »Sommernachtstraum« das kluge Mädchen Helena –
»sieht mit dem Gemüt, nicht mit den Augen. / Und ihr Gemüt kann nie zum Urteil taugen. / Drum nennt man ja den
Gott der Liebe blind.« Die Liebe ist blind. Das gilt für Detlev
Spinell und für Gustav Aschenbach, für viele Liebende in
Thomas Manns Werk – und vielleicht gar für uns alle.

Thomas Mann war einige Male verliebt, doch nicht sehr
häufig, wenn man bedenkt, daß er achtzig Jahre alt geworden
ist. Aber jedesmal hat ihn die Liebe tief getroffen. Fünfundsiebzig Jahre war er alt, als er in seinem Tagebuch notierte:
»Noch einmal also dies, noch einmal die Liebe, das Ergriffensein von einem Menschen, das tiefe Trachten nach ihm –
seit 25 Jahren war es nicht da, und sollte mir noch einmal
geschehen.«[115] Ja, er war glücklich. Aber er blieb dabei, daß
die Liebe und die Sehnsucht mit mangelhafter Erkenntnis zu
tun hätten, er meinte wie eh und je: »Das Glück der realen
Vereinigung und Umarmung sehr zweifelhaft.«[116]

Alle seine Liebeserlebnisse haben ihren literarischen Niederschlag gefunden – auch jenes, das nun bald ein Vierteljahrhundert zurücklag, als er einen Jüngling liebte, der nicht viel älter war als Tadzio und wie dieser nicht einmal ahnte, daß er geliebt wurde. Thomas Mann schrieb damals den eingangs zitierten Essay über Kleists »Amphitryon«. Hier sagte er: »Wir irren, wenn wir um irgendwelcher Werte willen zu lieben glauben.« Die Liebe frage nicht nach Werten, sie sei vielmehr eine souveräne, eine »wertverleihende Kraft«.[117]

Bin ich am Ende?

Geht das mit rechten Dingen zu? Die Tagebücher Thomas Manns, deren umfangreiche Edition jetzt mit dem zehnten Band abgeschlossen ist, bestehen vorwiegend aus höchst belanglosen, ja geradezu banalen Eintragungen, bewirken aber gleichwohl, was es in der nun bald hundertjährigen Geschichte seines Werks und seiner Wirkung noch nie gegeben hat: Sie machen nicht nur aus den Bewunderern, sondern auch aus den Gegnern und sogar Verächtern seiner erzählenden Prosa Angehörige einer ihm ergebenen Gemeinde. Ihre Treue läßt mit den Jahren nicht nach.

Allerdings hat das Wort »Gemeinde« in der intellektuellen Sphäre keinen guten Klang. Es wird mit Schriftstellern in Verbindung gebracht, deren Bücher sich zwar eines starken Zuspruchs erfreuen, diesen jedoch weniger einer geistigen oder künstlerischen Leistung verdanken als vor allem dem Umstand, daß sie in jenen zwielichtigen Bereich ragen, den Literaten respektlos, wenn nicht gar höhnisch »Seelsorge« nennen.

Damit hatte nun Thomas Mann nie etwas zu tun. Wie sollte er auch? Ein Werk, das aus kritischem Geist geboren, auf Ironie gegründet und auf Parodie abzielt, ist weder geschaffen noch geeignet, den Leser zu bekehren oder ihm auch nur Trost zu spenden – es sei denn in dem ganz allgemeinen Sinn, in dem ein vollkommenes Kunstwerk, was immer sein Autor angestrebt hat, uns allein durch seine Existenz ermutigt.

Natürlich wünschte sich auch Thomas Mann ein aufmerksames und womöglich dankbares Publikum, aber kein gläubig-folgsames, also keine Gemeinde. Seine Romane und Erzählungen konnten dies auch schwerlich zur Folge haben. Es ist die unvergleichliche Virtuosität der Sprache, mithin die Perfektion des Ausdrucks, die zwischen dem Zaubermeister mit dem augurenhaften Lächeln und seinen Lesern einen Abstand schafft, der unüberwindbar bleibt – zumal dem Autor allem Anschein nach nie daran gelegen war, ihn restlos aufzuheben.

Thomas Manns erzählende Prosa rührt und entzückt uns, aber sie hört nicht auf, uns zu imponieren und zu faszinieren: Während wir mit dem einen Auge den Tod Rahels beweinen, blicken wir mit dem anderen staunend auf jenen, der ihn im ersten Band der Tetralogie »Joseph und seine Brüder« beschrieben hat. Wenn hingegen Anna Karenina den Zug erwartet, unter den sie sich werfen wird, wenn am Ende des Romans »Der Prozess« K. »wie ein Hund« erstochen wird, ist der erschütterte Leser in so hohem Maße in Anspruch genommen, daß er die Schreibkunst Leo Tolstojs oder Franz Kafkas kaum wahrnimmt, daß er ihr jedenfalls keine Gedanken widmen kann.

Nichts wäre abwegiger, als hier das eine Genie gegen das andere ausspielen zu wollen. Vielleicht aber kann dieser flüchtige Vergleich verständlich machen, warum Thomas Mann mit den Tagebüchern auch solche Leser gewonnen hat, denen seine Epik bisher eher fremd war oder die ihr, aus welchen Gründen auch immer, Widerstand geleistet haben.

Einen großen Teil des Journals der Jahre 1953 bis 1955 macht die Wiedergabe seines genau geregelten, ja ritualisierten Alltags aus: Wenn er Zeit erübrigen kann, um das Tagebuch fortzusetzen, notiert er, was er getan hat. Er liest wie eh und je sehr viel, Zeitungen ebenso wie Bücher, die

Politik regt ihn immer wieder auf, er hört gern und häufig Musik, vorwiegend jene, die er seit seiner Jugend kennt, er geht erstaunlich oft ins Theater – vielleicht deshalb, weil er im amerikanischen Exil das deutsche Theater vermissen mußte.

Über die Stücke und Vorstellungen urteilt er knapp und meist eher streng. Doch etwas anderes fällt bei der Erwähnung dieser Theaterbesuche auf. Jedesmal lesen wir: »In der Pause Kaffee. Zu Hause Chokolade.«[118] Am 19. November (man gibt eine Komödie von Bernard Shaw) heißt es: »Zu Hause Chokolade.«[119] Und der Kaffee? Hat er ihn diesmal nicht getrunken? Ich weiß schon: Nichts ist unwichtiger als eine derartige Frage. Aber gerade sie machte mir plötzlich bewußt, in wie hohem Maße ich in den Bann dieser Tagebuchprosa geraten war, wie sehr sie den Leser zu beherrschen vermag. Eine Woche später ist Thomas Mann wieder im Schauspielhaus und notiert wie eh und je beides: den Kaffee in der Pause und die Chokolade nachher zu Hause. Ich kann aufatmen, seine Welt ist wieder in Ordnung. Was verbirgt sich dahinter?

Die Eintragung nach einer Aufführung des Sophokleischen »Ödipus« lautet: »Verließ das Theater in Erschütterung. Zu Hause Chokolade.«[120] Von diesem Kontrast geht eine erheiternde Wirkung aus. Aber hier wird deutlich, daß die Schokolade, ähnlich wie der jedesmal hartnäckig registrierte Gang zum Friseur oder zur Pediküre, den bürgerlichen Alltag symbolisiert, an dem der Emigrant Thomas Mann um jeden Preis – auch und gerade im hohen Alter – festhalten will.

Am 6. Januar 1954 heißt es, daß seine Frau Katia ein Haus in Kilchberg am Zürcher See besichtigt hat, »das nicht unmöglich ist«. Wenig später wird das Haus noch einmal besichtigt: »Es fand Beifall.« Dann ist von Schwierigkeiten

die Rede: »Garagenfrage, Verbauungsgefahr.« Schließlich kann
der Leser wieder einmal aufatmen: »Der Kauf ist perfekt.«[121]
Warum, frage ich mich, irritieren mich diese Mitteilungen,
warum verfolge ich sie mit Ungeduld? Ich kenne doch das
Ergebnis, ich weiß, daß Thomas Mann das Haus erwerben
und bis zum Ende seines Lebens bewohnen wird. Die
Adresse »Kilchberg, Alte Landstrasse 39« wird in die Geschichte der deutschen Literatur eingehen wie jene andere,
wie »Weimar, Frauenplan«. Woher rührt also die nahezu
magische Wirkung dieser Prosa?

Der Autor, dessen Beredsamkeit in der Geschichte unserer
Literatur einzigartig ist, will hier vom stilistischen Ehrgeiz
nichts mehr wissen. Ausnahmslos alles, was er in seinem
arbeitsreichen Leben drucken ließ, ist ungleich besser formuliert, nichts hat er so schnell und schludrig, so schlecht
geschrieben wie diese Tagebücher. Allerdings kann er nicht
verhindern, daß seiner Feder hier und da Wendungen und
sogar ganze Passagen entschlüpfen, deren Schärfe und Anschaulichkeit uns verblüffen und beglücken und die uns
daran erinnern, daß er des Deutschen mächtig war wie kein
anderer nach 1832. Wenn also Thomas Manns schriftstellerische Kunst bisweilen auch in diesen Tagebüchern trium-
phiert, dann gleichsam unter der Hand. Doch nicht darauf
kommt es an, sondern auf den Gegenstand, der hier nachlässig abgehandelt wird – nachlässig und zugleich überwälti-
gend.

Das Thema der Tagebücher ist ihr Autor selbst. Gab es
je einen großen deutschen Schriftsteller, der ein Leben lang
soviel getan hätte, um der Öffentlichkeit das Bild seiner
Existenz zu vermitteln, wenn nicht aufzuzwingen? Und
kennen wir einen Schriftsteller, der auch noch die Kraft und
die Kühnheit besessen hätte, das auf diese Weise mühevoll
Geschaffene wieder zu zerstören?

Von Jugend an hat Thomas Mann sein Porträt immer aufs neue retuschiert und stilisiert, sein ganzes Dasein inszeniert und sehr bald schon dessen Legende entworfen. Im Journal indes schreibt er mit größter Entschiedenheit gegen diese Legende, er demontiert sie rücksichtslos, er entblößt sich vor unser aller Augen. Die »wütende Leidenschaft für das eigene Ich«[122], die ihm schon während des Ersten Weltkriegs Heinrich, der ältere Bruder, vorwarf, kehrt sich in seinen letzten Jahren gegen ihn selber: Je älter Thomas Mann wird, desto mehr gerät das Tagebuch zur Selbstabrechnung, zu einer Mischung und Synthese aus verzweifelter Selbstanklage und schamloser Selbsterniedrigung. Die Summe der Eintragungen ergibt mehr als ein Selbstporträt, sie ergibt den Roman eines Lebens – einen Roman, dessen Authentizität makellos und dessen Symbolgehalt ungewöhnlich ist.

1917 schrieb Thomas Mann in einem Brief: »Wir finden in Büchern immer nur uns selbst.«[123] Die Freude sei dann allemal groß, und wir seien schon drauf und dran, den Autor für ein Genie zu erklären. In der Tat finden wir in seinen Tagebüchern, bewußt und vielleicht noch häufiger unbewußt, uns selbst, unsere Verletzbarkeit und unsere Minderwertigkeitsgefühle, die eigene Not und das eigene Elend und mitunter auch das eigene Glück.

Zu einer Identifikationsfigur wurde der Autor dieses Journals schon in den vorangegangenen Bänden – hier im letzten Band wird er es in noch höherem Maße. Daher läßt sich die Frage nicht von der Hand weisen, was denn uns, die wir nichts Außerordentliches geleistet haben, gleichwohl die Identifikation mit einer so extremen Persönlichkeit wie Thomas Mann ermöglicht.

In der Zeit, die dieser Tagebuchband umfaßt, arbeitet Thomas Mann an seinem letzten Roman, den »Bekenntnissen des Hochstaplers Felix Krull«. Dieser Hochstapler sei »eine

Art von Künstlernatur«: »Verliebt in die Welt, ohne ihr auf
bürgerliche Weise dienen zu können, trachtet er danach, sie
wiederum verliebt zu machen in sich selbst...«[124] Damit
sind auch jene charakterisiert, die sich im Autor der Tagebücher wiedererkennen: die in die Welt Verliebten und der
Gegenliebe Bedürftigen.

Zunächst fällt auf, was sich in seinem Persönlichkeitsbild
trotz des vorgerückten Alters nicht geändert hat: Seine Sprache war von Anfang an unverwechselbar, sie hat im Laufe der
Jahrzehnte im wesentlichen ihren Charakter behalten. So ist
es auch um seine Mentalität bestellt: Was schon die frühen
Briefe verraten – Egozentrik und Eitelkeit, Eigenschaften
freilich, die zum Berufsbild des Schriftstellers gehören –, läßt
beim Achtzigjährigen nicht im geringsten nach und wird im
Tagebuch offen akzentuiert. Zufrieden zitiert er Schillers
Äußerungen über den Charakter Goethes, zumal die Worte:
»Ich glaube in der Tat, er ist ein Egoist in ungewöhnlichem
Grade.«[125]

Wie eh und je braucht Thomas Mann die permanente
Zustimmung der Welt. Er nimmt das französische Offiziers-
kreuz am roten Band sehr ernst, es verbittert ihn, daß
Hermann Hesse und Carl J. Burckhardt den Pour le merite
erhalten haben, er aber übergangen wurde. Nach seiner
Lesung aus dem »Felix Krull« war an der Universität in Köln
zwar starker Beifall, »aber kein Abgang und Wiederkommen,
nicht Theater genug« – was ihm mißfällt.[126] Es ist kaum
glaublich: Einer der größten Schriftsteller der Welt ärgert
sich, weil die Studenten zwar kräftig, doch nicht lange genug
geklatscht haben.

Auch am Ende seines Lebens ist Thomas Mann von der
Kritik abhängig. Über die Qualität der weitaus meisten
Artikel zu seinem Werk macht er sich keine Illusionen. Er
weiß genau, daß der beste Kenner seiner Prosa er selber ist,

er ist der ihm gewidmeten Doktorarbeiten überdrüssig und
überfliegt sie nur, »um schicklich danken zu können«.[127]
Immer häufiger glaubt er, er sei ein Opfer der Kritik. Er wei-
gert sich, an einer ihm gewidmeten Ausstellung in Basel mit-
zuwirken, weil dort ein »Verhunzer« seines Lebens, der
Literarhistoriker Walter Muschg, seinen Sitz habe. Er beanstandet, daß er in dem Essayband eines anderen Germanisten, Erich Heller, schlechter wegkomme als Kafka oder als
Karl Kraus.

Die Kränkungen hätten sich, behauptet er, in letzter Zeit
gehäuft, es handle sich um die »kritische Schändung« seines
Lebens. Andererseits übersieht Thomas Mann die vielen
Ehrungen keinesfalls, er spricht von der Ehrerbietung, die
(so meint er und hat recht) seit Goethes alten Tagen keinem
anderen zuteil geworden sei. Wovon zeugt das alles – von der
Überempfindlichkeit eines alten Schriftstellers? Gewiß, aber
es ist doch mehr.

In seinem Dasein macht sich eine immer schärfer zutage
tretende Diskrepanz bemerkbar. Thomas Manns körperlicher
Zustand wird von Monat zu Monat schlechter und sein see-
lischer ebenfalls. Beinahe jeder Tag beschert ihm neue
Leiden und neue Schmerzen. Der Verfall ist unaufhaltsam,
alles läßt nach – mit einer Ausnahme: Seine Urteilskraft
bleibt unverändert. Aber gerade diese phänomenale Intelligenz und die unbeirrbare Beobachtungsgabe mindern sein
Selbstvertrauen: Er sieht, daß er am Ende ist.

Der Widerspruch zwischen dem körperlichen Verfall und
der Fähigkeit, ihn wahrzunehmen und auszudrücken, hat
dem letzten Tagebuchband den gleichnishaften Charakter
gegeben. Wie immer in der großen Literatur ist es auch hier
das Extreme, das uns das Exemplarische vergegenwärtigt:
So spiegelt sich im Untergang des Genies, was wir selber
erleben oder erleben werden – unser Verfall und Ende.

Er klagt über seine Ohnmacht, er schämt sich seiner »gegenwärtigen elenden Situation«, alles ekelt ihn, sogar das Tagebuch, das ihm leer und nutzlos vorkommt und das er aufgeben möchte. »Schrecklich zu denken« – notiert er – »daß ich meine Produktionskraft überlebe, da bin und nichts mehr zustande bringe.« Ihn quält die Frage, was er arbeiten soll, »denn ohne das ist kein Leben«. Und: »Bin ich wirklich am Ende?«[129] Das alles wird nüchtern registriert, ohne Larmoyanz. Noch verwunderlicher: Es finden sich bis zuletzt keine Anzeichen für die Angst vor dem Tod. Rund dreißig Jahre früher hatte er im »Zauberberg« geschrieben, der Mensch solle »dem Tode keine Herrschaft einräumen über seine Gedanken!«[129]

Trotz der Krisen und Depressionen ist seine Empfänglichkeit für künstlerische und intellektuelle Eindrücke nach wie vor erstaunlich. Alles, was Goethe lese – meinte Schiller –, kleide er in seine eigene Art und Manier und gebe es überraschend zurück. Für Thomas Mann gilt das bis zu den letzten Tagen seines Lebens: Noch auf dem Totenbett im Zürcher Kantonsspital beschäftigt er sich mit Alfred Einsteins Monographie über Mozart – und entdeckt Parallelen zu seiner eigenen Person.

Er beendet das Manuskript der »Betrogenen«: »Der Schluß wohl gelungen.« Aber: »Zwischendrin Längen und Trockenheiten.« Das Ende des »Felix Krull« sei »beschämend schwach«. Ein würdiges »Schlußwerk« sei ihm nicht gelungen. Der »Faustus« hätte es sein müssen, er aber habe weitergelebt: Der »Erwählte« und die »Betrogene« seien »bereits überhängende Nachträge, schon unnotwendig«, der »Felix Krull«, fürchtet er, könne seinem Ruf geradezu schaden.[130]

Wir freilich sind da gar nicht einverstanden, wir sind glücklich (oder sollten es jedenfalls sein), daß wir sie haben: den »Krull« und die »Betrogene« und den wunderbaren kleinen Roman über die Liebe, die nie unnatürlich oder pervers sein kann, den »Erwählten« also. Diese späten Werke seien nicht mehr auf der Höhe seiner großen Romane? Mag sein, aber Wagners »Parsifal«, den Thomas Mann für das vorbildliche »Schlußwerk« hält, ist auch nicht mehr auf der Höhe des »Tristan« oder der »Meistersinger«.

Sicher ist: Es quält ihn der Gedanke, er habe es falsch gemacht, die Apotheose, auf die sein Lebensweg zulief, sei mißraten. War er also gescheitert? Die Ehefrau Katia und die Tochter Erika versuchten, ihn zu beruhigen, sie wiesen auf den glänzenden Erfolg, zumindest den Verkaufserfolg, des »Krull«. Er ließ sich nicht beirren. Steht dahinter nicht mehr als die Unzufriedenheit mit der Qualität seiner letzten epischen Arbeiten? Neue Photographien betrachtend, notiert er: »Ich mag mich nicht sehen. Müßte anders ausschauen.«[131] Worauf läßt dieser Wunsch schließen? Daß sich Thomas Mann mit seinem Alter nicht abfinden konnte? Oder kommt hier gar, spät und überraschend, seine Sehnsucht nach jenem erfüllten Liebesleben zum Vorschein, das ihm versagt geblieben ist?

Er liest vorwiegend die großen Erzähler des neunzehnten Jahrhunderts, zu den wenigen Zeitgenossen gehört Marguerite Yourcenar und ihr »Ich zähmte die Wölfin«. Was erregt ihn in diesem Roman? Die Geschichte der Beziehung Hadrians zu dem Knaben Antinous: »Des Liebenden Schmerz und Gewissensbisse – ich werde all dessen nicht müde.«[132] Auf seinen Spaziergängen sucht der Blick Thomas Manns Jünglinge mit schönen Beinen oder nacktem Oberkörper. Es begeistert ihn der Kult des männlichen Körpers in der italienischen Kunst: »Im ganzen Bargello ist außer ein paar Madonnen-Reliefs nichts Weibliches zu sehen. Verliebtheit und Darstellungsehrgeiz gingen offenbar nach der anderen Seite.«[133] Das wird mit Genugtuung konstatiert.

Bei diesen und ähnlichen Gelegenheiten gedenkt der Achtzigjährige nicht ohne Wehmut seiner eigenen erotischen Erlebnisse. Es sind nur wenige, und sie dauerten stets kurz. Sein Vater sei – laut Auskunft von Golo Mann im Jahre 1975 – nie ein praktizierender Homosexueller gewesen, seine Homosexualität habe sich in pubertären Grenzen gehalten, derartige Aktivitäten seien »niemals unter die Gürtellinie gegangen«.

Die Knaben und die Jünglinge, die er geliebt hat, wußten nichts von der Art und der Intensität seiner Zuneigung. Seine nun über sechzig Jahre zurückliegende »erste, unvergeßliche Liebe« war Armin Martens (das Vorbild des Hans Hansen im »Tonio Kröger«), von dem es heißt, er habe »keine andere Bestimmung« gehabt, »als ein Gefühl einzuflößen, das zum bleibenden Gedicht werden sollte«.[134] Keine andere Bestimmung? Ich frage mich: Ist das nur kalt und egoistisch oder schon grausam?

Wie auch immer: Seine erotischen Erinnerungen sind elegisch und melancholisch, Thomas Manns Liebe war stets monologisch, und so ist denn auch das, wenn man so sagen darf, sexuelle Leitmotiv der Tagebücher die Masturbation – die er jeweils sachlich protokolliert, einmal auch im letzten Band. Nicht seine jugendlichen Partner hat er geliebt, wohl aber seine Vorstellung von ihnen. Nur: Ist es nicht immer so? Sagen wir vorsichtshalber: beinahe immer.

Doch von der Einsamkeit, die das Leben des Berühmten und Erfolgreichen, des Vielumworbenen insgeheim geprägt hat, vermochte ihn seine Liebe nicht zu befreien. Auf die Erfahrung der »Passion, der leidenschaftlichen Anziehung und Abstoßung, der ... tiefen Sehnsucht und Bewunderung, des Gebens und Nehmens ... der dauernden affektvollen Spannung« (die Formulierungen stammen aus seiner letzten Arbeit, der Schiller-Rede)[135] mußte er ein Leben lang verzichten.

Und war er auch als Deutscher gescheitert? Ihn, den deutschesten aller Deutschen, hat man verjagt und vertrieben – und er hat es nie verwunden. Im September 1945 schrieb er mit Blick auf 1933: »Wenn damals die deutsche Intelligenz, alles, was Namen und Weltnamen hatte, Ärzte, Musiker, Lehrer, Schriftsteller, Künstler, sich wie ein Mann gegen die Schande erhoben, den Generalstreik erklärt, manches hätte anders kommen können, als es kam.«[134]

Dieser Äußerung läßt sich zweierlei entnehmen – daß Thomas Mann noch 1945 das Verhältnis der deutschen Intelligenz zum Nationalsozialismus im Jahre 1933 gänzlich verkannte und, zweitens, was er sich von Deutschland nach der Niederlage insgeheim erhofft hatte: Jene, die es damals unterlassen hatten, sich gegen die Schande zu erheben, sollten jetzt gemeinsam die Rückkehr des inoffiziellen, doch unzweifelhaften Oberhaupts der deutschen Emigration, seine mithin, erbitten. So steht das natürlich in keinem der Briefe, doch mehr als einmal zwischen den Zeilen.

Aber er wartete vergebens: Deutschland dachte nicht daran, ihn zu rufen: »Ich weiß recht gut, ich bin vielen ein Dorn im Auge, sie wären mich Alle sehr gerne los.«[137] Das klingt, als hätte es Thomas Mann gesagt. Aber es stammt von Goethe, der 1830 zu Eckermann von dem alten Haß sprach, mit dem man ihn in Deutschland seit Jahren verfolge und ihm beizukommen suche.

Von Versöhnung oder gar von der Heimkehr nach Deutschland konnte keine Rede sein. Immerhin kam es im Mai 1955 zu Feierlichkeiten, die ihn beinahe beglückten. In Stuttgart hielt er seine Schiller-Rede, er wurde dort, wie Zeitungen berichteten, nur von einem Teil des nicht gerade überfüllten Hauses mit lang anhaltendem Beifall begrüßt. Was Thomas Mann freilich nicht wußte: Die Entscheidung für ihn als Festredner war heftig umstritten, namhafte

Persönlichkeiten haben die Teilnahme an der Feier ostentativ abgelehnt.

Er wiederholte die Rede in Weimar und erhielt von der Universität Jena den Ehrendoktor. Über die propagandistische Auswertung seines Besuches in der DDR war er sich natürlich im klaren. Gleichwohl empfand er die Fahrt im Auto von Eisenach nach Weimar als »triumphal«. Richtiger: Er wollte sie als triumphal empfinden. Was Thomas Mann wiederum nicht wußte: Der Laudator, der Germanist Joachim Müller, war noch unlängst ein strammer Nazi gewesen und hatte ihn (zusammen mit dem Bruder Heinrich) als Repräsentanten des »jüdisch-intellektualistischen Literatentums«[138] beschimpft.

Von Weimar ging es nach Lübeck, wo ihm die Ehrenbürgerwürde verliehen wurde – und wieder gab es allerlei Komplikationen: So hatte die CDU die Feier allem Anschein nach boykottiert. Diejenigen Mitglieder der Union, die doch teilnahmen, mußten mit Schwierigkeiten rechnen. In Stuttgart, Weimar und Lübeck konnte sich der Umjubelte davon überzeugen, daß Deutschland seine Heimat nicht mehr war und nicht mehr werden konnte. Kurz vor seinem achtzigsten Geburtstag heißt es im Tagebuch: »Was wird Bonn tun? Ich kann von dort kaum etwas erwarten noch annehmen. Alles käme zu spät...«[139] In dem Wörtchen »kaum« verbirgt sich Thomas Manns letzte Hoffnung. Aber es stimmt: Alles käme zu spät. Denn er hat sich entschieden.

Noch hat er die amerikanische Staatsangehörigkeit, doch gebührt ihm, versteht sich, die deutsche. Ein kurzer Brief an den Konsul in Zürich – und die Sache wäre erledigt. Doch er, den man einst auszubürgern gewagt hat, will sie nicht mehr, die deutsche Staatsangehörigkeit. Die alte Wunde, die von 1933, die nie wirklich verheilte, jetzt schmerzt sie ihn mehr denn je: Von den Nazis wurde er vertrieben, und

Deutschland hat es geduldet. Die Nazis sind seit zehn Jahren besiegt – und Deutschland duldet es immer noch, daß er jenseits der Grenzen lebt.

Aber er will nicht als ein Heimatloser sterben. Je häufiger und liebevoller er im Tagebuch von dem im Frühjahr 1954 bezogenen Haus in Kilchberg spricht, desto deutlicher avanciert es zum Inbegriff der Schweiz – des Landes, das sein Asyl war und das auch im amtlichen Sinne seine Heimat werden soll: Das Schweizer Bürgerrecht wird für ihn zum Ziel, aufs innigste zu wünschen. Leicht ist es nicht, denn man muß mindestens zwölf Jahre in der Schweiz gelebt haben, bei ihm sind es aber nur sieben.

Doch man erörtert, wie er beglückt vermerkt, eine »ehrenvolle Ausnahme«. Am 3. Mai 1955 schreibt Thomas Mann an den Nationalrat Hans Oprecht: »Es handelt sich um meinen Herzenswunsch, über dessen Gründe ich mich hier nicht ergehen mag, dessen Erfüllung mir aber zu tiefer Genugtuung gereichen würde. Ich finde es schon großartig, daß diese Frage überhaupt (...) zur Erörterung steht. Würde sie in gütig positivem Sinn gelöst, so würde ich das als die höchste Ehre empfinden, die mir je zuteil wurde, und als das schönste Geburtstagsgeschenk, das ich mir erdenken kann.«[140] Thomas Manns Entschluß für die Schweiz ist in noch höherem Maße ein Entschluß gegen Deutschland, gegen das Land, an dem er gescheitert ist und das ihm die größte Niederlage seines Lebens zugefügt hat.

So steht er am Ende auf dem Gipfel seines Weltruhms und ist zugleich doch ein Bittsteller. Auf die Frage »Was tun?« hat er keine Lösung, er kann keine politische, philosophische oder religiöse Lösung anbieten. Er bekennt sich zu seiner Ohnmacht, zu seiner Ratlosigkeit. Und vielleicht ist darin der tiefste Grund zu finden, daß wir seinen Tagebüchern die Begegnung mit uns selbst verdanken.

Läuft also sein Weg auf eine Kapitulation zu? Nicht ganz. Im Fazit seines Tschechow-Essays von 1954 verbirgt sich Thomas Manns letzte Botschaft. »Dennoch« lautet ihr Schlüsselwort: »Und man arbeitet dennoch, erzählt Geschichten, formt die Wahrheit und ergötzt damit eine bedürftige Welt in der dunklen Hoffnung, fast in der Zuversicht, daß Wahrheit und heitere Form wohl seelisch befreiend wirken und die Welt auf ein besseres, schöneres, dem Geiste gerechteres Leben vorbereiten können.«[141] Das also ist der Weisheit letzter Schluß, das ist die letzte Hoffnung: die Literatur.

Thomas Mann

Glück und Unglück der Alleinreisenden

Die Literatur über Thomas Mann wird immer umfangreicher. Und nicht nur das: Sie wird auch, so will es jedenfalls scheinen, immer besser. Überraschend ist das nicht und nicht ungewöhnlich. Die Rezeption des Werks von Goethe oder Schiller, von Lessing oder Heine hatte einen ähnlichen Verlauf, und mittlerweile gilt das für Kafka und Brecht ebenfalls.

Allerdings fällt es auf, daß die Erzählungen des jungen Thomas Mann bei seinen Kommentatoren nicht besonders beliebt sind. Um diese Prosa aus der Zeit zwischen 1893 und 1900, also noch vor der Veröffentlichung der »Buddenbrooks«, kümmert man sich verhältnismäßig wenig – denn, um mit der Tür ins Haus zu fallen, zu entdecken gibt es hier wenig oder so gut wie nichts: Keine dieser zwölf Arbeiten läßt sich mit den großen, den berühmten Novellen Thomas Manns vergleichen. Aber was immer er geschrieben hat, es darf nicht unserer Aufmerksamkeit entgehen.

Wir haben es hier mit Erzählungen zu tun, in denen viel erzählt wird, mit Geschichten, in denen wenig geschieht. Was finden wir also in dieser Prosa? Vor allem die Wiedergabe von Gefühlen und Gedanken, die Vergegenwärtigung von Zuständen und Stimmungen, die Beschreibung von Lokalitäten und Landschaften. Offensichtlich weiß der Autor genau, was er will: Nicht auf Aktionen kommt es ihm an, sondern auf Konstellationen. Und diese sind immer wieder antithetisch.

Eine solche eindeutig antithetische Konstellation liegt auch der kleinen Erzählung »Der Weg zum Friedhof« aus dem Jahre 1900 zu Grunde. Ein schäbig gekleideter Mann, verwitwet, verwaist und von aller Welt verlassen, wurde zu allem Unglück auch noch aus dem Amt, in dem er eine bescheidene, eine untergeordnete Stelle hatte, schimpflich verjagt. Der Grund: Trunksucht. Jetzt geht er, der auch noch einen ziemlich lächerlichen Namen hat (Lobgott Piepsam) langsam und »gesenkten Hauptes« seines Wegs.

Diesem elenden und verlorenen Menschen spielt nun das Leben noch zusätzlich übel mit. Er wird von einem jungen Radfahrer überholt, einem zufriedenen und fröhlichen Menschen mit einer kecken Mütze, der, kein Wunder, viel schneller ist als der arme Piepsam. Seine Haare sind blond, seine Augen »blitzblau«. So sehen bei Thomas Mann schon vor dem »Tonio Kröger« die Sieger aus, jene, die gleichsam von selbst ihren Platz auf der Sonnenseite des Daseins gefunden haben. Mit anderen Worten: Der lustige Radfahrer gehört zu den Vorfahren der Ingeborg Holm und des Hans Hansen, den glücklichen, die »Wonnen der Gewöhnlichkeit« genießenden Menschen mit den »stahlblauen Augen« und den »bastblonden Haaren«.

Leider werden wir über die Rolle und die Funktion, die diesem Radfahrer in der Geschichte »Der Weg zum Friedhof« zufallen, sehr direkt, um nicht zu sagen, sehr aufdringlich belehrt: »Er kam daher wie das Leben und rührte die Glocke …«[142] Der weitere Verlauf ist ganz einfach. Der Radfahrer wird grob zurechtgewiesen: Dies sei ein Weg ausschließlich für Fußgänger. Es kommt zu einem heftigen Streit, der verärgerte Piepsam gerät in Zorn, er brüllt immer lauter und bricht schließlich zusammen – vielleicht ohnmächtig, vielleicht aber auch schon tot.

Was immer in dieser Erzählung geschieht, ereignet sich auf

dem Weg, dessen Ziel im Titel mitgeteilt wird. Das wiederholt sich beim jungen Thomas Mann: Auf der einen Seite
steht ein Unglücklicher und Einsamer, ein Benachteiligter
und Geschädigter, auf der anderen ein Starker und Sieg-
reicher, einer, der das pralle Leben repräsentiert.

Die Gegenüberstellung im Zeichen des Todes ist und
bleibt das Zentralmotiv seiner Epik. Nur ist es nicht ganz
richtig – dies wurde bisweilen behauptet –, Thomas Mann
sei schon in seiner frühen Prosa von der Künstlerproble-
matik fasziniert gewesen. Vielmehr hat er es vorwiegend auf
ein weit allgemeineres Thema abgesehen: auf die Ohnmacht
des Individuums angesichts der ihn umgebenden Realität.

In den frühen Geschichten wird dies am Beispiel von
Personen deutlich, die auf den ersten Blick nichts miteinander zu tun haben: Sie sind unterschiedlicher Herkunft, sie
üben verschiedene Berufe aus und haben verschiedene
Ambitionen und Interessen. Dennoch sind sie miteinander
verwandt. Alle gehen sie durchs Leben wie Lobgott Piepsam:
»gesenkten Hauptes«. Und so wie ihn plötzlich ein sorglos-
rascher Radfahrer überholt, so werden auch ihre Wege von
unerwarteten Personen gekreuzt.

Sie alle sind dem »Leben« nicht gewachsen: Was sich auch
ereignet, wird ihnen zum Verhängnis. Sie alle klagen – wie
der Held der (übrigens sehr redseligen) Geschichte »Der
Bajazzo« –, daß sie keinem Gesellschaftskreis angehören. Sie
leiden an ihrer »Außerhalbstellung«, die ihnen »durchaus
nicht in der Ordnung erscheinen« will.[143] Sie möchten, ob
sie Plebejer, Bürger oder Aristokraten sind, um jeden Preis
akzeptiert und womöglich integriert werden. Das eben gelingt ihnen nicht.

Nur sind diese Menschen in der Regel mehr als Außen-
seiter, sie sind Ausgestoßene, die von allerlei Komplexen
gequält werden, natürlich auch von Minderwertigkeitskom-

plexen. Sie sind – das Wort kommt oft vor – »lächerliche«
Figuren, und manche werden, wie der Held der Geschichte
»Tobias Mindernickel«, von allen verachtet: Sobald er auf der
Straße auftaucht, laufen dem ärmlich gekleideten Mann die
Kinder nach und verspotten ihn ohne Pardon. Er blickt ängst-
lich um sich und bemüht sich, »geduckt davonzustreben«.

Immerhin versucht er, sich zu wehren, er glaubt einen
Ausweg aus der Misere gefunden zu haben: Er erwirbt einen
Hund – und bald preßt er ihn mit schmerzlicher Liebe an
sich. Doch es dauert nicht lange, und es geschieht etwas
Verblüffendes: In einem Wutanfall tötet Tobias Mindernickel
seinen geliebten Hund. Diese Tat, heißt es, sei unverschämt
und infam. Gewiß – nur hinter ihr verbirgt sich der hilflose
Haß des Zukurzgekommenen: Er beneidet ein Wesen, das
imstande ist, das Leben zu genießen. Der blauäugige Radfahrer und der kleine Hund – es sind im Universum des
jungen Thomas Mann, so merkwürdig das anmuten mag,
Parallelfiguren.

Ein lächerlicher Mensch, ein Zukurzgekommener und
Augestoßener ist – und wahrlich nicht ohne besonderen
Grund – auch der Rechtsanwalt Jacoby in der Geschichte
»Luischen«. Er ist in seinem Beruf erfolgreich, und an Ver-
mögen mangelt es ihm offenbar nicht. Aber er gehört einer
Minderheit an, einer, wenn nicht verfolgten, so doch, um es
vorsichtig auszudrücken, häufig ungern gesehenen. Er ist ein
Jude.

Thomas Manns Verhältnis zu Juden war von seiner Jugend
an, sagen wir, diffizil. Golo Mann erzählte mir, daß im
Lübeck des ausgehenden neunzehnten Jahrhunderts anti-
semitische Strömungen unverkennbar waren – jedenfalls
ungleich stärker als etwa in Berlin oder Hamburg. Sie hätten
damals auf Thomas Mann (und erst recht auf seinen Bruder
Heinrich) einen keineswegs geringen Einfluß ausgeübt. Er

hat ihn mit der Zeit sehr wohl überwunden, ein Antisemit war er natürlich nicht.

Gleichwohl fallen in seinem Verhältnis zu den Juden, auch in späten Jahren, überraschende Akzente auf. Einerseits äußerte er sich über sie bei sehr verschiedenen Gelegenheiten mit größtem Verständnis, mit Hochachtung, mit Bewunderung und oft genug auch mit betonter Dankbarkeit. Ja, es gibt aus Thomas Manns Feder Artikel und auch verstreute Bemerkungen, die man zu den klügsten und schönsten zählen kann, die über Juden in deutscher Sprache geschrieben wurden. Aber bei aller Wertschätzung haben ihn Juden mitunter gereizt und provoziert, sie haben ihn geärgert, sie gingen ihm auf die Nerven. Im Zorn und in Augenblicken nachlassender Selbstkontrolle konnte er sich – etwa in seinen Tagebüchern und hier und da auch in Briefen – zu erstaunlichen Worten hinreißen lassen.

Juden kommen in vielen seiner Romane und Erzählungen vor. Sie sind oft eher kritisch als liebevoll geschildert, bisweilen etwas bösartig. Auch in dieser Hinsicht verweisen Thomas Manns Geschichten aus den Jahren 1893 bis 1900 auf seine spätere Epik – auf die jüdischen Figuren von den Zwillingen Siegmund und Sieglinde in der Erzählung »Wälsungenblut« über Leo Naphta im »Zauberberg« bis zum Impresario Saul Fitelberg und dem Konzertagenten Breisacher im »Doktor Faustus«. Sie sind allesamt interessante Menschen, gewiß. Doch sympathisch sind sie nicht.

Schon im Mittelpunkt der Geschichte »Der Wille zum Glück«, verfaßt vom zwanzigjährigen Thomas Mann und kurz darauf, 1896, publiziert, steht eine reiche, wenn auch nicht unbedingt vornehme jüdische Familie. Die Dame dieses Hauses, die Baronin Stein, war »einfach eine häßliche kleine Jüdin in einem geschmacklosen grauen Kleid. An ihren Ohren funkelten große graue Brillanten.« Im Unterschied zu ihr ist ihre erwachsene Tochter ein ansehnliches Mädchen. Ihr Gesicht läßt »nicht den geringsten Zweifel aufkommen über ihre wenigstens zum Teil semitische Abstammung, war aber von ganz ungewöhnlicher Schönheit«.[144] Der Leser versteht schon: Während die Mutter häßlich ist, weil jüdisch, ist ihre Tochter schön, obwohl jüdisch.

Im »Luischen« sind die jüdischen Figuren genauer und aggressiver umrissen, die Abneigung des Autors wird nicht getarnt. Das gilt vor allem für den gehässig, ja geradezu sadistisch porträtierten jüdischen Rechtsanwalt. Er ist außerordentlich dick und häßlich, er ist in jeder Hinsicht die Karikatur eines Mannes. Dem entsprechen seine wichtigsten Charakterzüge, seine Komplexe: Er ist feige, er leidet an »fast kriecherischer Selbstverkleinerung«, er ist »so übereifrig, ängstlich und beflissen nach allen Seiten, als ob er das Bedürfnis empfände, sich demütig vor jedem Leutnant zu bücken«.[145]

Seine Frau ist getauft, doch gleichfalls jüdischer Herkunft. Sie ist aber, anders als die Baronin Stein, jung und schön und von ungewöhnlichen Reizen. Dennoch werden auch ihr Attribute nachgesagt, auf die Thomas Mann nicht verzichten will, wenn er Jüdinnen auftreten läßt: Ihre Nase sei zu stark und zu fleischig, ihr Mund üppig und breit; ihre Persönlichkeit habe etwas Exotisches, ihre Formen gemahnten an diejenigen einer Sultanin.

Sie ist es, die im »Luischen« das Leben personifiziert. Ihren abstoßenden Mann, der sie so inbrünstig wie hündisch liebt, betrügt sie nach Strich und Faden. Mehr noch: Sie macht den ihr Hörigen vor allen Menschen auf grausame Weise lächerlich – was schließlich zu seinem Tod führt.

Aber anders als im »Weg zum Friedhof« oder im »Tobias Mindernickel« wird im »Luischen« die exemplarische Gegenüberstellung – hier das leidende Individuum, dort das hei-

tere Leben – mit erotischen und sexuellen Motiven ver-
knüpft. So habe diese Geschichte, wie von Ulrich Weinzierl
in einer überzeugenden Analyse gezeigt, in erheblichem
Maße mit Männerängsten und nicht zuletzt mit den Äng-
sten Thomas Manns vor dem Weiblichen und dem Sexuellen
zu tun.[146]

Und da Frau Jacoby und ihr Liebhaber sich gegen den
unglückseligen Ehemann beim vierhändigen Klavierspiel
vereinen (während eines Fests, also im Geist, versteht sich),
hat man zurecht darauf hingewiesen, daß hier eines der
zentralen Motive der Epik Thomas Manns seinen Anfang
nimmt: die von ihm, beginnend mit dem letzten Teil der
»Buddenbrooks«, immer wieder glanzvoll demonstrierte
Rolle der Musik in unmittelbarem Zusammenhang mit dem
Sexuellen.

Was aber die Geschichte »Luischen« bei aller Plastizität
doch fragwürdig macht, ist der Umstand, daß anders als sonst
bei Thomas Mann, ebenso bei dem jungen wie dem reifen,
in ihr ein Faktor fehlt, auf den die Literatur im Grunde nicht
verzichten kann: So suggestiv, ja virtuos seine Prosa auch ist,
so kennt sie doch kein Mitleid. In ihr spürt man jenen Haß,
der für einen anderen Schriftsteller dieser Epoche charakteristisch ist – für Heinrich Mann, den Autor des gleichzeitig
entstandenen satirischen, gesellschaftskritischen Romans »Im
Schlaraffenland«.

Wie auch immer: Für die einsamen, die oft larmoyanten
Helden des jungen Thomas Mann, die sich nach der Liebe
sehnen, geht die Liebe nie in Erfüllung. Für sie alle gilt: Sie
fürchten die Frauen. Sie träumen von der Erlösung, doch
wird sie ihnen nie zuteil. Und wenn einer von ihnen gar in
sexuelle Hörigkeit gerät, dann muß er dafür rasch büßen.

Im »Kleinen Herrn Friedemann« wird von einem Kauf-
mann erzählt, einem Buckligen, der auf die Liebe längst ver-

zichtet hat, dann aber eine Frau trifft, die, zart, schön und
vornehm, ihn freundlich behandelt und sein Leben gründlich verändert. Im Gespräch mit Friedemann sagt sie, seine
Gesundheit lasse wohl zu wünschen übrig. Rasch fügt sie
hinzu: »Auch ich bin viel krank ... aber niemand merkt es.
Ich bin nervös und kenne die merkwürdigsten Zustände.«[147]
Sie erkenne zwar – heißt es in einer Selbstdeutung Thomas
Manns – in dem körperlich Mißgebildeten einen Leidens-
genossen, möchte aber diese »Zusammengehörigkeit« nicht
wahrhaben.[148] Im letzten Augenblick stößt sie ihn zurück.
Auch im »Kleinen Herrn Friedemann« läßt sich die Angst
des Autors vor dem Femininen nicht übersehen. Aber diese
Geschichte ist keineswegs ohne Mitleid geschrieben. Viel-
leicht hat gerade damit ihre Originalität zu tun.

Ob Friedemann oder Jacoby, Mindernickel oder Piepsam –
sie sind alle Parias. Sie bringen es nicht fertig, die Welt, in der
sie leben, zu ignorieren und deren Mißachtung zu ertragen.
sie wollen sich am Leben rächen. Aber auch das gelingt
ihnen nicht. Den Ich-Erzähler des Prosastücks »Gerächt«
verbindet mit einer Russin, deren körperliche Reize denen
eines Besens gleichen, nur »seelische Vertrautheit«. Sie kann
das nicht ertragen, es beleidigt sie. Um den jungen Mann zu
bestrafen, berichtet sie ihm von einem früheren Verhältnis
und regt ihn damit sexuell an. Sie erreicht, was sie wollte: Er
nähert sich ihr, sie aber weist ihn energisch zurück. Ähnlich
wie der Held des »Bajazzo« geht auch er leer aus.

Das Sexuelle bringt den Zentralfiguren der frühen Geschichten nichts Gutes. Ob sie diese oder jene Gründe haben,
ob sie sich höflich oder höhnisch verhalten, wohlerzogen
oder vulgär – die Frauen weisen die Männer ab und werden
ihnen zum Verhängnis. Der Ich-Erzähler der Geschichte
»Der Wille zum Glück« verliebt sich in eine junge Dame, die
ihm von deren Vater verweigert wird. Nachdem er fünf Jahre

115

verzweifelt durch die Welt gereist ist, erhält er die Nachricht, nun stehe der von ihm angestrebten Verbindung nichts mehr im Wege. Wiederum paraphrasiert Thomas Mann die gleiche Gegenüberstellung: hier ein kranker, sensibler Künstler, da ein schönes, auffallend üppiges Mädchen. So ist die Katastrophe schon vorgegeben: Er stirbt am Morgen nach der Hochzeitsnacht, »beinahe in der Hochzeitsnacht«. Der Wille zum Glück führt immer zum Unglück.

Die Unerfüllbarkeit der Liebe demonstriert auch die Geschichte »Gefallen«. Nie wieder ist in Thomas Manns Prosa der Ton so hochgespannt wie in dieser ersten Geschichte über erotische Abhängigkeit – kein Wunder, denn sie stammt aus der Feder eines Neunzehnjährigen. Die Liebe isoliert den hier im Mittelpunkt stehenden jungen Mann von seiner Umgebung: »Er war allem entfremdet. Um ihn her war die Welt versunken.«[149] Übrigens ist in der Geschichte »Gefallen« die Exaltation ein bewußt eingesetztes Kontrastmotiv: Am Ende stellt sich heraus, daß die Angebetete auch mit anderen schläft – und zwar für Geld. Anders der Unbekannte in dem Prosastück »Enttäuschung«: Er macht sich keine Illusionen, er spricht von der großen, allgemeinen Enttäuschung, die das ganze Leben einem bereite.

Kein Silberschimmer also am Horizont des jungen Thomas Mann? Vielleicht gibt es doch eine Hoffnung. Albrecht von der Qualen, der Held der Geschichte »Der Kleiderschrank«, glaubt so fremd und haltlos zu sein, »wie es mutmaßlich kein Mensch gewesen ist«. Er, ein »Alleinreisender«, fährt von Berlin nach Florenz und steigt unterwegs, der Geographie zum Trotz, in einer Stadt aus, die Lübeck ähnelt.

Im Kleiderschrank seines etwas unheimlichen Gastzimmers – die Schilderung greift auf E.T.A. Hoffmann zurück und nimmt Kafka vorweg – sieht er eine weibliche Gestalt, ein Wesen, so hold, daß sein Herz einen Augenblick stillsteht

und dann erst recht zu schlagen fortfährt. Was hat ihm dieses
Wesen zu bieten? Nichts anderes als Geschichten. Sie ist die
Muse des Hotelgasts – und allein ihre Existenz bietet jenen
Trost, die sich nach der Liebe sehnen, doch an den Frauen
scheitern. Mit anderen Worten: Nur die Literatur kann die
»Alleinreisenden« erlösen, nur die Kunst kann die Kluft zwi-
schen ihnen und der sie umgebenden Realität, der Gesell-
schaft, beseitigen.

So ist denn Albrecht van der Qualen der einzige Held
in den Geschichten des jungen Thomas Mann, der einen
Augenblick erlebt, zu dem er sagen könnte: »Verweile doch,
du bist so schön.« Er ist der einzige, der nicht gerichtet, der
vielleicht sogar gerettet wird. Die Antithese ist damit jedoch
nicht überwunden, sie hört nur auf zu existieren – und nicht
dank einer Frau. Denn es ist zumindest unsicher, ob es das
weibliche Wesen, das dem »Alleinreisenden« entgegentritt,
überhaupt gibt. Was ihn beglückt, ist vielmehr eine Vision,
seine eigene Vision. In diesem Sinne führt der »Kleiderschrank« zum »Tonio Kröger«, dem poetischen Kompen-
dium aller, deren Ort in oder zwischen zwei Welten ist und
die in keiner daheim sind, aller, die mit ihrer Unzuge-
hörigkeit nicht zu Rande kommen.

Aber wir haben in diesen frühen Geschichten nicht nur
einige der entscheidenden Motive und Themen des Lebens-
werks von Thomas Mann. Noch erstaunlicher ist die Tatsache, daß er hier gleichsam auf Anhieb seinen Stil gefunden
hat. Er war neunzehn Jahre alt, als in der Zeitschrift »Gesellschaft« seine Geschichte »Gefallen« veröffentlicht wurde.
In ihr lesen wir:

»Sie plauderten ungezwungen miteinander, und ihr Verkehr wäre fast freundschaftlich zu nennen gewesen, hätte
sich nicht hin und wieder plötzlich eine gewisse Verlegen-
heit und Befangenheit, etwas wie eine vage Ängstlichkeit

bemerkbar gemacht, die sich gewöhnlich bei beiden gleichzeitig zeigte. Es konnte in solchen Momenten das Gespräch plötzlich stocken und in einem sekundenlangen, stummen Blick sich verlieren, der dann, gleich dem ersten Handkuß, den Anlaß dazu gab, den Verkehr in augenblicklich steiferer Form fortzusetzen. – «[150]

Die Erzählung »Der Bajazzo«, die möglicherweise schon 1895 verfaßt wurde, erschien zuerst 1897 in der »Neuen Rundschau«. Hier fällt folgende Passage auf:

»Das Tempo der Pferde war bei Beginn des Abstieges zum Schritt verzögert worden, da das eine von ihnen nervös und unruhig schien. Es hatte sich weit seitwärts von der Deichsel entfernt, drückte den Kopf auf die Brust und setzte seine schlanken Beine mit einem so zitternden Widerstreben, daß der alte Herr, ein wenig besorgt, sich vorbeugte, um mit seiner elegant behandschuhten Linken der jungen Dame beim Straffziehen der Zügel behilflich zu sein. Die Lenkung schien ihr nur vorübergehend und halb zum Scherze anvertraut worden, wenigstens sah es aus, als ob sie das Kutschieren mit einer Art von kindlicher Wichtigkeit und Unerfahrenheit zugleich behandelte. Sie machte eine kleine, ernsthafte und indignierte Kopfbewegung, während sie das scheuende und stolpernde Tier zu beruhigen suchte.«[151]

Thomas Mann hat diese Arbeit später verworfen, er meinte – so 1927 in einem Brief an den amerikanischen Verleger Alfred Knopf –, sie sei »nicht mehr präsentabel« und »namentlich durch ›Tonio Kröger‹ überholt«.[152] Das mag ja sein, aber er hat derartige Momentaufnahmen nie besser geschrieben. Und gibt es einen anderen deutschen Schriftsteller, der dies besser gekonnt hätte?

ALFRED DÖBLIN

Ein Heldenvater

Natürlich gibt es in Housseras keine Touristen. Das Dorf liegt ja auch ungünstig: Wie immer man diese Gegend durchkreuzt, ob von Straßburg nach Nancy oder von Kolmar nach Epinal – über Housseras kommt man nicht. Ja, wenn man die kleine Stadt Rambervillers besucht, dann ist man schon ganz in der Nähe. Doch Rambervillers, obwohl keineswegs reizlos, wird im Michelin nicht einmal erwähnt. Also keine Chancen für Housseras.

Es hat auch dieses lothringische Dorf nichts Sehenswertes zu bieten. Die Umgebung ist eher flach, weite Felder und Wiesen und schöne Wälder. Aber in Mitteleuropa sind die Wälder überall schön, und der berühmte deutsche Wald unterscheidet sich vom französischen oder polnischen nur in den Augen jener, die ihn besungen haben.

Direkt an der Landstraße, die durch Housseras führt, findet sich auf einer weithin sichtbaren Anhöhe die Dorfkirche. Unter uns: nicht interessant. Rings um die Kirche der Friedhof. Auf den Grabsteinen, wie immer in diesem Teil Frankreichs, viele deutsche Namen.

Auf der Rückseite der Kirche fällt ein großes dunkelgraues Marmorgrab auf. Aufwendiger und dennoch einfacher als die anderen Gräber, wirkt es monumental: ein Fremdkörper inmitten dieser Umgebung. Doch der Mann, den man hier beerdigt hat, war, muß man annehmen, kein Fremder, sein Name klingt französisch. Es ist Vincent Doblin, geboren am

7. März 1915. Allerdings wird der Geburtsort nicht genannt. Gestorben ist Vincent Doblin, wie die Grabinschrift belehrt, »pour la France«, und zwar am 21. Juni 1940.

Die Daten stimmen. Auf den Rest der kurzen Inschrift trifft dies nur bedingt zu. Der Vorname des Toten lautete in Wirklichkeit nicht Vincent, sondern Wolfgang, sein Nachname war nicht Doblin, sondern Döblin. Und ob er für Frankreich gestorben ist, darf zumindest als unsicher gelten. Alfred Polgar hat in einer Glosse über den Arc de Triomphe gefragt, ob die Inschrift »Mort pour la patrie« nicht richtiger heißen sollte »Mort *par* la patrie«.[1] Ganz gewiß ist Vincent Doblin alias Wolfgang Döblin, der übrigens ein genialer Mathematiker gewesen sein soll, weniger für als durch sein Vaterland gestorben: Er war nicht Franzose, sondern ein in Berlin geborener deutscher Jude, ein Emigrant aus dem »Dritten Reich«, der sich freiwillig zur französischen Armee gemeldet und während des Rückzugs, um nicht in deutsche Gefangenschaft zu geraten, eben in Housseras Selbstmord verübt hat.

Doch unter den dunkelgrauen Marmorplatten wurden noch zwei Personen bestattet, allerdings von offensichtlich geringerer Bedeutung. Denn die Gräber an den beiden Seiten sind schmaler und erheblich niedriger. Es sind, wenn man so sagen darf, Nebengräber – rechts das der Mutter des Soldaten und links das seines Vaters.

Bei dem Vater handelt es sich um Alfred Doblin, der, wie die französische Inschrift informiert, am 10. August 1878 geboren wurde und am 26. Juni 1957 gestorben ist. Weder der Geburtsort wird genannt (Stettin) noch der Todesort (Emmendingen bei Freiburg). Kein Wort deutet an, daß der, der hier auf seinen Wunsch beerdigt wurde, etwas mit Deutschland zu tun hatte, kein Wort läßt vermuten, daß dieser Mann nicht nur der Vater seines Sohnes war, sondern auch selber einiges geleistet hat. Wissen die Bauern von Housseras, daß jener Doblin, den sie für einen Franzosen halten mögen und der auf ihrem Friedhof gleichsam als Heldenvater einen Platz gefunden hat, einer der größten deutschen Schriftsteller des zwanzigsten Jahrhunderts war?

Für Touristen ist Döblins Grab, zugegeben, wenig attraktiv. Wer zu der hoch gelegenen und nur zu Fuß erreichbaren Dorfkirche in Raron pilgert, um Rilkes Grab zu sehen, kommt auch dann auf seine Kosten, wenn er sich für den Dichter der »Duineser Elegien« kaum interessiert: Denn die Aussicht von dem kleinen Kirchhof auf das Rhônetal ist in der Tat prächtig, eine schönere gibt es im ganzen Wallis nicht. Und wer Tucholskys Grab in Mariefred, nicht weit von Stockholm, aufsucht, der kann bei dieser Gelegenheit gleich das Schloß Gripsholm besichtigen, und das lohnt sich ja sehr, auch wenn man den dort spielenden und so beliebten Roman nicht kennt. Wie zu ihren Lebzeiten kommen beide, Rilke und Tucholsky, noch Jahrzehnte nach ihrem Tod den Lesern entgegen.

Alfred Döblin hat noch die geringste Rücksichtnahme auf den Geschmack und die Wünsche des Publikum verpönt. Stets glaubte er, seine Freunde brüskieren, seine Leser verärgern, seine Verleger schockieren und seine Kritiker verletzen zu müssen. Thomas Manns Urbanität war ihm so fremd wie Hofmannsthals Diplomatie oder Brechts List. Eigensinnig und selbstvergessen suchte er seinen Weg, ein wahrer Amokläufer unter den Schriftstellern unseres Jahrhunderts.

Ob Döblin es wollte oder nicht, er mußte sein ganzes Leben lang an dem Ast sägen, auf dem er saß. Konsequent landete er stets dort, wo es am unbequemsten war: zwischen allen Stühlen. Da er Jude war, irritierte ihn das Judentum, mit dem er Jahrzehnte haderte. Da er ein Preuße war, zweifelte er am Preußentum, das er attackierte. Da er ein Deutscher war, hat er, wie alle Deutschen, die etwas taugten, an Deutschland gelitten. Beklemmender als »der ganze Hitler« sei, schrieb er 1935 an Thomas Mann, daß er »den Deutschen wie angegossen paßt«.[2]

Den Ring, der die geheime Kraft hatte, »vor Gott und Menschen angenehm zu machen, wer in dieser Zuversicht ihn trug«, jenen Ring, von dem der weise Nathan erzählt, besaß Döblin nie. Er hatte hingegen die Gabe, sich immer neue Feinde zu machen und seine nicht zahlreichen Anhänger vor den Kopf zu stoßen. Meist führte er mit seinen jeweils letzten Postulaten die vorletzten ad absurdum. Wenn er schon einmal erfolgreich war – mit dem genialen Roman »Berlin Alexanderplatz« (1929) –, bezeichnete er dessen Rezeption als pures Mißverständnis: Man habe als Großstadtschilderung und psychologische Studie gelesen, was ein metaphysischer, ein religiöser Roman sei.

Er war ein gläubiger Anarchist auf der Suche nach einem Hafen. 1941 meinte er, ihn gefunden zu haben: Er trat zum Katholizismus über. Er tat es in einem Augenblick, da er sich von diesem Schritt nicht die geringsten praktischen Vorteile versprechen konnte, vielmehr mußte er mit Nachteilen rechnen. Er verheimlichte die Entscheidung jahrelang, weil er befürchtete, die jüdischen Hilfsorganisationen, auf die er angewiesen war, würden ihm die weitere Unterstützung verweigern.

Nach Deutschland kehrte Döblin schon im Herbst 1945 zurück – als Kulturoffizier in der Uniform eines französischen Obersten. Seinen Zensurvorschlägen fiel nur ein einziges Buch zum Opfer, allerdings war es ein Meisterwerk der deutschen Prosa: Der Zensor Alfred Döblin beantragte das Verbot des Romans »Wallenstein« (1920) des Autors Alfred Döblin. Er meinte, wie sein Freund Robert Minder berichtet, die »kriegerische Wildheit« dieses Romans sei unzeitgemäß.[3]

In den letzten Jahren seines Lebens war Döblin einsam und verbittert. Jetzt erst zeigte sich vollends, wie recht er hatte, als er im Februar 1946 in der »Badischen Zeitung« schrieb: »Und als ich wiederkam – da kam ich nicht wieder.«[4] Als er wünschte, in Housseras neben seinem Sohn bestattet zu werden, sprach da aus ihm nur die Vaterliebe oder vielleicht auch die Enttäuschung, die ihm Deutschland bereitet hatte?

Jedenfalls ist sicher, daß er nicht in dem Land begraben sein wollte, in dem er geboren wurde und dessen Literatur er bereichert hat wie nur sehr wenige im zwanzigsten Jahrhundert. Der stilprägende Einfluß, den Döblin auf die Erzählweise deutscher Romanciers nach 1945 ausgeübt hat, läßt sich nur mit dem Kafkas vergleichen: Wolfgang Koeppen und Arno Schmidt, Günter Grass, Uwe Johnson und Hubert Fichte – sie alle kommen, um ein Wort Dostojewskis über Gogol zu verwenden, aus seinem Mantel.

Auf dem Friedhof von Housseras sind wir ganz allein. Langsam gehen wir die Treppe hinunter, die von der Kirche zur Landstraße führt. Es ist früher Nachmittag, ein heißer Tag, das Dorf scheint wie ausgestorben. Nur von weitem hört man einen Hund bellen, und irgendwo fährt ein Traktor. Plötzlich kommen von Osten zwei Autos, ein Mercedes und ein Porsche, mit dem Kennzeichen »D«. Was suchen sie hier? Etwa das Grab eines deutschen Genies? Nein, sie fahren an der Kirche vorbei. Es sind schöne, schnelle Autos.

Der geniale Amokläufer

Er war ein Narr, den man bemitleiden mußte. Er war ein Wirrkopf, den man nicht ernst nehmen konnte. Er war ein Sonderling, ein unbeherrschter und oft unerträglicher Mensch. Er machte es jenen, die mit ihm zu tun hatten, schwer – auch wenn sie es sehr gut mit ihm meinten. Aber er war ein Genie. Wir verdanken ihm eines der großen, der zentralen Werke der deutschen Literatur unseres Jahrhunderts – ihm, dem Juden Alfred Döblin.

Kaum zehn Jahre war er alt, als seine Familie von einem Unglück heimgesucht wurde, das sich auf sein Leben fatal und doch wieder günstig ausgewirkt hat: Döblins Vater, ein Schneidermeister mit Phantasie und musischen Interessen, flüchtete mit einem jungen »Nähfräulein« nach Amerika, ohne sich darüber Gedanken zu machen, wie es seiner mittellosen Ehefrau und ihren fünf Kindern ergehen werde. Die Familie siedelte nach Berlin um und wurde von Verwandten über Wasser gehalten.

So stehen die Gymnasial- und Studienjahre Döblins im Zeichen der materiellen Not, wenn nicht des Elends und freilich zugleich einer beglückenden und folgenreichen Erfahrung: Der junge, der halbwüchsige Döblin, ein Einsamer, der nicht recht weiß, wohin er gehört, findet, wonach er sich gesehnt hat: eine Welt, die sich als Heimat begreifen läßt. Es ist die schnell wachsende, die sich in jeder Hinsicht wandelnde und entwickelnde Stadt, die viele auf-

nimmt und die Ankömmlinge rasch prägt: das Berlin der
Gründerjahre.

Natürlich hat er – bei dieser Generation versteht sich das
von selbst – am Antisemitismus gelitten: »Nur die Kehrseite
des Judeseins, die Herabsetzung, Verachtung, den bösen giftigen Haß der Verfolger habe ich kennengelernt – und akzeptiert.«[5] In seinen autobiographischen Aufsätzen berichtet
er vom offenen und verhüllten Antisemitismus an Berliner
Gymnasien, vom Judenhaß an der Berliner Universität. Einige
Eigenschaften Döblins mögen hier ihre Wurzeln haben: sein
Trotz, seine Unrast, seine Hektik.

Das Abitur hat er geschafft, doch erst mit zweiundzwanzig
Jahren. Und erst mit dreiundzwanzig, als Student der Medizin, sieht er zum ersten Mal in seinem Leben eine nackte
Frau: eine weibliche Leiche im Anatomiesaal. Es verblüfft
ihn, daß diese »offenbar einen Schnitt in der Mitte unterhalb
des Schambogens« hatte. Er will einen Kommilitonen befra-
gen, unterläßt es aber »aus Schamgefühl«.[6] Sonderbar, sehr
sonderbar – derartiges verweist doch wohl, um es vorsichtig
auszudrücken, auf psychische Störungen.

Er selber war sich dessen durchaus bewußt. Als Assistenz-
arzt in psychiatrischen Anstalten habe er erkennen müssen,
daß er »neben Pflanzen, Tieren und Steinen« nur noch zwei
Kategorien ertragen könne: »Kinder und Irre«.[7] Sollte man
ihn fragen, zu welcher Nation er gehöre, so werde er antworten: »Weder zu den Deutschen noch zu den Juden, sondern zu den Kindern und den Irren.«

Als er dies notierte, war er beinahe fünfzig Jahre alt. Aber
schon erheblich früher klagte er über die Unruhe, die ihn
über die Straßen und Plätze treibe: »Ich gehe und sehe kaum
einen Menschen, ich verlaufe mich, da ich nicht nach dem
Straßenschild blicke; gequält bin ich sehr, verfolgt. Und ich
hoffe, verfolgt von mir selbst… Ich sprach auf der Straße

Kinder an, meine Stimme war mein einziger Freund … Ich
lief frei herum, blieb in Einzelhaft!«[8]

So war der Psychiater Dr. Alfred Döblin zugleich sein
eigener Patient – und blieb es bis zu seinem Tod im Jahre
1957. Was immer geschah, er reagierte spontan und streitbar,
launenhaft und leichtsinnig, hastig und hitzig. Für Thomas
Manns Urbanität, Hofmannsthals Diplomatie oder Brechts
List hatte er nur Spott übrig. Er gab sich – wie Hermann
Kesten berichtete – »nicht die geringste Mühe, um nicht
böse zu erscheinen«.[9] Nie ließ er eine Gelegenheit aus, sich
Feinde zu machen, von Takt und Taktik wollte er nichts wissen, es bereitete ihm offenbar Spaß, Menschen zu brüskieren
und zu schockieren, seine Freunde und Bewunderer nicht
ausgenommen, von den Lesern ganz zu schweigen.

Er habe es nie versäumt, rühmte sich Döblin, wenn er »ja«
gesagt habe, gleich danach »nein« zu sagen. Sein Kopf, glaubte
er, sei vor allem dazu da, Wände einzurennen. Und das versuchte er immer wieder. Es brachte ihm beides auf einmal:
viel Genugtuung und noch mehr Kummer.

Ein chaotischer Geist? Gewiß, freilich einer, der nie auf-
gehört hat, sich nach einer Ordnung zu sehnen, der immer
auf der Suche nach einer Heimat war, nach einem Hafen.
Am Anfang des Ersten Weltkrieges verhielt er sich wie nahezu alle deutschen Schriftsteller: Er plädierte euphorisch für
das wilhelminische Deutschland, er veröffentlichte nationa-
listische und auch chauvinistische Artikel. Später wandte er
sich vom Kaiserreich ab. Doch auch mit der Weimarer
Republik kam er nicht zurecht. 1922 meinte er sogar, es sei
doch ein Fehler gewesen, 1918 die Monarchie zu liquidieren,
man hätte sie zumindest »noch einige Jahre bestehen lassen
sollen«.[10]

Eine Zeitlang war Döblins einzige Hoffnung der Sozialismus. Allerdings hatte er auch hier ganz eigene Vorstellungen,

jedenfalls solche, die sich mit keiner Partei in Einklang bringen ließen. 1927 kehrte er der SPD endgültig den Rücken. Treffend schrieb er: »Die Tagespolitik und ein Wesen wie ich passen schlecht zusammen.«[11] Die Sozialdemokraten hatten ihn so enttäuscht, daß er sie zornig verachtete, mit den Konservativen wollte er nichts zu tun haben, und die Kommunisten haßte er.

Charakteristisch für Döblins Mentalität sind seine in den zwanziger Jahren geschriebenen Artikel, Glossen und Pamphlete. Er urteilte stets über alles und stets mit größter Entschiedenheit – über Literatur und Philosophie, Theater und Musik, über Politik, Ökonomie und Theologie. Man merkt diesen Arbeiten an, daß sie so gut wie immer sehr rasch verfaßt wurden: Hemmungslos notierte Döblin, was ihm gerade einfiel. Hier und da finden sich erstaunliche, jedenfalls originelle Gedanken, aber zugleich wimmelt es von Torheiten aller Art, streckenweise sind diese Schriften entwaffnend naiv.

Besonders gern rebellierte er gegen berühmte Komponisten, Dichter und Philosophen, gegen allgemein anerkannte Autoritäten. So bedauerte er in der Rezension eines Quartett-Abends, daß man einen Komponisten gespielt habe, dessen Werke (bei Döblin heißt es: »Sachen«) »verblaßt« und »halbtot« seien – nämlich Joseph Haydn. Aus einem anderen Komponisten wäre »sicher ein vorzüglicher Musiker geworden, wenn ihn nicht seine Klassizität verdorben hätte«.[12] Der dem Rezensenten zufolge gescheiterte und verdorbene Musiker heißt Mozart, Wolfgang Amadeus.

Döblins Lust, gegen die Größten zu wettern, hat nie nachgelassen. Er war bald siebzig Jahre alt, als er in einem Brief darlegte, der »Subjektivismus« habe zur »feuilletonistischen Degeneration des Romans« geführt: »Da versteckt man seine Unfähigkeit zur Gestaltung hinter Reflektionen, Betrachtungen, und statt Vorgänge hinzustellen, täuscht man den Leser mit Essays, die andererseits in sich zu schwach sind, um isoliert bestehen zu können.« Ein solcher »subjektivistischer Vertreter des Romans« sei Thomas Mann, doch habe »das Abgleiten ins Feuilletonistische schon viel früher begonnen«, der Schuldige sei Goethe mit seinen »Wahlverwandtschaften« und dem »Wilhelm Meister«.[13]

Im Grunde war Döblin ein weltfremder Eiferer und ein wunderlicher Anarchist in einem. Aber wie konfus dieser Anarchismus auch anmutet, sicher ist, daß sein Denken schon früh von der Sehnsucht nach dem Metaphysischen geprägt war, von dem Bedürfnis nach mystischer Erlösung, die schließlich, nach vielfachen Umwegen, katholische Formen angenommen hat. Aus der jüdischen Religionsgemeinschaft war er schon 1912 ausgetreten. Damit sei er aber nicht etwa in ein Versteck gegangen: Wenn es um Kampf ging, erklärte er, »war und blieb ich ein Jude«. Er hat bei verschiedenen Gelegenheiten herausfordernd und mit Nachdruck auf seine jüdische Herkunft verwiesen.

In seinem Buch »Reise in Polen« (1926) befaßt er sich ungleich ausführlicher mit den Juden als mit den Polen. 1935 schrieb er in einem Brief an Thomas Mann: »Interessieren Sie sich für die Judenfrage …? Das ist, seit ich aus dem Land bin, eigentlich mein tägliches Arbeitsgebiet.«[14] Schon 1933 war in Amsterdam seine Schrift »Jüdische Erneuerung« erschienen, und 1935 folgte der Band »Flucht und Sammlung des Judenvolks«. Die Vorschläge, mit denen er in diesen und anderen Arbeiten zur Lösung der Judenfrage beitragen wollte, waren freilich so skurril wie irreal.

Von Jugend an beschäftigte ihn der Katholizismus, doch nicht unbedingt dessen Ideen: Ihn faszinierte vor allem das katholische Ritual. 1904 berichtete der Student Döblin aus Freiburg: »Ich bin gestern zum Hochamt im Münster gewe-

sen, nachmittags bin ich noch einmal allein in das dunkle
leere Gewölbe zurückgegangen. Das Beste, was wir können,
ist beten.«[15] Später postulierte er: »Hin zu den Quellen, zum
Sinn des Lebens, zur Religion. Das Zentrum finden.« Es
scheint, daß er dieses Zentrum vor allem in Kathedralen
gefunden hat, zumal im Anblick von Darstellungen des Ge-
kreuzigten – etwa in der Marienkirche in Krakau.

Den Interpreten seines religiösen Weges hat es Döblin
nicht leichtgemacht: In seinen Pariser Exiljahren las er die
Werke christlicher Philosophen und erneuerte und vertiefte
zugleich seine Hebräisch-Kenntnisse, um unter Anleitung
eines Rabbiners den Talmud studieren zu können. Er griff
auch häufig zu den Reden Buddhas und gab 1940 in New
York in englischer Sprache eine Konfuzius-Auswahl heraus.
1941 hatten ihn Jesuiten in Kalifornien endgültig überzeugt
und bekehrt: Er trat zum Katholizismus über. Der Germanist
Robert Minder, Döblins treuer Freund und Bewunderer,
meinte sein Christentum sei »bis zuletzt von einer freien,
schweifenden Art geblieben«[16], womit er wohl andeuten
wollte, daß seine Religiosität vage und schwer faßbar war.
Wie auch immer: Den Übertritt zum Katholizismus hat
Döblin jahrelang verheimlicht, auch und vor allem vor seinen Freunden in Los Angeles. Wahrscheinlich befürchtete er,
jüdische Hilfsorganisationen, auf die er damals angewiesen
war, würden ihm weitere Unterstützung verweigern.

Mit Ausnahme der letzten drei Jahre unmittelbar vor
Hitler hatte er immer mit materiellen Schwierigkeiten zu
kämpfen. 1927 klagte Döblin – und nicht zu Unrecht –,
daß er »nach meilenlanger, medizinischer Vorbereitung, nach
jahrzehntelanger literarischer Arbeit weder ärztlich noch
literarisch existenzfähig« sei.[17] Seine erste Sommerreise hat
er sich im Alter von dreiundvierzig Jahren leisten können, sie
führte ihn nicht über die Mark Brandenburg hinaus. Als man

ihm 1926 die PEN-Mitgliedschaft antrug, lehnte er ab: Wegen seiner wirtschaftlichen Lage könne er weder den Beitrag zahlen (zwölf Mark jährlich) noch an den monatlichen Diners teilnehmen, die »trocken 3,50 Mark kosten«.[18] In den Vereinigten Staaten hätte er im Elend gelebt, wenn ihm nicht – abgesehen von den Unterstützungen verschiedener Organisationen – Lion Feuchtwanger geholfen hätte. Im *employment office* in Hollywood mußte er sich stundenlang anstellen, um die Arbeitslosenunterstützung zu erhalten. Er traf dort einen siebzigjährigen Deutschen, der sich ebenfalls anstellte. Es war der Kollege Heinrich Mann. So aktiv und agil er auch war, so wenig konnte er sich an die gegebenen Verhältnisse anpassen.

Bemerkenswert, daß Döblin zu den wenigen emigrierten deutschen Schriftstellern gehört, die sich für Hitlers Triumph mitverantwortlich fühlten. Das deutsche Volk sei mit fliegenden Fahnen zu Hitler übergegangen – »und was also hat unsere Literatur geleistet? Ich finde (ich nehme mich nicht aus): Wir haben unsere Pflicht versäumt«, schrieb er 1935 an Thomas Mann.[19] Als man Döblin aufforderte, zum »Tag des verbrannten Buches« zu sprechen, lehnte er ab, und zwar mit der Begründung: »Jedenfalls meine Bücher sind mit Recht verbrannt.«[20]

Wie auch immer: Alfred Döblin stand sich selber ein Leben lang im Wege. Anders als Thomas Mann war er weit eher zum Märtyrer geboren als zum Repräsentanten. Freilich war dieser Sittlichkeitsapostel ein ungewöhnlicher Märtyrer: witzig und schnoddrig und auch im Alter vital und temperamentvoll.

Nur einmal wollte er, so scheint es jedenfalls, doch zum Repräsentanten aufrücken: Damals, im Herbst 1945 und in den folgenden Jahren, als er, allen Warnungen seiner Freunde zum Trotz, nach Baden-Baden ging, um dort, in der Hauptstadt der französischen Besatzungszone, als Kulturoffizier zu amtieren. Er durfte die Uniform eines französischen Obersten tragen, und manche vermuten, daß gerade diese Maskerade Döblin amüsiert und gereizt habe.

Wie die meisten Versuche im Leben Döblins mißlang auch dieser: Den Franzosen war er nicht geheuer und den Deutschen fremd, ja unbegreiflich. Wie eh und je wetterte und wütete er unaufhörlich und teilte Hiebe nach allen Seiten aus: Er verurteilte und verdammte die Kapitalisten und die Marxisten, die Freidenker und die Geistlichen, ja beinahe alle, auf die er gerade zu sprechen kam. Hatte er zunächst zwischen den Franzosen und den Deutschen gesessen, so saß er bald zwischen der jungen Bundesrepublik und der jungen DDR.

Er sollte als Kulturoffizier und als Herausgeber der Zeitschrift »Das goldene Tor« dafür sorgen, daß die neue Lesergeneration die deutsche Exilliteratur aus den Jahren zwischen 1933 und 1945 kennenlernte. Indes hat er viel Kraft und Energie dem Kampf nicht für, sondern gegen einen Schriftsteller der Emigration gewidmet – gegen seinen alten Feind Thomas Mann.

Als er im Februar 1946 Hermann Kesten um einen Essay über die Literatur im Exil bat, stellte er gleich eine Bedingung: »Möglichst wenig über Th. Mann; ich hab' nicht nötig, für den Reklame zu machen...«[21] Und so äußerte sich Döblin zum Tod von Thomas Mann: »Ich könnte achselzuckend darüber hinweggehen, da ich schon vorher für seine schriftstellerische Existenz nur ein Kopfschütteln und Achselzucken, manchmal auch ein wirkliches Staunen gehabt habe ... Wir ... hatten nicht nötig und fühlten uns nicht veranlaßt, mit diesem Geschöpf abzurechnen. Es gab diesen Thomas Mann, welcher die Bügelfalte zum Kunstprinzip erhob, erheben wollte, und mehr brauchte man von ihm nicht zu wissen.« Selbst die »Buddenbrooks« ließ Döblin, dessen frühe Prosa unter dem unverkennbaren Einfluß Tho-

mas Manns stand, nicht mehr gelten, er hielt sie nur noch für
»eine langweilige Spießerei«.[22]

Fast alle bedeutenderen deutschen Schriftsteller unseres
Jahrhunderts hatten für Thomas Mann wenig Sympathie, in
ihren Briefen und Tagebüchern kommen stets allerlei Ani-
mositäten und Ressentiments zum Vorschein. Doch keiner
hat ihn so gehaßt wie Döblin. Neid war dabei im Spiele, aber
auch die Tatsache, daß er zumindest seit dem Ersten Weltkrieg einen ganz anderen Weg ging als Thomas Mann. Er
hatte tatsächlich für dessen Prosa nicht das geringste Verständnis. Von einem Autor, der sich anderer Mittel bediente
als er selber, wollte er nichts wissen: So häufig er seine ästhetischen Anschauungen und Praktiken auch änderte, der
extremen Intoleranz blieb er treu.

Zu schreiben hatte er schon auf der Schule begonnen,
und schon damals habe er – behauptete Döblin später – die
Literatur verachtet und noch mehr ihre Hersteller. Allesamt?
Ganz ernst darf man solche Erklärungen nicht nehmen.
Denn natürlich hatte der junge und einsame, der offenbar
schon früh verbitterte Döblin gerade bei der Literatur Zuflucht gesucht, zumal bei der klassischen – freilich nicht bei
Goethe oder Schiller, sondern bei jenen, denen es nicht
gelingen wollte, ihren Platz in der Gesellschaft zu finden, die
sich ihre Stirn wundrieben, die scheiterten und schließlich
untergingen: bei Kleist also, bei Hölderlin.

Er war der nicht eben erfolgreiche, aber auch nicht unbekannte Autor mehrerer Bücher (des bahnbrechenden Erzäh-
lungsbandes »Die Ermordung der Butterblume«, 1913, sowie der Romane »Die drei Sprünge des Wang-lun«, 1915,
»Wadzeks Kampf mit der Dampfturbine«, 1918, und »Wallenstein«, 1920) – als er knapp, klar und ein wenig kokett
verkündete: »Ich bin Arzt und habe eine große Abneigung
gegen Literatur.«[23] Das war 1921, und 1927: »Ich werde, wenn

die Umstände mich drängen, eher, lieber und von Herzen die Schriftstellerei … aufgeben als den inhaltsvollen, anständigen, wenn auch sehr ärmlichen Beruf eines Arztes.«[24]

Eine seiner lapidaren Erklärungen lautet:»Ich schätze alles, was schweigt.«[25] Aber nichts fiel Alfred Döblin schwerer als das Schweigen: Er hörte nicht auf zu reden und zu schreiben, Literatur zu verachten und Literatur zu produzieren. Sein Beruf nahm allerdings den ganzen Arbeitstag in Anspruch. Wann konnte er also schreiben? »Alles Gute wachse« – meinte er – »nebenbei.« In der Tat schrieb er, jedenfalls, solange er in Berlin war, nur »nebenbei«: In der Hochbahn und in der Unfallstation, auf der Rettungswache und zwischen zwei Konsultationen, »auf den Treppen, in den leeren Wartestunden schrieb ich, konnte schreiben, wo ich ging und stand«.[26]

In Los Angeles habe er, da er dort nicht praktizieren durfte, ein Buch nach dem anderen verfaßt, natürlich für den Schreibtisch:»Hätte der Krieg noch länger gedauert, so hätte ich für meine Manuskripte einen besonderen Autobus zur Bahn benötigt.«[27] Woran, fragte Döblin 1929, soll denn ein Autor merken, wann er sein Buch abzuschließen habe? Jedes Buch könne noch länger sein: Eigentlich brauche der Autor erst dann aufzuhören, wenn »alle Papiervorräte erschöpft sind«.

Kein Zweifel: Döblin hat an der Graphomanie gelitten, er war ein pathologischer Vielschreiber. Dichten war für ihn nicht etwa (im Sinne Ibsens) Gerichtstag halten über sich selbst – vielmehr heiße es, »sich loslassen, spielen« und den Mut haben, »inneren Verzauberungen zu erliegen und sich ihnen, formal und inhaltlich, zum Opfer machen«.[28] Schon in einem Brief aus dem Jahre 1915 bekannte er sich zu »einem enormen Schwarm für dies blindwütige Fabulieren, man entgeht aufs rascheste den Gedanken, dem Constructiven, der Rhetorik, der falschen Lyrik«.[29]

Seinen Roman »Die drei Sprünge des Wang-lun« kommentierend, betonte Döblin, er werde bloß sagen, was in dem Buch enthalten sei – »nicht; was ich wollte; denn ich will nie etwas; ich schreibe stets unwillkürlich ...« Im Schriftsteller sah er ein Medium irrationaler Mächte: »Man glaubt zu sprechen und man wird gesprochen, oder man glaubt zu schreiben und man wird geschrieben«, diagnostizierte er 1929.[30] Als ihm 1949 die Redaktion einer Zeitschrift die unvermeidbare Interviewfrage »Warum schreiben Sie?« stellte, begann der einundsiebzigjährige Döblin seine Erwiderung mit den verblüffenden Worten: »Das habe ich mich noch nie gefragt.«[31]

Selbstkontrolle und Disziplin, künstlerische Zucht und Strenge gegen sich selbst – das alles kannte er nicht. Und wenn er bekannte, er empfinde »eine erhebliche Gleichgültigkeit gegen meine gelegentlichen Produkte« – und ausnahmslos alle seine Arbeiten hielt er für »gelegentliche Produkte« –, so war das nicht unaufrichtig. Meist weigerte er sich, seine Manuskripte zu lesen, geschweige denn zu korrigieren: »Ich schreibe rasch und glatt. Zögern bedeutet eine Hemmung... Der erste Fluß war schon gut...«[32]

Doch nicht nur er weigerte sich, seine Bücher zu lesen. Thomas Mann hatte schon recht, als er 1926 boshaft bemerkte: »Es gibt sehr wenige Leute, die Döblins Bücher zu Ende lesen können.«[33] Schon viel früher hatte Döblin nicht ohne Hochmut festgestellt: »Ich schreibe nicht fürs Publikum, sondern zu meinem Privatvergnügen ...«[34] Und so hat sich auch das interessierte und gutwillige Publikum den meisten seiner Bücher entzogen – und entzieht sich ihnen immer noch.

Auch im Bereich des Ästhetischen saß er stets zwischen den Stühlen. Sein Frühwerk wird oft als expressionistisch eingestuft. Aber er habe, meint Döblin selber, mit dem

Expressionismus nur Fühlung genommen, »weil wir uns eben
trafen«. Was er schrieb, sei jedoch über die »Schule« der
Expressionisten hinausgegangen: »Und sie wandten mir den
Rücken und stießen mich in den Haufen des ahnungslosen
Pöbels.« Ähnlich sei es ihm mit der Psychoanalyse ergangen,
mit dem Sozialismus und mit dem Marxismus. Denn: »Die
Dinge müssen in *meinem* Garten wachsen. Ich kaufe nicht
auf einem Markt.«[35] Schon 1913 schrieb er an Marinetti:
»Pflegen Sie Ihren Futurismus. Ich pflege meinen Döbli-
nismus.«[36]

So ist die Frage nach der Identität dieses einzigartigen
Schriftstellers, dieses genialen Amokläufers kaum zu beantworten. Er läßt sich schwer oder überhaupt nicht fassen, weil
er jeden Rahmen sprengte, weil er nie einer Richtung oder
Tendenz, einem Stil oder einer Schule treu bleiben wollte,
weil er sich unentwegt veränderte und verwandelte, weil er
mit Nachdruck allerlei Thesen oder gar Programme verlaut-
barte, sich aber sehr bald um selbige nicht einen Pfifferling
kümmerte und verblüfft war, wenn ihn jemand an seine
Postulate von gestern erinnerte. 1928 zeigte er sich einsich-
tig: »Ich bin im Begriffe, mich selbst ad absurdum zu führen;
ich säge alle Äste unter mir ab.«[37] Ja, das war Döblins Hobby
und seine Passion. Wenn es eine Konstante bei ihm gab, dann
war es allein sein beinahe vulkanisches Temperament, seine
unermüdliche Streitsucht.

Es erboste ihn, wenn Kritiker versuchten, seine Romane
mit Realien zu konfrontieren. Von welchen Realien konnte
denn die Rede sein? Er ließ seine größeren epischen Werke
in China spielen, in Grönland oder in Indien. Die Kenntnis
dieser Länder verdankte er ausschließlich der gewiß raschen
und flüchtigen Lektüre einiger Bücher, die er in der Berliner
Staatsbibliothek gefunden hatte.

Mit der Gegenwart und mit der ihn umgebenden Wirklichkeit könne er nichts anfangen, denn er sei weder ein Balzac noch ein Zola, er brauche unbedingt einen »leeren Raum«. Als er seinen »Wallenstein« schrieb, war er überzeugt, die historische Vergangenheit sei der ideale »leere Raum«, später schien ihm die ferne Zukunft »das prächtigste Feld für Aktivitäten« – wie in »Berge, Meere und Giganten« (1924).[38] Es gibt in diesen Romanen eindrucksvolle, sogar wunderbare Kapitel. Und doch sind es exorbitante und zugleich sterile Entwürfe. Was ihnen am meisten fehlt, kann man mit einem Wort andeuten: Leben. Das ist wohl der entscheidende Grund, der die Leser und die meisten Kritiker hindert, Döblin in seine imaginären Welten zu folgen.

Bei verschiedenen Gelegenheiten hat er darauf hingewiesen, was er der Stadt Berlin verdanke: »Diese Mietskasernen und Fabriken sind durch Jahrzehnte mein Anschauungs- und Denkmaterial gewesen, und ob ich von China, Indien oder Grönland sprach, ich habe immer von Berlin gesprochen.«[39] Das mag sein, aber gemerkt hat es keiner. Auch den Einfluß seiner ärztlichen Praxis auf sein schriftstellerisches Werk hat Döblin häufig erwähnt: »Ich fand meine Kranken in ihren ärmlichen Stuben liegen; sie brachten mir auch ihre Stuben in mein Sprechzimmer mit. Ich sah ihre Verhältnisse, ihr Milieu.«[40] Doch auch davon war im »Wallenstein« oder in »Berge, Meere und Giganten« keine Spur.

Im Jahr 1929 jedoch erschien jenes Werk, das die Ansicht widerlegte, dieser Autor könnte mit der Gegenwart und mit der ihn umgebenden Wirklichkeit nichts anfangen; jenes Werk, in dem er tatsächlich die Stadt dargestellt hat, von der er geprägt wurde, und in dem er von den Menschen erzählte, die seine Patienten waren; jenes Werk, das Alfred Döblin als ein Jahrhundertgenie erkennen läßt – der Roman »Berlin Alexanderplatz«.

Alfred Döblin

Unser Biberkopf und seine Mieze

Der Roman Berlin Alexanderplatz erzählt die Geschichte des ehemaligen Transportarbeiters Franz Biberkopf, der im Jähzorn seine Freundin erschlagen hat, der, nach vier Jahren aus dem Gefängnis entlassen, fest entschlossen ist, anständig zu sein, der als Hausierer und Zeitungsverkäufer seinen Lebensunterhalt zu verdienen versucht, den Politik nichts angeht, der aber vom Leben mehr als ein Butterbrot will, der, schuldig und unschuldig zugleich, an einem Einbruch teilnimmt, wortwörtlich unter die Räder gerät und einen Arm verliert, den man verhaftet und in eine Irrenanstalt einliefert – und den zu guter Letzt das Gericht freispricht.

Diese Geschichte ist ein episches Lehrstück, eine gleichnishafte Erzählung. Was wollte uns der Autor sagen? Ich scheue mich nicht, die leidige Oberlehrerfrage zu stellen und sie gleich so einfach wie möglich zu beantworten. Natürlich, jedes große Gleichnis kann unterschiedlich verstanden und gedeutet werden – auch dieses. Für mich indes lautet die Moral von der Geschichte:

> »Ein guter Mensch sein? Ja, wer wärs nicht gern?
> Doch leider sind auf diesem Sterne eben
> Die Mittel kärglich und die Menschen roh.
> Wer möchte nicht in Fried und Eintracht leben?
> Doch die Verhältnisse, die sind nicht so.«

Das singt der alte Peachum in Brechts »Dreigroschenoper«. Sie wurde 1928 in Berlin uraufgeführt, also in der Zeit, in der Döblin am »Berlin Alexanderplatz« arbeitete – und bisweilen ist ihre Atmosphäre in dem Roman sehr wohl spürbar.

Doch wen repräsentiert eigentlich sein Held? Biberkopf ist ein Deutscher und ein Berliner, ein Plebejer und ein Lumpenproletarier, ein Dieb, Hehler und Zuhälter. Aber er steht keineswegs für die Deutschen und die Berliner, für die Plebejer oder die Lumpenproletarier. Er repräsentiert niemanden, Biberkopf ist Biberkopf. Und gleichwohl eine parabolische Demonstrationsfigur? Ja, denn ohne in irgendeinem Sinne repräsentativ zu sein, ist Biberkopf eine Modellgestalt, genauer: eine Identifikationsfigur.

Nur sind es nicht seine Taten und Untaten, die den Lesern diese Identifikation ermöglichen. Schließlich bestand und besteht Döblins Publikum nicht aus Dieben und Verbrechern. Dennoch konnten und können sich unzählige Menschen in Franz Biberkopf wiedererkennen – in seiner Entschlossenheit, anständig zu sein, in seinem Bedürfnis, mehr vom Leben zu bekommen als ein Butterbrot, in seinem Scheitern. Anders ausgedrückt: Sie erkennen ihre eigene Schwäche wieder, ihre Ohnmacht, ihre Leiden. Daher ist Biberkopf eine zwar extreme, doch zugleich exemplarische Figur.

So war sie von Döblin auch gemeint. Im Vorspruch zum zweiten Buch des Romans sagt er: »Es ist kein beliebiger Mann, dieser Franz Biberkopf. Ich habe ihn hergerufen zu keinem Spiel, sondern zum Erleben seines schweren, wahren und aufhellenden Daseins.«[41] Damit ist die pädagogische Absicht des Romans artikuliert. Im Vorspruch wiederum zum dritten Buch heißt es: »Biberkopf hat geschworen, er will anständig sein … Das Leben findet das auf die Dauer zu fein und stellt ihm hinterlistig ein Bein ... Warum das Leben so verfährt, begreift er nicht. Er muß einen langen Weg gehen, bis er es sieht.«[42]

Diese Hinweise sind es wohl, die manche Germanisten verführt haben, »Berlin Alexanderplatz« als Erziehungs- oder Entwicklungsroman zu interpretieren. Aber hier entwickelt sich nichts, und Biberkopf läßt sich nicht erziehen. Wenn Walter Benjamin 1930 meinte, Biberkopfs Weg beschreibe »nur eine heroische Metamorphose des bürgerlichen Bewußtseins«, dann ist das wohl eher ein Mißverständnis. Es gibt in diesem Roman keine Metamorphose und schon gar keine heroische. Auch von einem bürgerlichen Bewußtsein kann hier schwerlich die Rede sein. Benjamin meinte, den Biberkopf verzehre der »Hunger nach Schicksal«.[43] Aber wer vom Leben mehr verlangt als ein Butterbrot, der hungert noch nicht nach Schicksal.

Der überraschende, der metaphysische Schluß des Romans mag solche Interpretationen begünstigt, wenn nicht provoziert haben. Denn im letzten Kapitel nähert sich, was vornehmlich einer Moritat ähnelte, nun einem Mysterienspiel, der Bänkelsänger schlüpft in die Rolle eines Predigers. Der Held des Romans erkennt seine Schuld und bereut. Hierzu führen jedoch nicht etwa seine Erlebnisse und Erfahrungen, vielmehr ist dieser Wandel die Folge eines psychischen Zusammenbruchs, eben jenes Zusammenbruchs, der die Einlieferung Biberkopfs in die Irrenanstalt notwendig gemacht hat. Im Finale des Romans gibt es keine Einsicht und keine Erkenntnis und letztlich auch keine Bekehrung, sondern nur eine Erleuchtung, überdies eine, die während der Bewußtlosigkeit Biberkopfs über ihn gekommen sein soll.

Der Rezensent des Berliner Tageblatt spottete nicht zu Unrecht, es sei ein Wunder, daß Biberkopf als Portier ende und nicht bei der Heilsarmee.[44] Bei Lichte besehen: Nicht der Held des Romans hat sich im Schlußkapitel geändert, sondern dessen Autor. Dieser hatte aber keine Kraft oder keine Lust mehr, die heilsgeschichtliche Wende darzustellen: Er begnügte sich mit einer flüchtigen Mitteilung.

Übrigens stammt die beste Erklärung des Epilogs von Döblin selber. Dem Berliner Germanisten Julius Petersen, der von dem Ende nicht recht überzeugt war, schrieb Döblin, er habe Biberkopf zur »zweiten Phase bringen« wollen, dieser sollte also im letzten Kapitel zum moralischen und religiösen Exempel werden. Das indes, räumte Döblin ein, sei ihm nicht gelungen: »Der Schluß müßte eigentlich im Himmel spielen, schon wieder eine Seele gerettet, na, das war nicht möglich, aber ich ließ es mir nicht nehmen, zum Schluß Fanfare zu blasen, es mochte psychologisch stimmen oder nicht.«[45] Hat es je einen großen deutschen Schriftsteller gegeben, der so unbekümmert und auch so leichtsinnig arbeitete und der so wenig mit seinem Pfunde wuchern wollte?

In der Irrenanstalt hat Döblins stumpfsinnig gewordener Held allerlei Visionen: Wie in einem Mysterienspiel ziehen an ihm die zentralen Personen seines Lebens vorbei. Sie erinnern den Jedermann Biberkopf an sein Versagen, an seine Sünden. Er glaubt, zwei Männer zu sehen, die sein Unglück mitverschuldet haben, und zwei Freundinnen, die beide nicht mehr leben. Als letzte kommt Emilie Parsunke, die gern Sonja heißen möchte, doch einfach Mieze genannt wird. Im Norden Berlins, am Stettiner Bahnhof, hat sie das Geldverdienen gelernt – als Prostituierte. Dann taucht sie bei Franz Biberkopf auf, sie macht ihn glücklich, er glaubt, dieses »straffe Wunder« habe ihm der liebe Gott ins Haus geschickt – »und im Bett, da ist sie sanft wie eine Feder, jedesmal so ruhig und zart und glücklich wie zuerst. Und immer ist sie ein bißchen ernst«[46].

Ja, so sind sie: ruhig und zart und glücklich und immer ein bißchen ernst. Wirklich ruhig? Das währt nicht lange, und dann singen sie: »Meine Ruh ist hin/Mein Herz ist schwer/ Ich finde sie nimmer/Und nimmermehr.« Daß sie Sonja heißen möchte, ist wohl als Anspielung auf eine andere berühmte Figur der Weltliteratur zu verstehen – auf die edle Hure in Dostojewskis Roman »Verbrechen und Strafe«. Aber im Grunde hat Döblins Mieze mit Dostojewskis jungen Frauen wenig zu tun und sehr viel mit Gretchen und Klärchen, mit Kleistens Käthchen.

Biberkopf ist überzeugt, Mieze habe jetzt, da sie beide zusammenleben, mit der Prostitution Schluß gemacht. Er irrt sich, sie geht nach wie vor auf den Strich, um seinen, des Einarmigen, Lebensunterhalt zu verdienen. Miezes Freundin sagt ihm: »Auf die kannste dir verlassen.« Und Franz liebt sie weiter, er liebt sie dennoch und erst recht. »Ich liebe dich«, das lautet hier: »Miezeken, du kannst machen, wat du willst, ick laß dir nicht.«[47] Franz Biberkopf ist der erste Liebende der deutschen Literatur, der zum Zuhälter seiner Geliebten wird. Franz und Mieze – das ist eine der schönsten deutschen Liebesgeschichten des zwanzigsten Jahrhunderts, sehr traurig, wie alle Liebesgeschichten, und ein wenig sentimental, wie ebenfalls alle Liebesgeschichten.

An Biberkopfs Krankenbett erscheint auch jener, der Mieze ermordet hat und der ironischerweise Reinhold heißt, obwohl er ein Bösewicht ist wie der dritte Richard, eine Spottgeburt aus Dreck und Feuer. Aber man sollte diesen Reinhold nicht etwa für Biberkopfs Gegenspieler halten, er ist vielmehr sein böser Geist: ein Provokateur, aus dessen Augen »das höllische Feuer blitzt« und der beim Gehen einen Fuß nachzieht. »Er reizt mir noch immer«[48], denkt sich Biberkopf, der diesem Mephisto nicht gewachsen, der ihm ausgeliefert war und ist.

Er hat überhaupt keinen Gegenspieler – oder doch: Aber der Gegenspieler ist keine Person, es ist die Stadt Berlin. Kurz vor seinem Tod, 1955, hat Döblin über die Entstehung des Romans »Berlin Alexanderplatz« berichtet: »Ich hatte keinen besonderen Stoff, aber das große Berlin umgab mich, und ich kannte den einzelnen Berliner, und so schrieb ich wie immer ohne Plan, ohne Richtlinien drauflos, ich konstruierte keine Fabel, die Linie war: das Schicksal, die Bewegung eines bisher gescheiterten armen Mannes.«[49]

Hatte er wirklich keinen besonderen Stoff? Gleich heißt es doch: »Das große Berlin umgab mich, und ich kannte den einzelnen Berliner.« Das *ist* ja der Stoff, und ein besonderer obendrein. Denn bis dahin kannte man Berlin-Romane kaum. Gewiß, es gab Romane, die an der Spree spielten – nicht zuletzt »Stine«, »Irrungen, Wirrungen« und, vor allem, »Frau Jenny Treibel«. Doch bei Fontane und anderen Autoren vor Döblin diente Berlin stets nur als Folie, als Hintergrund. Hier indes ist diese Stadt tatsächlich Stoff und Thema des Romans.

Aufschlußreich ist auch der Hinweis, er habe das Schicksal eines armen gescheiterten Mannes zeichnen wollen. Damit war widerlegt – und zwar glücklicherweise widerlegt –, was Döblin jahrelang postuliert hatte. Noch 1924 hatte er mit grandiosem Schwung erklärt: »Ich bin ein Feind des Persönlichen. Es ist nichts als Schwindel und Lyrik damit. Zum Epischen taugen Einzelpersonen und ihre sogenannten Schicksale nicht.«[50] Der Döblin vor »Berlin Alexanderplatz« war ein Anhänger der »möglichst schrankenlosen Phantasie«.

Weil er diesmal die »möglichst schrankenlose Phantasie« überwunden hatte, weil er nicht mehr von pittoresker Vergangenheit oder von utopischer Zukunft erzählte, sondern von der unmittelbaren Gegenwart, weil er die Handlung nicht in fernem Land, unnahbar unseren Schritten, angesiedelt hatte, sondern in einer Welt, die er genauesten kannte, weil er sich von seiner unglückseligen Theorie, im Roman komme es nicht auf Einzelpersonen und deren Schicksale an, endlich gelöst und eine Einzelperson in den Mittelpunkt gestellt hatte, konnte er ein Glanzstück des psychologischen und des lyrischen Romans schreiben.

Die Geschichte Biberkopfs und die Vision Berlins bilden zusammen ein Pandämonium von überwältigender Anschaulichkeit. Die künstlerischen Mittel, derer sich Döblin hier bedient, hatten ihm schon viel früher als eine Art Programm der modernen Prosa vorgeschwebt. So schrieb er 1913: »Die Darstellung erfordert bei der ungeheuren Menge des Geformten einen Kinostil... Von Perioden, die das Nebeneinander des Komplexen wie das Hintereinander rasch zusammenzufassen erlauben, ist umfänglicher Gebrauch zu machen. Rapide Abläufe, Durcheinander in bloßen Stichworten... Das Ganze darf nicht erscheinen wie gesprochen, sondern wie vorhanden.«[51] 1917 fordert Döblin »die Sprachwerdung eigentümlicher Situationen und Personen«, an der *Darstellung* ist ihm gelegen, nicht an der Erzählung. Die »Deutlichkeit des Romans« sei die der »Anschauung, des Gefühls«.[52]

Es gibt auch einige, in der Regel sehr knappe Äußerungen Döblins, mit denen er den Stil und die Eigenart des Romans »Berlin Alexanderplatz«, während er an ihm arbeitete, kommentierte. 1928 hatte man ihn gebeten, den gerade in deutscher Übersetzung veröffentlichten »Ulysses« von Joyce zu rezensieren. Er nahm die Gelegenheit wahr, in die (übrigens enthusiastische) Besprechung dieses Romans einige Bemerkungen allgemeiner Art einzufügen: »In den Rayon der Literatur ist das Kino eingedrungen, die Zeitungen sind groß geworden, sind das wichtigste, verbreitetste Schrifterzeugnis, sind das tägliche Brot aller Menschen. Zum Erlebnisbild der heutigen Menschen gehören ferner die Straßen, die sekündlich wechselnden Szenen auf der Straße, die Firmenschilder, der Wagenverkehr … Jetzt ist wirklich ein Mann nicht größer als die Welle, die ihn trägt. In das Bild von heute gehört die Zusammenhanglosigkeit seines Tuns, des Daseins überhaupt, das Flatternde, Rastlose.«[53] Alle diese Postulate hat Döblin in dem Roman »Berlin Alexanderplatz« verwirklicht.

Auf welche Weise, mit welchen literarischen Techniken ist es ihm gelungen, das »Erlebnisbild des heutigen Menschen« zu zeigen und das Flatternde und das Rastlose spürbar zu machen? In Zusammenhang mit »Berlin Alexanderplatz« hat man wiederholt auf den »Ulysses« von Joyce und »Manhattan Transfer« von Dos Passos verwiesen. Döblin bestritt zwar einen direkten Einfluß, sah aber gewisse Berührungspunkte zwischen seinem Roman und dem »Ulysses«. Auch von Dos Passos mag er profitiert haben. Doch sollte man dies nicht überschätzen: Schon lange vor »Manhattan Transfer« beschäftigte er sich mit der Montage- und Collage-Technik, und schon lange vor dem »Ulysses« interessierte er sich für die Wiedergabe des Bewußtseinsstroms, schon vor diesen Werken setzte er sich mit dem italienischen Futurismus sowie mit dem Züricher und dem Berliner Dadaismus auseinander.

Vor allem aber: Man sollte Gerhart Hauptmann nicht vergessen. Döblin mochte ihn nicht, er haßte ihn sogar, wie er nahezu alle erfolgreichen Schriftsteller seiner Zeit verachtete. Die liebevolle und detaillierte Milieuschilderung, die ständige Verwendung von Dialekt und Jargon, das mit unverkennbarem sozialen Mitleid gezeichnete Proletariat im Mittelpunkt – das sind Elemente des deutschen Naturalismus. Und ob sich Döblin dessen bewußt war oder nicht: Hauptmanns plebejische Helden – vom Bahnwärter Thiel bis zum Fuhrmann Henschel – sind auf seinen Biberkopf keineswegs ohne Einfluß geblieben.

Ferner: Daß Döblin mit der 1910 entstandenen Erzählung »Die Ermordung einer Butterblume« einer der wichtigsten Prosaschriftsteller des frühen Expressionismus wurde, ist unbestritten. Aber auch in »Berlin Alexanderplatz« fallen expressionistische Elemente auf. So dynamisiert er bisweilen die Landschaft, personifiziert die Natur und dämonisiert das Stadtbild. Wenn Biberkopf aus dem Gefängnis entlassen wird und sein Leidensweg beginnt – denn es war für ihn leichter, die Haft zu ertragen, als in Freiheit zu leben –, wenn er also ratlos auf der Straße steht, lesen wir: »Es rann Häuserfront neben Häuserfront ohne Aufhören hin. Und Dächer waren auf den Häusern, die schwebten auf den Häusern, seine Augen irrten nach oben: wenn die Dächer nur nicht abrutschten, aber die Häuser standen grade.«[54]

In einem ganz anderen Stil wird der Roman eröffnet: »Dies Buch berichtet von einem ehemaligen Zement- und Transportarbeiter Franz Biberkopf in Berlin. Er ist aus dem Gefängnis, wo er wegen älterer Vorfälle saß, entlassen und steht nun wieder in Berlin und will anständig sein.«[55] Das ist der unterkühlte Tonfall der jetzt, Ende der zwanziger Jahre, dominierenden »Neuen Sachlichkeit«. Mit den Autoren, die dieser Richtung zugezählt werden, mit Joseph Roth und Erich Kästner, mit Egon Erwin Kisch und Hermann Kesten verbindet Döblin die Vorliebe für das Trockene und das Nüchterne, für das Ironische und das Sarkastische und, natürlich, die Liebe zur Großstadt.

Haben wir es also mit einem naturalistischen oder mit einem expressionistischen Roman zu tun oder mit einem Roman der »Neuen Sachlichkeit«? Man könnte hier noch einige weitere Ismen anführen, zumindest den Impressionismus, den Dadaismus und den Pointillismus. Und es muß auch gesagt werden, daß in Döblins Roman die Technik der Montage und der Collage so konsequent und so virtuos angewandt wird wie noch nie in der Geschichte der deutschen erzählenden Prosa.

Der Roman zitiert immer wieder Zeitungsnachrichten, Wetterberichte, Reklamesprüche und Behördenbriefe, Volkslieder, Bibelstellen, Kinderreime und Schlagertexte, Lexikonartikel und Gebrauchsanweisungen, Firmenschilder und Bekanntmachungen. Den Schriftsteller Döblin faszinieren Dokumente jeglicher Art, er baut sie in jedem Kapitel in die Romanhandlung ein, bisweilen kommt er sich – er hat es jedenfalls behauptet – als Autor beinahe überflüssig vor.

Diese Passagen, die Döblin als Versatzstücke verwendet, haben oft keinen direkten Bezug zu den dargestellten Geschehnissen: Viele derartige Partikel gehören weder zur Geschichte Biberkopfs noch zu den Porträts der Personen, die auf seinem Weg auftauchen – so will es scheinen, zumindest auf den ersten Blick. In Wirklichkeit haben die Zitate und die eingeblendeten Dokumente und erst recht die biblischen Gleichnisse, so die Geschichten von Hiob, Abraham und Isaak, in der Regel eine kommentierende Funktion: Sie sind, die Anordnung beweist es, als bildliche Erläuterungen oder Deutungen der dargestellten Vorgänge gedacht. Alle diese Elemente ergeben zusammen eine Realität von höchster Überzeugungskraft, nämlich das Bild der Welt, in der Biberkopf und die anderen leben – also der Stadt Berlin in den Jahren 1927 bis 1929.

Wie kein deutscher Romancier vor ihm tritt Döblin in diesem Roman in einer Doppelrolle auf: Er dokumentiert den Berliner Alltag mit Hilfe von vorgefundenen Texten, die er montiert und collagiert. Und er waltet zugleich als allmächtiger und allwissender Erzähler, der das ganze Geschehen überblickt und die Figuren durchschaut. Dokument und

Erfindung, Protokoll und Erzählung, Bericht und Inszenierung gehen ineinander über und ergänzen sich. Das Pandämonium zeitigt die Parabel – und umgekehrt. Einfacher ausgedrückt: Das Bild Berlins und die Geschichte des Franz Biberkopf bedingen und beglaubigen sich gegenseitig.

Doch wie reichhaltig und vielschichtig Döblins Roman auch ist, es mangelt ihm nicht an einem roten Faden, an einem Leitmotiv. Immer wieder werden hier die ersten Verse eines alten Volkslieds zitiert: »Es ist ein Schnitter, der heißt Tod, hat G'walt vom großen Gott...« Das Lied und auch die Beschreibungen des Berliner Viehhofs, die in verschiedene Teile des Buches eingeschaltet sind, dienen gleichsam als Mahnungen. Sie sollen den Leser daran erinnern, daß im Mittelpunkt des Romans das Thema steht, mit dem sich alle großen Romane der Weltliteratur beschäftigen: die Vergänglichkeit des menschlichen Lebens.

So hat das Buch »Berlin Alexanderplatz« geschrieben: ein Romancier, ein Rhapsode und ein Reporter, ein Chronist und Kommentator, ein Prediger und Pamphletist, ein Phantast und ein Philosoph, ein Moralist und Metaphysiker. Ist das Ergebnis dadurch ein Konglomerat? Nein, trotz der Verwendung der unterschiedlichsten Stile, Techniken und Ausdrucksmittel gerät dieser Roman niemals in die Gefahr auseinanderzufallen. Das gerade ist das Verblüffende und Beglückende: Wir haben es mit einem ganz und gar einheitlichen Buch zu tun.

Bewirkt wird die Einheitlichkeit durch eine einzige, freilich phänomenale Kraft. Rückblickend notiert Döblin: »Ich konnte mich auf die Sprache verlassen: die gesprochene Berliner Sprache; aus ihr konnte ich schöpfen.«[56] Das ist es.

Mitunter hat das Berlinerische schon in der Literatur des neunzehnten Jahrhunderts eine wachsende Rolle gespielt: Am frühesten wohl in einigen inzwischen vergessenen Romanen

Ludwig Tiecks, später in Versen und Feuilletons von Adolf Glasbrenner, hier und da bei Fontane. Noch besser hat die Möglichkeiten, die dem Berlinerischen innewohnen, der Schlesier Hauptmann wahrgenommen und realisiert: im »Biberpelz«, in den »Ratten«. Aber erst Döblin hat gezeigt, was sich dem Berlinerischen abgewinnen läßt.

Während in früheren deutschen Romanen, die als realistische Prosa gedacht waren, sich sogar die Plebejer eher der Hochsprache bedienten, sprechen in »Berlin Alexanderplatz« nahezu alle auftretenden Personen den Berliner Dialekt. Mehr noch: Auch der Erzähler des Romans schreibt eine Sprache, die man zwar nicht mit dem Dialekt der Figuren verwechseln kann, die aber dennoch eindeutig – in Wortwahl und Rhythmus – vom Berlinerischen geprägt ist. Dank dieser ungewöhnlich griffigen Diktion lebt »Berlin Alexanderplatz« und ist – im Unterschied zu anderen mehr oder weniger experimentellen Romanen aus jener Zeit – frei vom Künstlichen und vom Konstruierten, frei von Sterilität. Dank der immer wieder vom Berlinerischen profitierenden Sprache ist »Berlin Alexanderplatz« Döblins einziger Roman, in dem er seiner Konzeption gewachsen war.

Als das Buch 1929 erschien, meinte Johannes R. Becher in der »Linkskurve«, dem Organ des Bundes Proletarisch-Revolutionärer Schriftsteller, dieser Roman, den er für ein »künstlich gepreßtes Laboratoriumsprodukt« hielt, beweise, daß »die bürgerliche Literatur zu Ende«[57] sei. Aber der Roman »Berlin Alexanderplatz« war nicht ein Ende, sondern ein Anfang. Ohne dieses Buch ist ein großer Teil der modernen deutschen Prosa schwer denkbar.

Vor Döblin verneigte sich respektvoll und dankbar Wolfgang Koeppen: Sein München-Bild im Roman »Tauben im Gras« läßt das Vorbild klar erkennen.[58] Arno Schmidts Werk ist Döblin in hohem Maß zu Dank verpflichtet, seine

Theorien gehen ebenfalls auf dessen Arbeiten zurück; in einem Brief aus dem Jahre 1953 nannte er Döblin »den Kirchenvater unserer neuen deutschen Literatur«. Wolfdietrich Schnurre hat von ihm – laut eigener Aussage – immer wieder gelernt.[59] Günter Grass bekannte 1967, er könne sich seine Prosa ohne Döblin gar nicht mehr vorstellen, er sei sein Schüler und Nachfolger.[60] Peter Rühmkorf schrieb, erst Döblin habe den modernen deutschen Roman »spannend gemacht«. Döblins »experimenteller Realismus« sei für ihn, Rühmkorf, zum »lebensbegleitenden Ideal« geworden.[61] Auch Uwe Johnson hat auf seine Art aus dem Buch »Berlin Alexanderplatz« Nutzen gezogen. Und Hubert Fichtes Hamburg-Bild in seinem Roman »Die Palette« hätte es ohne »Berlin Alexanderplatz« wohl kaum so gegeben.

Einer war sich der Bedeutung Alfred Döblins und seines Hauptwerks bewußt – er selber. 1938 schrieb er in einem Brief: »Man lernt von mir und wird noch mehr lernen.« Er hat recht behalten.

ROBERT MUSIL

Der Zusammenbruch eines großen Erzählers

Was man sagt, stimmt nie, das Phänomen
ist immer vielseitiger als die Kritik.

ROBERT MUSIL

Die veröffentlichten Briefe und Tagebücher Robert Musils reichen von seiner Jugend bis zu den letzten Tagen seines Lebens; er starb 1942 im Alter von einundsechzig Jahren. Sie umfassen zusammen mit Anmerkungen und Verweisen über viertausendachthundert eng bedruckte Seiten. »Seines Fleißes« – sagt Lessing – »darf sich jedermann rühmen.«[1] Also tue ich es: Ja, ich habe sie, diese Briefe und Tagebücher und viele andere Selbstzeugnisse Musils tatsächlich gelesen, allesamt.

Es war, man darf es mir glauben, eine schmerzliche, eine verdrießliche Lektüre. Aber ich habe sie nicht abgebrochen, nicht aufgegeben – ungeachtet vieler Versuchungen und Anfechtungen. Warum wohl? Aus Eigensinn und Trotz? Aus Wißbegier? Gewiß, aber doch eher aus Pflichtgefühl und auch in der Hoffnung, mein Urteil werde nach Kenntnis der Briefe und der Journale gerechter ausfallen – mein Urteil über Musil, zumal über die beiden Bücher, auf denen sein Ansehen zu Lebzeiten beruhte und die seinen außerordentlichen Nachruhm begründet haben, also über die Erzählung »Die Verwirrungen des Zöglings Törless« und über den Roman »Der Mann ohne Eigenschaften«. Mit anderen Worten: Ich hoffte, diese beiden Bücher besser verstehen zu können.

Am Ende war ich betrübt, ich empfand Zorn und sogar Abscheu, freilich auch Mitleid. Der sich hier jahrzehntelang unermüdlich äußerte, war ein unglücklicher Mensch, einerseits willensstark und andererseits sehr schwach, extrem introvertiert und offensichtlich manisch veranlagt, auf jeden Fall ein Besessener, ein Fanatiker. Von Obsessionen wurde er gejagt und gehetzt – und er konnte sich ihrer meist nicht erwehren. Mehr noch: Vieles weist darauf hin, daß Musil bisweilen in hohem Maße verwirrt war.

Eine seiner frühesten Eintragungen lautet: »Tagebücher? Ein Zeichen der Zeit. So viele Tagebücher werden veröffentlicht. Es ist die bequemste, zuchtloseste Form.«[2] Das trifft zu, nur will mir nicht einleuchten, daß hier die Verwendung des Begriffs »Zeichen der Zeit« ganz gerechtfertigt ist. So war es doch seit eh und je: Jemand schreibt ein Datum und notiert dann, was ihm gerade einfällt – und schon hat er ein Manuskript, schon hält er sich für den Autor eines gerade begonnenen literarischen Werks. Wer nicht schreiben kann, kann doch zumindest ein Tagebuch verfassen. Es unterliegt nicht den geringsten Regeln, es ist tatsächlich zuchtlos und sehr bequem.

Natürlich hat Musil das alles gewußt, aber schon von Jugend an war er nicht imstande, seine Obsessivität wenigstens einigermaßen unter Kontrolle zu halten, also seine Schreibmanie zu beherrschen. So konnte ihn die Verachtung der Tagebuchform nicht daran hindern, unzählige Seiten mit oft dunklen und wirren, wenn nicht ganz unverständlichen Aufzeichnungen aller Art zu bedecken. Hier verbirgt sich das zentrale Problem seines Lebens: Es ist Musils Unfähigkeit, die Art, die Möglichkeiten und die Grenzen seines Talents zu erkennen und daraus die praktischen Konsequenzen zu ziehen, die Unfähigkeit also, das, was er gewollt und geplant hat, auch zu verwirklichen.

Sein schriftstellerischer Weg begann etwas später als damals üblich: Er war schon fünfundzwanzig Jahre alt, als 1906 sein erstes Buch erschien. Zunächst sollte er Offizier werden, entdeckte während der Ausbildung aber sein Interesse an Technischem und wandte sich vom Militärischen ab. Er studierte Maschinenbau, wurde Ingenieur und bekleidete einen kleinen Posten als Volontärassistent an der Technischen Hochschule Stuttgart, dann widmete er sich der Philosophie und der Psychologie und befaßte sich sehr bald auch mit Physik und Mathematik. Wie man sieht, wußte er nicht recht, womit er sich beschäftigen und was er werden sollte. Zur Literatur habe ihn, behauptet er, nichts anderes als die Langeweile getrieben. Während seiner Tätigkeit in Stuttgart begann er zu schreiben. Der Stoff habe sich gleichsam von selber angeboten: seine Erlebnisse als Schüler der Militär-Oberrealschule in Mährisch-Weiskirchen. So sei der »Törless« entstanden.

Das stimmt schon, aber einen wichtigen Umstand, der ihn diesen Stoff aufgreifen ließ oder der zumindest unbewußt eine Rolle gespielt hat, erwähnt Musil nicht. Das Thema ist seit etwa 1890 an der Zeit, es liegt in der Luft: Sehr unterschiedlich behandelt, wird es immer beliebter und erfolgreicher. Die jüngeren Autoren, die in diesen Jahren zum Zuge gekommen sind, zeigen in deutlich autobiographisch geprägten Erzählungen und Romanen und gelegentlich auch in Theaterstücken die Welt immer häufiger am Beispiel von Halbwüchsigen, die sich im Leben nicht zurechtfinden können.

Auf sie alle trifft die schöne Hofmannsthal-Formel aus dem Jahre 1892 zu: »Frühgereift und zart und traurig«. Von den Erwachsenen im Stich gelassen, geraten sie auf Abwege, fliehen, oder versuchen es jedenfalls, und gehen schließlich unter, oft verüben sie Selbstmord. Die Schule – sei es das preußische Gymnasium, das österreichische Internat oder ein schwäbisches Klosterseminar – symbolisiert die engstirnige und verlogene Gesellschaft jener Epoche. Meist wird den herzlosen Erwachsenen, ob nun Väter oder Lehrer, vorgeworfen, ihnen sei nur daran gelegen, autoritätshörige Bürger heranzuzüchten.

Ohne es geahnt oder gar gewußt zu haben, geht Conrad Ferdinand Meyer mit seiner in den achtziger Jahren entstandenen Novelle »Leiden eines Knaben« dieser neuen Literatur voran, vorerst freilich im historischen Kostüm. In Wedekinds Drama »Frühlings Erwachen«, nur wenig später geschrieben, doch erst viel später (1906) aufgeführt, werden die Bürger nicht mehr geschont, sondern provoziert: Die Pubertätsnöte, zumal die Sexualleiden der Jugendlichen, sind in diesem Stück mit einer bis dahin unbekannten Deutlichkeit und Schärfe dargestellt. Rilkes frühe Geschichte »Die Turnstunde« spielt in einer Kadettenanstalt: Was hier als leidenschaftsloser Rapport geboten wird, ist ein episches Pamphlet gegen die zeitüblichen Erziehungsmethoden.

Nach der Jahrhundertwende erscheinen die Schülertragödien in rascher Folge. Zu nennen sind vor allem »Freund Hein« von Emil Strauss, Heinrich Manns »Professor Unrat« und Hesses »Unterm Rad«. Mehrere ähnliche Bücher – etwa Friedrich Huchs feinfühliger Roman »Mao« – wurden damals viel gelesen und sind inzwischen in Vergessenheit geraten; und es gibt dieses Thema auch auf der höchsten Ebene der deutschen Literatur jener Zeit – in der Geschichte des Hanno Buddenbrook.

Besonders bemerkenswert ist eine Erzählung Ernst von Wildenbruchs, eines Schriftstellers, der mit der modernen Literatur dieser Zeit nichts gemein hatte und dessen Namen man heute nicht mehr kennt. Er schrieb vor allem patriotische Dramen, über die sich Fontane oft und meist abfällig äußerte. Aber Wildenbruchs erheblich früher, schon 1893, entstandene Erzählung »Das edle Blut« wurde am Anfang des neuen Jahrhunderts außerordentlich populär und blieb es mindestens bis zum Ersten Weltkrieg. Noch in meiner Jugend, in den dreißiger Jahren, hat man sie nicht selten gelesen, auch mich hat sie damals ein wenig gerührt.

Wildenbruch erzählt von einem Vorfall in einer Berliner Kadettenanstalt. Einer der Kadetten wird bestohlen. Die Aufregung ist groß, doch bald gelingt es den Kadetten, die Sache aufzudecken. Als Missetäter erweist sich einer von ihnen selbst. Es findet eine heimliche, eine nächtliche Beratung statt. Was tun? Den Schuldigen anzeigen oder ihn bestrafen?

Die Kadetten entscheiden sich für die Selbstjustiz, für eine Art Femegericht. Man beschließt die körperliche Züchtigung des Diebes, die der Bestohlene, der Stärkste in der Klasse und brutal obendrein, eigenhändig vollziehen soll. Er tut es nicht ohne Lust. »Der Körper des Geschlagenen wälzte sich förmlich auf dem Tische, so daß die Kadetten ihn kaum an den Händen und Füßen festzuhalten vermochten ... In dem ganzen Saal war eine Totenstille, so daß man nur das Röcheln und Schnaufen des Gestraften hörte ...« Die Anwesenden können das schwer ertragen und rufen: »Jetzt ist's genug – nicht mehr schlagen!«[3] Der sadistische Exekutor schickt sich an, in seiner Tätigkeit fortzufahren, wird aber von seinen Kameraden daran gehindert.

Der Verlauf der Handlung des »Törless« weist viele unverkennbare Parallelen zu Wildenbruchs Erzählung. Beweisen läßt es sich nicht, doch ist es zumindest sehr wahrscheinlich, daß Musil diese Erzählung kannte und sich von dem Erfolgsbüchlein anregen ließ. Überdies wissen wir, daß er später keine Hemmungen hatte, für den »Mann ohne Eigenschaften« unzählige Passagen von anderen Autoren zu übernehmen, ohne je die Quelle anzugeben. Auch er dachte, ähnlich wie Brecht, »in Sachen des geistigen Eigentums ganz lax«.[4]

Natürlich: »Das edle Blut« und »Die Verwirrungen des

Zöglings Törless« stammen, obwohl nur zwölf Jahre die beiden Bücher trennen, aus zwei verschiedenen Epochen der
deutschen Literatur. Wildenbruch läßt seine dramatische
Geschichte mit einem Knalleffekt enden, aber er erzählt
beschaulich und betulich. Das Büchlein ist noch ganz dem
neunzehnten Jahrhundert verpflichtet, beeinflußt von Autoren wie Storm oder Raabe, vielleicht auch von Gustav
Freytag. Letztlich rühmt es, sentimental und pathetisch, die
Ordnung in der preußischen Militärschule: Der Sadismus
wird von der Gemeinschaft gebremst.

Thomas Mann hat einmal in einem Rückblick auf die
Entwicklung der modernen Erzählungskunst bemerkt: »Der
Blick auf das Leben ist kälter geworden, die Ironie geistiger,
das Wort präziser, der Gesamthabitus ungemütlicher, künstlerischer und weltläufiger – man spürt die Europäisierung
der deutschen Prosa seit 1900.«[5] Lassen sich diese Vokabeln
auch auf den »Törless« beziehen?

Musil war damals ein traditioneller Erzähler, der aber vom
Behaglichen nichts wissen wollte und der das Leben, zumal
seine Personen, anders sah als seine Vorgänger. Nur hat er, das
fällt sofort auf, vorerst keinen sprachlichen, keinen künstlerischen Ehrgeiz. In einer Tagebuchnotiz sagt er es selber:
Er spricht vom »gräßlichen Stil« des »Törless«. Das klingt
kokett, ist aber nicht ganz falsch. Immerhin hat die Kritik
gelegentlich auf die gar nicht seltenen sprachlichen Entgleisungen in dieser Erzählung hingewiesen und sie mit dem
jugendlichen Alter des Autors zu erklären versucht. Freilich
gibt es auch im »Mann ohne Eigenschaften« Formulierungen und Passagen, die auf erstaunliche Nachlässigkeit und
sogar auf Geschmacklosigkeit schließen lassen.

Gleichwohl zeugt der »Törless« von jener von Thomas
Mann beschworenen Europäisierung der deutschen Literatur nach 1900, jener Europäisierung, die zugleich ihre Re-

volutionierung war. Davon zeugt im »Törless« die nicht
immer sorgfältige, doch kühle und nüchterne Darstellung,
die psychologische Einsichten, gesellschaftskritische Akzente
und gleichnishafte Situationen meist suggestiv beglaubigt.

Was Musil zur sympathischen Sachlichkeit und zur Genauigkeit führt, mitunter zum Protokoll und zum Bericht, ist
das Mißtrauen gegen die Worte, dieser fundamentale Zweifel
einer ganzen Generation. Zwar erzählt er im »Törless«,
durchaus der Tradition verpflichtet, in der dritten Person,
aber in der Regel begrenzt er die Perspektive auf die Sicht
und die Erfahrungen seines jugendlichen Helden. Damit
beschreitet er einen Weg, den wenige Jahre später Kafka,
Benn und Döblin gegangen sind, auch Stefan Heym und
Sternheim.

Mit den Generationsgenossen hat er, bei allen unüberseh-
baren Unterschieden, viel gemein – vor allem das dringende
Bedürfnis, koste es, was es wolle, mit dem, so Musil, sanften,
geistigen »Postkutschenrhythmus«[6] Schluß zu machen und
die »alte Naivität des Erzählens«[7] zu überwinden. Die Lösung
oder gar Erlösung wird jenseits der Kunst gesucht: »Aller
seelische Wagemut liegt heute« – meint Musil 1912 – »in den
exakten Wissenschaften.«[8] Und wie Schnitzler und Döblin
und etwas später auch Benn ausgiebig von ihren medizini-
schen Kenntnissen profitieren, so kommen Broch und Musil
ihre mathematischen und technischen Studien zugute.

Erlösung also durch Wissenschaft – so ganz neu ist das nun
wieder nicht. Schon die Romantiker waren von dieser Idee
fasziniert. Friedrich Schlegel hatte einst vorausgesagt und
gefordert: »Je mehr die Poesie Wissenschaft wird, je mehr
wird sie auch Kunst.«[9] Die Verbindung von Phantasie und
Kalkül, von Vision und Rationalität ist sowohl im »Törless«
als auch in anderen frühen Erzählungen Musils einleuchtend
und überzeugend.

Aber letztlich ist es nicht diese Verbindung, die den »Törless« bedeutend und originell macht. Über die Darstellung der Nöte der Halbwüchsigen in den etwa gleichzeitig veröffentlichten Romanen und Erzählungen anderer deutscher Schriftsteller weit hinausgehend, vermochte Musil auf ein in der deutschen Literatur noch unentdecktes Gebiet vorzustoßen: Er zeigte und verdeutlichte, wie Intellektualität zum Sadismus führen kann und der Ästhetizismus zum Terror. Das Bedürfnis nach Züchtigung, Unterwerfung und Demütigung des Mitmenschen, die Brutalität der Jugendlichen, den Zusammenhang zwischen bestimmten pubertären Veranlagungen und totalitären oder zumindest dem totalitären Geist angenäherten Institutionen, den sexuell motivierten Masochismus und Sadismus – das alles hat niemand so bewußt gemacht wie der junge Musil, jedenfalls kein Erzähler. »Du mußt mir in allem, was ich unternehme, Gefolgschaft leisten … nicht nur, wenn es *dir* Vergnügen macht. Du mußt ausführen, was immer ich will, – in blindem Gehorsam!« – so im »Törless« Reiting zu Basini. Und ein anderer Kadett, Beineberg, gesteht ganz offen: »Ich will ihn … nun sagen wir einmal …: quälen.«[10]

Musil rühmte sich in den späten dreißiger Jahren, die Triebgrundlagen der nationalsozialistischen Henker in seinem »Törless« vorweggenommen zu haben. Das trifft zu und ist nicht übertrieben. Nur sollte man sich hüten, die Militärschule, in der Törless und seine Kameraden leiden, gleich (wie das manche Kritiker getan haben) als Modell der Gesellschaft in künftigen totalitären Staaten aufzufassen. Sie erweist sich eher als Keim und Brutstätte dieser Staaten – und das ist schon sehr viel.

Auch die Entfremdung und Einsamkeit des Intellektuellen in der bürgerlichen Gesellschaft ist in der Geschichte des Zöglings Törless unmißverständlich vorgeprägt. Hier war

Musil ein Wegbereiter der Moderne. Auch in den Büchern anderer zeitgenössischer Autoren, die gegen die damaligen Erziehungsmethoden rebellierten und von Schülertragödien erzählten, finden sich manche der Motive Musils wieder, aber im »Törless« ist das alles schärfer und härter, entschiedener.

Zum Erfolg des Buches haben überdies die in ihm behandelten sexuellen Motive beigetragen. Im Mittelpunkt steht ja vor allem die Geschichte eines Halbwüchsigen, bei dem sich immer wieder »etwas Geschlechtliches unvermutet und ohne rechten Zusammenhang zwischen seine Gedanken drängte«.[11]

Wie kann man nun dem Sexuellen mit der Sprache beikommen? Das ist die Frage, die Musil in jener Zeit und auch noch in späteren Jahren interessiert und irritiert. »Bisher suchte ich das Unsagbare mit geraden, tastenden Worten« – heißt es 1905 in seinem Tagebuch.[12] In einem Aufsatz aus dem Jahre 1912 sieht er die Aufgabe, die er sich stellt, ganz klar: »Das Gestalten des Erzählers hat nur Platz als ein Mittleres zwischen Begrifflichkeit und Konkretheit.«[13]

Zielt Musil hier auf eine Synthese? Dagegen ließe sich nichts einwenden. Nur heißt es im selben Aufsatz auch: Das Erzählen sei heute »das dienende Mittel des begriffsstarken Menschen, sich an Gefühlserkenntnisse und Denkerschütterungen heranzuschleichen ... Die Realität, die man schildert, ist der Vorwand dazu.«[14] Schon hier kommt jene sich später fatal auswirkende Neigung Musils zum Vorschein, das Künstlerische und das Begriffliche getrennt zu betrachten und das Künstlerische, das Erzählerische, lediglich für einen Motor, ein Transportmittel zu halten oder als Werkzeug zu benutzen, das geeignet ist, Erkenntnisse zu gewinnen.

Immerhin: Seine Versuche, sich mit der Sprache »an Gefühlserkenntnisse und Denkerschütterungen heranzuschleichen«, fallen im »Törless« bei verschiedenen Gelegenheiten auf, auch wenn sie im Bereich des Sexuellen noch in bescheidenen Grenzen bleiben. Ungleich ergiebiger sind diese Bemühungen in den drei meist unterschätzten Erzählungen Musils aus den Jahren 1908 bis 1911, also im »Verzauberten Haus« und in den »Vereinigungen«. Zugleich wird hier das Ungenügen an der überkommenen Art der epischen Darstellung nicht beklagt, sondern tatsächlich überwunden.

In der französischen Literatur des neunzehnten Jahrhunderts kommt dem Sexuellen zwar eine bedeutsame Rolle zu, aber der Geschlechtsakt bleibt letztlich doch ausgespart – bis hin zu Flaubert, Zola und Maupassant. Ähnliches gilt in noch höherem Maße für den deutschen Roman des neunzehnten Jahrhunderts. Auf die körperliche Liebe wird nicht selten angespielt, dargestellt wird sie nicht – auch nicht von Fontane. Weil es die Öffentlichkeit nicht zulassen würde? Oder weil die Autoren nicht recht wußten, wie sie es tun sollten?

Der junge Musil will sich nicht damit abfinden, daß der Geschlechtsakt nur angedeutet wird, daß man ihn nicht sehen soll, sondern bloß ahnen. Er versucht gerade das zu erkunden und zum Vorschein zu bringen, was sich bis dahin dem Zugriff der Literatur entzogen hatte. Er möchte die Dämmerung der Seele vertreiben.

Bei Friedrich Schlegel entzückte mich einst ein knappes und sehr aufschlußreiches Urteil: »Dem Ariosto ists nicht Ernst genug mit der Wollust.«[15] Der junge Musil nimmt sich dieses Themas mit großem Ernst und mit Entschiedenheit an. Er hat vor allem die psychischen Begleitumstände des Sexuellen im Sinn, er will, wie er selber sagt, »die äußersten Heimlichkeiten des Leides und der Lust« aufdecken und spürbar machen, es geht ihm – wie es in seiner »Versuchung der stillen Veronika« heißt – um die »Dinge, die sichtbar hinter dem Horizont unseres Bewußtseins vorbeigleiten«[16].

So findet Musil den Ausdruck für unterschiedlichste Empfindungen und flüchtigste Gedanken, für Momente des Glücks und der Enttäuschung, für die Ekstase und den Überdruß. Bei aller Sachlichkeit und Präzision haftet aber seiner Darstellung dieser subtilen Reize und Regungen, dieser Qualen und Seligkeiten nichts Distanziertes oder Kühles an: Der hier dem Rausch, dem Taumel und der Entrücktheit auf der Spur ist, wird immer wieder von seiner Neugierde beflügelt und auch von dem Bedürfnis, gegen Tabus jeglicher Art zu protestieren; und er denkt nicht daran, seine ständige Erregung zu verbergen.

Für diese neuartige und extreme Prosa, die den »Törless« an Schärfe und Verwegenheit weit übertraf, hatte die Kritik kein Verständnis: Mit dem »Verzauberten Haus« und den »Vereinigungen« war das Publikum offensichtlich überfordert. Musil wurde kaum wahrgenommen. Ein erfolgloser Schriftsteller blieb er bis zum Ende seines Lebens. Die Novellen »Drei Frauen« (1924), weder so kühn noch so originell wie seine Erzählungen aus der Zeit vor dem Ersten Weltkrieg, wurden respektiert und bisweilen auch gelobt, aber fanden nur wenige Leser. Ähnliches gilt für seine beiden Bühnenwerke.

Und auch die noch zu Musils Lebzeiten veröffentlichten Bände seines Hauptwerks, des Romans »Der Mann ohne Eigenschaften«, konnten an der fatalen Situation des Autors nicht viel ändern: Der erste Band (1930) wurde von der Kritik teils gerühmt, teils ignoriert, vom zweiten kann man nicht einmal sagen, er hätte die Kritik gespalten: Unmittelbar vor Hitlers Machtübernahme, also in einem höchst ungünstigen Augenblick publiziert, konnte er schwerlich ein stärkeres Echo haben.

Erst nach dem Zweiten Weltkrieg, insbesondere in den sechziger Jahren, wurde Musil endlich anerkannt und sehr bald auch berühmt. Es erschienen mehrere nützliche Taschenbuchausgaben und eine beträchtliche Anzahl nicht immer nützlicher wissenschaftlicher Arbeiten, die aus der Feder einiger überaus eifriger und fleißiger Germanisten stammten. Doch zum Interesse an Musil hat nicht unbedingt das bald schon beängstigende Anwachsen der Sekundärliteratur beigetragen. Eine große Rolle spielten hier zwei eher nicht-literarische Umstände: ein Film und ein kleiner Skandal.

1965 machte der Film »Der junge Törless« zum ersten Mal das breite Publikum mit einem Werk Musils vertraut. Das war eine verdienstvolle Tat, zumal der Regisseur Volker Schlöndorff die wesentlichen Elemente der literarischen Vorlage beibehalten und vorzüglich ins Visuelle übertragen hat. Manche Motive – vor allem die sadistischen, die präfaschistischen Züge – wurden auf unaufdringlich-einleuchtende, auf suggestive Weise augenscheinlich. Dieser Verfilmung, die übrigens weder verblaßt noch überholt ist, verdankte Musils Erstling Zehntausende neuer Leser: Der »Törless« gehörte jahrelang zu den meistgelesenen Büchern der deutschen Literatur aus der Zeit vor dem Ersten Weltkrieg.

Im Jahre 1968 geriet der Name Musil abermals, wenn auch nur für kurze Zeit, in den Mittelpunkt der öffentlichen Aufmerksamkeit. Die Angelegenheit hatte einen ungewöhnlichen Grund: Ein Lausbubenstreich richtete einige Aufregung an und verhalf der literarischen Welt, ohne daß dies ernsthaft beabsichtigt worden wäre, zu überraschenden Einsichten in Sachen Musil. Freilich waren die Lausbuben intelligente und witzige Leute und von Beruf Redakteure der satirischen Zeitschrift »Pardon«.

Diese munteren Herren unterschiedlichen Alters kamen auf eine originelle Idee: Sie verschickten an vierzehn bekannte

Schriftsteller, Kritiker und Literaturwissenschaftler, darunter
zwei prominente Professoren der Germanistik, sowie an zwei-
unddreißig deutsche, österreichische und Schweizer Verlage
ein Manuskript von acht Maschinenseiten. Es handelte sich
um einen Auszug aus einem umfangreichen Roman. An ihm
habe der Absender, ein »Technischer Abteilungsleiter«, seit
Jahren in seiner Freizeit gearbeitet. Dies behauptete er jedenfalls in seinem Brief, in dem er die Adressaten höflichst um
die Beurteilung des Manuskripts bat.

»Pardon« erhielt sechsunddreißig Antworten. Nun stammte
aber der verschickte Text aus dem »Mann ohne Eigenschaften« – und es waren nicht etwa periphere oder atypische
Szenen. Die Vornamen der auftretenden Personen hatte
die Redaktion ausgetauscht, sonst aber nur zwei oder drei
Kleinigkeiten geändert, weil sie allzu deutlich auf die tat-
sächliche Zeit der Entstehung dieser Prosa verwiesen. Hier
einige Absätze aus dem verschickten Text:

»Gerda fühlte die Männlichkeit, die aus diesem Arm auf sie
wirkte, den Rücken hinab; sie hatte den Kopf gesenkt und
blickte eigensinnig in ihren Schoß, als hielte sie dort wie in
einer Schürze die Gedanken beisammen, durch deren Hilfe
sie mit Ulrich ›menschlich zusammenfinden‹ wolle, ehe das
geschehen dürfe, was erst die Krönung sein sollte; aber es
kam ihr vor, daß ihr Gesicht immer blöder und leerer werde,
und wie eine leere Schale schwebte es schließlich empor
und lag mit den Augen unter den Augen des Verführers ...

Sie suchte nach Worten um zu sagen, daß sie keinen
Vorteil wolle, sondern nur sich schenken; diese Worte fand
sie nicht, sagte zu sich: ›Es muß sein!‹ und öffnete den
Kragen ihres Kleides.

Ulrich hatte sie losgelassen; er brachte es nicht über sich,
den zarten Beistand der Liebe beim Entkleiden zu leisten ...
Sie sah sich einen Augenblick lang mit ihm in einem gren-

zenlosen Feld von Kerzen stehen, die wie Reihen Stief-
mütterchen im Boden staken und auf ein einziges Zeichen
zu ihren Füßen aufflammten... Ihr Arme zitterten, sie war
nicht imstande, sich zu Ende zu entkleiden, und ihre blut-
losen Lippen schlossen sich fest aneinander, um nicht unheimlich wortleere Bewegungen auszuführen.

Bei diesem Stand der Dinge trat Ulrich, der ihre Qual und
die Gefahr bemerkte, daß alles zunichte werden könnte, das
mit so viel Überwindung bis hieher gefördert worden war,
auf sie zu und löste ihr Achselband.«[17]

Kein einziger der sechsunddreißig Adressaten, die auf die
Zusendung der Manuskriptprobe reagierten, hat Robert
Musil als Autor dieses Texts erkannt. In den meisten Ant-
worten wurde die Arbeit entschieden abgelehnt – in der
Regel mit höhnischen und entrüsteten, mit vernichtenden
Bemerkungen. Beanstandet wurden vor allem die falsche
Sentimentalität und die »primitive Ausdrucksweise«. Das sei,
liest man in einem der Antwortbriefe, das »Niveau eines
üblichen Unterhaltungsromans ohne Anspruch«. Auch der
Rowohlt Verlag, bei dem der »Mann ohne Eigenschaften«
erschienen war (der erste Band 1931, der zweite 1933, die
erste Nachkriegsausgabe 1952) und in den folgenden Jahren
mehrfach neu gedruckt wurde, wollte von der ihm zuge-
schickten Romanprobe nichts wissen.

Diese, man wird zugeben, erstaunlichen sechsunddreißig
Briefe lassen die Redaktion der Zeitschrift »Pardon« eine
naheliegende Frage stellen: »Sollte Musil 1931 und 1952 von
allen überschätzt worden sein? Sollte die jüngste Kritik
berechtigter sein als das frühere Lob?«[18] Nun wird niemand
zu behaupten wagen, wir hätten es hier mit guter Prosa zu
tun. Im Gegenteil: Dem Verlagslektor, der ohne Umstände
schrieb, dieser Text eines unbekannten Autors »grenze an
Kitsch«, läßt sich nicht widersprechen.

Die Kommentatoren der großen Zeitungen waren empört. Aber nicht etwa über die Qualität der beiden von der Redaktion miteinander verbundenen Kapitel aus dem »Mann ohne Eigenschaften«, vielmehr versuchten sie jene Kollegen zu rechtfertigen, die Musils Prosa nicht identifiziert und hochmütig verworfen hatten. Ja, sie gingen so weit, sie zu verteidigen. Der Literaturchef der »Frankfurter Allgemeinen Zeitung«, Karl Heinz Bohrer, meinte allen Ernstes, es herrsche in diesem Text »jene fremd gewordene und befremdende Mischung von knabenhafter Enthaltsamkeit und geistiger Überspanntheit, zusammen einen mystischen Zustand erreichend«. Er spricht – und zwar ganz ohne Ironie – von Formulierungen, »die man erst dann schön findet, wenn man weiß, daß es sich um Musils Prosa handelt«[19].

Entwaffnend ist auch der Kommentar von Dieter E. Zimmer, der damals Literaturchef der »Zeit« war. Er zeigte sich beleidigt und gekränkt, er behauptete, »daß eine Romanepisode für sich etwas anderes ist als im Zusammenhang; daß sich Romane also nicht beliebig zerstückeln lassen«[20]. Das ist einerseits banal und andererseits verfehlt. Natürlich kann jede Romanepisode auch eine Funktion haben, die sich nur begreifen läßt, wenn man das Ganze kennt. Ferner: Auch hervorragenden Schriftstellern können in Ausnahmefällen peinliche Sätze unterlaufen oder vielleicht sogar einzelne Passagen verunglücken. Doch Episoden im Umfang von einigen Seiten, die sich unzweifelhaft der Kitschzone nähern, gibt es bei solchen Autoren niemals: weder bei Thomas Mann oder Kafka noch bei Schnitzler oder Joseph Roth – und auch nicht beim jungen Musil, wohl aber (und keineswegs selten) im »Mann ohne Eigenschaften«.

Sprachliche Entgleisungen, Stilblüten finden sich in diesem Roman immer wieder, in erzählenden ebenso wie in journalistischen oder philosophischen Abschnitten, übrigens

besonders häufig, wenn von Frauen die Rede ist. Hier einige
kurze Beispiele ohne Kommentar. Sie stammen nicht etwa
aus den Nachlaßteilen des Romans, sondern allesamt aus
dem ersten, von Musil selber zur Veröffentlichung freigege-
benen Band:

»Ein kleines Stubenmädchen mit träumerischen Augen
begleitete ihn. Im Dunkel des Vorzimmers waren ihre Augen
wie ein schwarzer Schmetterling gewesen, als sie zum erstenmal an ihm emporflatterten; jetzt beim Fortgehn sanken sie
durch das Dunkel wie schwarze Schneeflocken.«[21] – »Er
mußte sich bemühen, ihr Bild rasch wieder auf die selige
Gewißheit des Irgendwo-für-ihn-da-Seins einer großen Geliebten zu ermäßigen.«[22] – »Ihre hilflose und obszöne Lage,
halb entblößt auf einem Diwan allen Beleidigungen preis-
gegeben zu sein, beschämte sie. Sie richtete sich ohne
Besinnen auf und ergriff ihre Kleider. Aber das Raschelnde,
Rauschende der seidenen Kelche, in die sie zurückschlupfte,
bewog Ulrich nicht zur Reue.«[23] – »Ulrich fühlte zuweilen
mit aller Eindringlichkeit, daß Diotima sehr schön sei. Sie
kam ihm dann wie ein junges, hohes, volles Rind von guter
Rasse vor, sicher wandelnd und mit tiefem Blick die trockenen Gräser betrachtend, die es ausrupfte ... Die berühmte
Gattin des vielberaunten Sektionschefs Tuzzi verflüchtigte
sich sodann aus ihrem Körper, und es blieb nur dieser selbst
übrig wie ein Traum, der samt Polster, Bett und Träumen-
dem zu einer weißen Wolke wird, die mit ihrer Zärtlichkeit
ganz allein auf der Welt ist.«[24]

Warum beschäftigen sich Kritik und Literaturwissenschaft
so gut wie nie mit Musils Stil? Warum geht man fast ausschließlich auf die inhaltlichen Elemente im »Mann ohne
Eigenschaften« ein? Warum mußte sich erst eine satirische
Zeitschrift dieser Sache annehmen? Deren letztlich sehr
verdienstvolle Aktion hat bewiesen, daß der »Mann ohne

Eigenschaften« ein Werk ist, das zwar immer wieder respektvoll erwähnt und bisweilen ausgiebig gelobt, doch nicht gelesen wird. Ein Roman, so berühmt wie unbekannt. Liegt das am Werk selber? Nicht nur. Der gigantische Roman stellt außergewöhnliche Ansprüche an die Geduld und die Konzentrationsfähigkeit der Leser. Nun ja, Musil ist schon ein schwieriger Schriftsteller. Nur wurde der Zugang zu seinem Hauptwerk noch zusätzlich erschwert. Wo sind die Missetäter zu finden?

Im Laufe der sechziger und siebziger Jahre des vorigen Jahrhunderts hat sich eine kleine, aber rührige, eine weltweite und auf ihre Weise sehr tüchtige Industrie entwickelt: die Robert-Musil-Industrie. Ähnliche Industriezweige gab es schon vorher und gibt es immer noch. Sie beschäftigen sich mit Thomas Mann, mit Kafka oder Brecht. Die Angehörigen auch dieser Industriezweige werden nicht müde, ihre Helden auf möglichst hohen Sockeln unterzubringen. Aber sie sind doch toleranter als die Musil-Forschung, die hartnäckig dem Grundsatz huldigt: »Du sollst keine anderen Götter haben neben mir.«

Wenn man manche dieser literaturwissenschaftlichen Arbeiten liest, kann man sich des Eindrucks nicht erwehren, daß ihre Autoren das Vorzügliche, das es in Musils Prosa doch auch gibt, überhaupt nicht spüren und das Unerträgliche, an dem es im »Mann ohne Eigenschaften« ebenfalls nicht mangelt, konsequent übersehen. So wurde der Roman allmählich mit Stacheldraht umgeben, oder doch mit einem Verteidigungswall, auf dem hier und da sogar eine kleine österreichische Fahne weht. Steht Musils Werk unter Denkmalschutz?

Der »Mann ohne Eigenschaften« gleicht – das läßt sich nicht verschweigen – einer Wüste mit schönen Oasen. Die Wanderung von einer Oase zur nächsten ist bisweilen qual-

voll. Wer nicht Masochist ist, der muß früher oder später
kapitulieren. Was also tun? Diese Frage stellte ich am 6. November 1980, dem hundertsten Geburtstag Musils, in der
»Frankfurter Allgemeinen Zeitung«.

Wir sollten uns – meinte ich damals – nicht damit abfinden, daß es den Roman nur in der 1978 erschienenen und
nach Ansicht vieler Spezialisten von Adolf Frisé mustergültig
betreuten Neuausgabe gibt. Die Edition umfaßt 2172 Seiten
und mag für die Wissenschaft von großer Bedeutung sein.
Doch könne sie, schrieb ich, dem Roman schwerlich neue
Leser gewinnen. Es sei aber durchaus möglich, Musils Hauptwerk aus seiner Verbannung in die Oberseminare zu erlösen.
Nur müsse man den Mut haben, die wichtigsten Episoden
und Szenen auszuwählen und in einem Band von etwa vier-
hundert bis fünfhundert Seiten zusammenzustellen.

Dies, glaubte ich, sei der einzige Weg, das riesige Fragment
vom Musealen zu befreien. Der Artikel endete mit einem
Aufruf: »Rettet den ›Mann ohne Eigenschaften‹.« Neun
deutsche Schriftsteller – Romanciers und Essayisten – wurden gebeten, sich zu dieser Frage und dem Vorschlag zu
äußern: Manfred Bieler, Horst Bienek, Günter Blöcker,
Hermann Burger, Peter Härtling, Walter Jens, Wolfgang
Koeppen, Siegfried Lenz und Golo Mann.[25]

Wolfgang Koeppen vergleicht den Roman mit einem er-
schreckenden Gebirge und spricht von »langweiligen Strek-
ken«. Aber eine gekürzte Ausgabe oder eine Auswahl sei kein
guter Weg, sei eine »Verletzung der Dichtung«. Günter Blöcker
spricht zwar von einem »Zettelwerk, in das der mächtige
Torso ausläuft«, hält aber das Buch für einen Lebensbegleiter,
den man »per Querschnitt oder in Gestalt einer Blütenlese«
nicht haben könne. Etwas wirr ist die Antwort von Walter
Jens: Ein »auf Lesbarkeit getrimmter ›Mann ohne Eigenschaften‹« sei »eine Schreckensgestalt«. Er protestiert energisch

gegen ein »Lesebuch«, um am Ende eben doch ein Lesebuch, eine rigoros gekürzte Ausgabe, zu empfehlen, nämlich eine mit einem verbindenden Text versehene Collage des zentralen erotischen Handlungsstrangs – Titel: »Ulrich und Agathe«.

Siegfried Lenz berichtet, er habe vor einem Vierteljahrhundert nach der Lektüre von etwa einem Drittel der damals erhältlichen Ausgabe, Umfang rund 1600 Seiten, »schlechten Gewissens« kapituliert, sei aber auf jeden Fall, also ohne das Ganze zu kennen, gegen das vorgeschlagene Lesebuch. Horst Bienek gibt zu, den Roman nicht bis zum Ende gelesen zu haben und vermutet, daß dies außer einigen »Berufs-Musilianern« niemandem gelungen sei. Doch von einer gekürzten Ausgabe will auch er nichts hören. Peter Härtling möchte den »Mann ohne Eigenschaften« auf die 1952 erschienenen Teile, rund 1040 Seiten, reduzieren. Manfred Bieler schlägt eine Kompromißlösung vor: Man solle den Roman nicht kürzen, sondern eine Ausgabe von rund 800 Seiten veranstalten – das erste Buch und einen Teil des zweiten. Hermann Burger meint ebenfalls, das Großfragment dürfe man nicht kürzen, befürwortet aber eine Taschenbuchausgabe mit zehn bis fünfzehn Bänden.

Ganz anders als diese acht Autoren urteilt Golo Mann: Er ist überzeugt, Musil sei für die Leser einstweilen »ein großer Name, ein Mythos, an den man glaubt, ohne Genaueres zu wissen«. Er hat keine Bedenken gegen eine gekürzte Ausgabe oder gegen die Präsentation einzelner Stücke. Der »Mann ohne Eigenschaften« sei ein »gewaltiger Steinbruch« und »gerade ein solches Werk« eigne sich für Auszüge.

Und schließlich habe ich den Rowohlt-Verlag, bei dem eine eventuelle gekürzte Ausgabe erscheinen würde, um eine Stellungnahme zu den verschiedenen Vorschlägen gebeten. Der Verlag, der noch nie eine Anfrage der »Frankfurter Allgemeinen Zeitung« unbeantwortet gelassen hatte, hielt es in diesem Fall für richtig, sich in Schweigen zu hüllen. Warum wohl? Fürchtete man etwa die Musil-Experten?

Kurz und gut, es hat sich nichts geändert: Der »Mann ohne Eigenschaften«, erwähnt und gelobt, wenn auch immer seltener, bleibt für das Publikum unzugänglich. Nur ältere Zeitgenossen beteuern, das Buch zu kennen, und rühmen es sofort. Aber ein Gespräch mit ihnen ergibt nichts, denn ihre Lektüre liegt dreißig oder vierzig Jahre zurück – wenn nicht noch länger.

Es stellt sich heraus, daß die Zahl der Bewunderer des Musilschen Romans um ein Vielfaches die Zahl seiner Leser übersteigt.

Und die strengen Damen und Herren, die das Thema Musil an sich gerissen haben, zeichnen sich nicht unbedingt durch Toleranz aus: Wenn es um ihren Meister geht, dulden sie keine Kritik und keinen Spaß. In einem Bericht über eine Tagung der Internationalen Robert-Musil-Gesellschaft, die im Juni 2001 in Saarbrücken stattfand, schreibt der Germanist Wolfgang Schneider, es sei in letzter Zeit »auffallend ruhig« um Musil geworden. Doch für die Musil-Experten sei nach wie vor nur eins umstritten: »Ist Musil der größte Autor der Welt, der größte des deutschen Sprachraums – oder nur der größte Österreichs?«[26]

Auch eine andere Frage ist in dieser Gesellschaft sehr beliebt: Entspricht der Rang Musils dem von Marcel Proust und James Joyce, von Franz Kafka und Thomas Mann? Oder ist es nicht eher so, daß er sie, bei Lichte besehen, allesamt übertrifft? Denn diese Experten lieben es, über Musil kniend zu sprechen, was der kritischen Betrachtung des Gegenstands nicht gerade förderlich ist. Als sich ein amerikanischer Wissenschaftler auf dieser Tagung in Saarbrücken erlaubte, auf gewisse Fragwürdigkeiten in Musils Werk aufmerksam zu machen, war man schweigend empört: Niemand ist auch nur mit einem Sätzchen auf seine Darlegungen eingegangen.

Zu den wichtigsten Publikationen über Musil gehört Eckhard Heftrichs 1986 erschienene Monographie. Der vor allem als Thomas-Mann-Forscher bekannte Germanist untersuchte sein Thema mit frischem Blick. Er erinnerte, daß vielen Interpreten zufolge der »Mann ohne Eigenschaften« schon von seiner Konzeption her unvollendet bleiben mußte: Doch sähen die meisten darin »eher ein Zeichen für die überragende Stellung dieses Autors in der Literatur unseres Jahrhunderts. So wird Musils größte Not in seine größte Tugend umgedeutet.« Da Heftrich natürlich wußte, daß diese These für die Musil-Forscher nicht akzeptabel war, hat er vorsichtshalber gewarnt: »Man sollte doch nicht so weit gehen, einen Zweifel an solcher Verklärung als Unverständnis oder gar als Sakrileg abzutun.« Und: »Skepsis muß auch Musil gegenüber erlaubt sein.«[27]

In der Tat möchten manche Musil-Interpreten das »methodische Zweifeln an allem«, das zumindest seit Descartes nicht in Frage gestellt wird, für Musil außer Kraft setzen. Heftrichs Überlegungen wurden von ihnen konsequent ignoriert, wenn nicht als Skandal empfunden. Zu den vielen Musil gewidmeten Tagungen, Symposien und Colloquien hat man Heftrich nicht eingeladen.

Ursprünglich, also in der Zeit vor dem Ersten Weltkrieg, hatte Musil eine mehr oder weniger stilisierte Autobiographie geplant. Daraus entwickelte sich sehr bald ein anderes Vorhaben: ein Roman über das Leben eines Mannes, der zunächst den symbolischen Namen »Anders« haben sollte, dann jedoch Ulrich genannt wurde. Natürlich sollte es ein autobiographisch geprägter Roman werden. Das Ganze war wohl von vornherein als ein groß angelegter Abgesang gedacht – ein Abgesang auf das habsburgische Österreich, das beispielhaft für die moderne Gesellschaft sein sollte. »Das wahre Österreich« – läßt Musil eine Figur im »Mann ohne Eigenschaften« erklären – »sei die ganze Welt«, es ist sogar die Rede von einem »Weltösterreich«.[28]

Österreich also als pars pro toto? Gewiß, nur hatte Musil ungleich mehr im Sinn. In einem etwa 1938 geschriebenen »curriculum vitae« sagte er über seinen Roman: »Unter dem Vorwand, das letzte Lebensjahr Österreichs zu beschreiben, werden die Sinnfragen der Existenz des modernen Menschen darin aufgeworfen und in einer ganz neuartigen, aber sowohl leicht-ironischen wie philosophisch-tiefen Weise beantwortet.«[29]

Im Unterschied zu anderen Romanen aus dieser Zeit – vom »Zauberberg« und »Prozeß« über »Berlin Alexanderplatz« und »Radetzkymarsch« bis zum »Siebten Kreuz« – muß der »Mann ohne Eigenschaften« ohne eine deutlich umrissene, klar erkennbare Hauptfigur auskommen. Und Ulrich? Über seine Person werden wir von Musil innerhalb des Romans bei verschiedenen Gelegenheiten unterrichtet – und durchaus nicht knapp. Aufschlußreich ist vor allem ein Gespräch über ihn, das Walter und Clarisse führen.

Ulrich sei – erfahren wir da – »ein Mann ohne Eigenschaften«. Befragt, was das denn sei, antwortet Walter: »Nichts. Eben nichts ist das!« Weiter heißt es: »Er kann boxen. Er ist begabt, willenskräftig, vorteilslos, mutig, ausdauernd, draufgängerisch, besonnen – ich will das gar nicht im einzelnen prüfen, er mag alle diese Eigenschaften haben. Denn er hat sie doch nicht!«[30] Ulrich selber muß sich eingestehen, »daß er ein Charakter sei, auch ohne einen zu haben«.[31]

Die vielen Möglichkeiten, die Ulrich in sich birgt und wieder nicht in sich birgt, haben, versteht sich, mit der Konzeption des Romans zu tun. Dies ändert aber nichts an der Tatsache, daß Ulrich, mag er streckenweise ein Selbstporträt des Autors sein oder sich einem solchen nähern, doch nur eine Abstraktion ist und bleibt, letztlich ein Name, dessen sich Musil bedient, wie es ihm gerade paßt. So delegiert er seine Gedanken und Gefühle an diesen Namen, seine Konflikte und Komplexe, seine Hoffnungen und Befürchtungen. Alles, was er im Laufe der Jahre und Jahrzehnte, die die Arbeit an dem Roman in Anspruch nahm, mitteilen oder zeigen wollte, alles, was ihm einfiel, wird ohne Pardon Ulrich zugewiesen. Und obwohl Ulrich kein Schriftsteller ist, muß er sogar über die Aufgaben und Grenzen der Literatur meditieren und an der Beschreibbarkeit der Welt zweifeln.

Auf einen Handlungsrahmen oder ein Motiv im Mittelpunkt wollte Musil nicht verzichten. Da er einen Querschnitt der österreichischen Gesellschaft unmittelbar vor Ausbruch des Ersten Weltkriegs anstrebte, ihm aber einen Querschnitt auch der reichsdeutschen Gesellschaft gegenüberstellen wollte, erfand er zwei gleichzeitig stattfindende Aktionen, eine in Wien und die andere in Berlin. Dort wird für das Jahr 1918 ein Regierungsjubiläum Wilhelm II. vorbereitet. Dem soll das ebenfalls 1918 stattfindende Regierungsjubiläum Kaiser Franz Josephs I. entsprechen, wobei unbedingt zu verhindern sei, daß die österreichischen Feierlichkeiten etwa in den Schatten der deutschen geraten – das wäre »wieder einmal ein Königgrätz«.[32]

Die Wiener patriotische Aktion, »eine hochpatriotische Angelegenheit« und eine »große vaterländische Aktion«[33], müsse somit – das ist ihre »krönende Idee«[34] – »mit den Mitteln eines ganzen Reichs und vor den aufmerksamen Augen der Welt etwas verwirklichen … das die österreichische Kultur in ihrem innersten Wesen zeigen sollte«[35]. Damit sind nicht nur Aufgabe und Ziel der »Parallelaktion« formuliert, sondern auch und vor allem das zentrale Thema des

Romans »Der Mann ohne Eigenschaften«. Beide Aktionen verbindet, der Leser kann das gar nicht aus dem Auge verlieren, die gleiche ironische Pointe: Im angepeilten Jahr 1918 werden beide Reiche zusammenbrechen. Die Feierlichkeiten, von denen soviel die Rede ist, könnten eventuell dennoch veranstaltet werden – nur wären statt historischer Triumphe nationale Beisetzungen zu begehen.

So liegt dem Roman ein origineller Einfall zugrunde, ein skurriles Gedankenspiel, dem man ein gewisses Format nicht absprechen kann. Als Achse und Mittelpunkt eines humoristischen oder satirischen Romans mag ein derartiges Gedankenspiel gut geeignet sein, auch wenn es sich von einem Hauch von Albernheit schwerlich freisprechen läßt.

Allerdings fragt es sich, ob es eine glückliche Idee war, sich dieses Gedankenspiels auch für die weiträumige und höchst ambitiöse, ja enzyklopädische Darstellung einer ganzen Epoche zu bedienen. Ein solcher Zweifel läßt sich natürlich nur vom Ergebnis her ausräumen. Und das Ergebnis – um es gleich zu sagen – vermag keineswegs zu überzeugen, daß für die Aufgabe, die Musil sich gestellt hatte, Ulrich als Hauptfigur und die »Parallelaktion« als Rahmen und Hintergrund, sonderlich geeignet war.

Zunächst ein simpler, doch zugleich elementarer Einwand: Dem Roman gelingt es nicht, auch nur das geringste Interesse des Lesers für die »Parallelaktion« zu wecken. Sie wirkt höchst unseriös. Sollte etwa gerade das angestrebt sein? Vieles hängt hier mit der Person, oder Unperson, Ulrich zusammen. Er fungiert – ähnlich wie schon der junge Törless – vorwiegend als Beobachter. Zwar ist er Generalsekretär des Vorbereitungskomitees dieser Aktion, aber er betrachtet sie bloß aus der Distanz, mehr noch: Er will sich überhaupt nicht um sie kümmern.

Je weiter der Roman fortschreitet, desto deutlicher wird

Ulrichs Lustlosigkeit, sein Desinteresse an der ganzen Angelegenheit – zumal da es sich ja um eine vorwiegend politische Aktion handeln soll. Und von Politik will er nichts wissen. Das gilt für Musil selber genauso. So hatte er öffentliche Äußerungen über Politisches immer schon konsequent verweigert.

Die Einladung, auf dem Internationalen Schriftsteller-Kongress für die Verteidigung der Kultur, 1935 in Paris, eine Rede zu halten, hat er zwar angenommen, doch zur Verwunderung und zur Verärgerung der anwesenden Autoren gleich am Anfang seiner Ansprache trotzig erklärt, er habe sich der Politik zeitlebens entzogen, weil er kein Talent für sie spüre: »Den Einwand, daß sie etwas sei, das jeden angehe, vermag ich nicht zu verstehen.«[36] Unpolitisch sei er – notierte er Ende der dreißiger Jahre in seinem Tagebuch – »aus Gleichgültigkeit gegen die äußeren Umstände«[37].

So wenig ihn die politischen Elemente, die sich im »Mann ohne Eigenschaften« hier und da doch nicht ganz vermeiden ließen, interessierten, so sehr beschäftigten ihn die Charaktere der in die »Parallelaktion« verstrickten Figuren. Einige von ihnen begreifen, was auch Ulrich nicht entgeht: Daß diese »Parallelaktion«, rundheraus gesagt, ziemlicher Unsinn ist und nichts anderes als ein Zeitvertreib wohlhabender Leute, die allesamt so gut wie nichts zu tun haben. Das Gedankenspiel ist also zugleich ein so läppisches wie pathetisches Wiener Gesellschaftsspiel.

Aber so ist das in der Weltliteratur seit eh und je: Es gibt unzählige Werke, Romane ebenso wie Komödien, denen Motive zugrunde liegen, die man als geradezu unsinnig bezeichnen darf: Leise und mit gehörigem Respekt, gleichsam mit dem Hut in der Hand, nennen wir in diesem Zusammenhang die allergrößten Namen: Molière und Gogol, ja sogar – jetzt beginnt meine Stimme zu zittern –

Shakespeare. Nur müssen derartige Motive, wie absurd sie auch sein mögen, unbedingt ernst genommen werden, vom Autor ebenso wie von seinen wichtigsten Gestalten. Hier liegt wohl der Hase im Pfeffer.

Die Idee der Vorbereitung der beiden Jubiläen hat Musil vor dem Ersten Weltkrieg, als er seinen Roman entwarf, mit Sicherheit fasziniert. Nur hat sein Interesse an dem Generalthema des Romans, je weiter der Zusammenbruch der beiden Kaiserreiche zurücklag, immer mehr nachgelassen – wohl schon in den zwanziger Jahren, doch ganz gewiß nach 1933 und erst recht nach 1938: Die dramatische historische Entwicklung hat die Brisanz des von Musil gewählten Themas rasch verringert.

Exemplarisch ist in dieser Hinsicht die Figur des Paul Arnheim. Dieser preußische Jude ist ein überaus reicher und zugleich einflußreicher Mann, mächtig und ehrgeizig. In seinen Mußestunden schreibt er philosophische Bücher: Er will nichts Geringeres verkünden als »die Vereinigung von Seele und Wirtschaft oder von Idee und Macht«[38]. Daß ausgerechnet ein Deutscher, genauer: ein Preuße und Jude, die geistige Leitung der nationalen österreichischen Aktion übernehmen soll – das wünschen jedenfalls einige im Roman auftretende Personen –, ist ein ironischer, ein überraschender, doch nicht gerade einleuchtender Einfall.

Vorbild für Arnheim war Walther Rathenau, ein Politiker, der bewundert und gehaßt wurde, der die Gemüter – zumindest in Deutschland – aufs höchste erhitzte. Aber nach seiner Ermordung im Jahre 1922 geriet er innerhalb weniger Jahre beinahe in Vergessenheit. Im »Dritten Reich« freilich wurde sein Name gelegentlich genannt, natürlich nur noch in einem antisemitischen Zusammenhang.

Man sollte Musil nicht verdächtigen, ihm sei entgangen, daß die Zeitläufte nicht für, sondern gegen sein episches

Vorhaben arbeiteten. Ausdrücklich sagt er: Der »Mann ohne Eigenschaften« sei »ein aus der Gegenwart entwickelter Gegenwartsroman gewesen« und »unter der Hand ein historischer Roman geworden«.[39] Mehr noch: Im Januar 1942, also etwa drei Monate vor seinem Tod, spielte Musil mit dem Gedanken, seinen Roman mit Rücksicht auf die weltpolitische Situation »irgendwie abzuschließen« und zwar mit einem »Nachwort« oder »Schlußwort« Ulrichs: »Der gealterte U von heute, der den zweiten Krieg miterlebt, und auf Grund dieser Erfahrungen seine Geschichte, und mein Buch, epilogisiert.«[40]

Der vage Plan, das Ganze ohne einen rechten Abschluß abzubrechen, zeugt von Musils Ratlosigkeit, wenn nicht von der Kapitulation eines Autors, der keinen Ausgang aus dem von ihm geschaffenen Chaos finden konnte. Aber daraus ist natürlich nichts geworden, er hat nicht einmal versucht, den Roman zu »epilogisieren«.

Musil war auch nicht imstande, seine Passion wenigstens teilweise zu kontrollieren. Schon die ersten Kapitel des Romans enthalten neben suggestiven Abschnitten auch Redseliges, schon hier beginnen jene Abschweifungen, die das Buch im Endergebnis zugrunde gerichtet haben. Es wird deutlich, was dem Autor Musil am meisten gefehlt hat: Selbstkontrolle. Koeppen schrieb, der »Mann ohne Eigenschaften« biete »statt Handlung Augenblicke der Unentschlossenheit«[41]. Man kann wohl sagen: »Der Mann ohne Eigenschaften« ist Ausdruck der Unentschlossenheit seines Autors. In diesem Sinne mögen jene recht haben, die nicht müde werden zu verlautbaren, daß der Roman nie vollendet werden konnte. Das mag ja sein, nur hat es nichts mit seiner angeblichen Konzeption zu tun, wohl aber mit Musils Mentalität, eben seine Unentschlossenheit, die auch in seiner Selbsteinschätzung zum Vorschein kommt.

Seine Urteile über die eigene Person schwanken zwischen
den Extremen. Gleich am Anfang seines schriftstellerischen
Wegs heißt es, ihm sei »als trüge er an unsichtbaren Ketten
einen goldenen Schlüssel verborgen, mit dem er, wenn es
niemand sieht, das Tor von wunderbaren Gärten öffnen
werde«[42]. Er kam sich – lesen wir an einer anderen Stelle –
»wie ein Auserwählter vor. Wie ein Heiliger, der himmlische
Gesichte hat...«[43] Gemeint ist freilich der Zögling Törless.
Aber noch wurde nie bezweifelt, daß der Törless ein Auto-
porträt Musils ist.

Auch seiner Beurteilung der bedeutendsten zeitgenössischen Schriftsteller kann man entnehmen, wie Musil sich
selber sah und wie er gesehen werden wollte. Was immer er
über seine Kollegen und Konkurrenten sagte, es bewies, daß
er nicht gewillt oder nicht imstande war, deren Qualität,
deren Rang anzuerkennen, ja, daß er in den meisten Fällen
ihre Bücher überhaupt nicht gelesen hatte und auch nicht
lesen wollte.

Elias Canetti erzählt in seinen Erinnerungen, Musil habe
ihm 1935 zum Roman »Die Blendung« gratuliert. Da ist
dem glücklichen Anfänger ein überflüssiges Wort entfahren:
Auch von Thomas Mann hätte er zu diesem Buch Glück-
wünsche erhalten. Musil »veränderte sich blitzrasch, es war,
als hätte er einen Sprung in sich zurück getan, sein Gesicht
wurde grau... ›So!‹ sagte er ... und wandte sich brüsk ab ...
Damit war ich für immer verabschiedet«[44].

Die »Buddenbrooks« hielt Musil für »sehr fein und lang-
weilig«, den »Zauberberg« für »einen ganz mißglückten
Versuch«, das Buch sei in seinen »geistigen Partien ... wie ein
Haifischmagen«. Für den »Großschriftsteller« und seinen
»Zirkus Mann« hatte Musil nur Spott übrig.[45]

Über Kafkas erstes Buch (»Betrachtung«) hat der junge
Musil einfühlsam geschrieben, aber seine Hauptwerke (»Pro-

zeß« und »Das Schloß«) überhaupt nicht gekannt. Von Proust und Joyce wollte er nichts wissen. In einem Brief Musils aus dem Jahre 1939 heißt es, er habe »bis heute (aus besonderen Gründen) nicht mehr als 10 Seiten von ihm gelesen«[46]. Gemeint war die Prosa Marcel Prousts. Virginia Woolf und André Gide hat er offensichtlich nicht zur Kenntnis genommen. Brechts frühe Dichtungen bezeichnete er als »Lausbübereien«, über Joseph Roth äußerte er sich verächtlich, über Franz Werfel aggressiv, um nicht zu sagen: vulgär.

Was soll das alles? Man kann doch der Ansicht sein, es sei Aufgabe der Schriftsteller, Literatur zu produzieren und nicht über Literatur zu urteilen. Wenn sie gute Romane oder Stücke verfertigen, sollten wir ihnen dankbar sein und brauchen uns nicht darum zu kümmern, was sie über ihre Rivalen oder Nebenbuhler reden und schreiben. Denn es sind oft die größten Talente, die sich hartnäckig und auch boshaft weigern, andere Talente zu respektieren. Die dümmsten Äußerungen über Thomas Mann stammen von, immerhin, Bertolt Brecht und Alfred Döblin. Daß beide dessen Werke nicht kannten, sei nur der Ordnung halber erwähnt.

Der Fall Musil liegt aber doch anders. Schon 1926 bekannte er in der »Literarischen Welt«: »Ich mag nicht Bücher lesen.« Seit Jahren habe er selten ein Buch zu Ende gelesen. Wenn es wirklich eine Dichtung sei, »kommt man selten über die Hälfte«.[47] Mit der Länge des Gelesenen wachse »ein bis heute unaufgeklärter Widerstand«. Hätte sich Musil mit den Repräsentanten der Moderne ernsthaft beschäftigt, dann wäre ihm manches erspart geblieben – allerlei Irrwege und Sackgassen und auch die Mühe, Türen einzurennen, die längst offen waren.

Ferner: Wenn auch Musil alle von ihm wahrgenommenen Autoren seiner Zeit scharf abgelehnt und in der Regel verhöhnt hat, wenn er andererseits von der eigenen Bedeutung überzeugt und tatsächlich sicher zu sein vorgab, zum Höchsten und Wichtigsten berufen und fähig zu sein, so hatte er zugleich erstaunliche Augenblicke des Zweifels und der Selbstkritik.

In seinem Tagebuch findet sich eine (überaus erfreuliche) Einsicht: »Ich will zuviel auf einmal! Diesen großen Fehler hat mein Schreiben in den ersten Essays, in den Vereinigungen usw. bis zum M.o.E. Es entstand daraus etwas Verkrampftes. Beim Törless habe ich noch gewußt, daß man auslassen können muß. Füge hinzu: Und ich weiß zu selten, was ich will.«[48] So ist es, hier muß man Musil voll und ganz zustimmen.

Im 1911 geschriebenen (aber erst im Nachlaß veröffentlichten) Vorwort zu seinen Novellen heißt es: »Es gibt ein teilweise begründetes Verlangen der Kritik: Bilde, Dichter, rede nicht! Gegen diese Forderung wird hier zu sehr verstoßen.«[49] In einem anderen (ebenfalls 1911 geschriebenen und erst im Nachlaß publizierten) Vorwort zu den »Vereinigungen« geht Musil soweit vorzuschlagen: »Man könnte zu bestimmen versuchen, daß diese Erzählungen durch den Ekel am Erzählen geformt sind.«[50] Dazu hat sich Musil tatsächlich bekannt: Ekel am Erzählen. Was bleibt? Reden statt Bilden, Reflektieren statt Erzählen – dies schwebt ihm schon damals offenbar vor: als Möglichkeit, wenn nicht als Ziel.

»Und fürchten Sie nicht bei der Struktur Ihres Romans das Essayistische?« – wird Musil 1926 in einem Interview gefragt. Er fürchte es schon, antwortet er freimütig, aber er werde es »zuerst durch eine ironische Grundhaltung« und dann durch »ein Gegengewicht in der Herausarbeitung lebendiger Szenen, phantastischer Leidenschaftlichkeit« bekämpfen.

Am Ende kommt doch, sehr überraschend, Musils Unsicherheit zum Vorschein. Sein Roman sei als Beitrag »zur geistigen Bewältigung der Welt« geplant, weshalb er »dem Publikum sehr dankbar wäre, wenn es weniger meine ästhetischen Qualitäten beachten würde und mehr meinen Willen«.[51] Die herausfordernde Beteuerung seiner Bedeutung und zugleich eine Bitte um Nachsicht, die eher an einen schüchternen Anfänger denken läßt – auch dies gehört zu den Widersprüchen in Musils Persönlichkeit.

Es wiederholt sich wie ein Leitmotiv: Musil erkennt hellsichtig die Gefahren, die seinen Roman bedrohen, und er will ihnen vorbeugen, er will sich ihnen widersetzen. So schreibt er unzweideutig: »Der Hauptfehler lag in der Überschätzung der Theorie. Diese hat sich als unergiebig und nicht tragfähig herausgestellt; jedenfalls ist sie weniger bedeutend, als es vor der Ausführung geschienen hat. Das ist mir schon längere Zeit bewußt, aber nun muß auch die Konsequenz daraus gezogen werden.«[52] Er war aber nie imstande, diese Konsequenz zu ziehen.

Im »Mann ohne Eigenschaften« läßt Musil seinen Ulrich meditieren, »daß das Gesetz des Lebens, nach dem man sich, überlastet und von der Einfalt träumend, sehnt, kein anderes sei als das der erzählerischen Ordnung«. Die meisten Menschen – heißt es dann weiter – seien im »Grundverhältnis zu sich selber Erzähler ... Sie lieben das ordentliche Nacheinander von Tatsachen«, sie fühlen sich durch den Eindruck, »daß ihr Leben einen ›Lauf‹ habe, irgendwie im Chaos geborgen«. Gleichwohl erklärt Ulrich, »daß ihm dieses primitive Epische abhanden gekommen sei«.[53]

Aus dem Verlust rührt das Mißtrauen, das sich durch das ganze Leben zieht – nicht etwa Ulrichs, denn das Schreiben ist ja nicht sein Beruf, wohl aber Musils. Er taucht ebenso im »Mann ohne Eigenschaften« auf und, vielleicht noch häufiger, in den Essays, Briefen und Tagebüchern. Ein Mißtrauen ist es gegen das Erzählen, gegen den Roman und letztlich gegen die Literatur. Das ist freilich nicht nur sein Problem – und Musil weiß es genau.

So sagt er in einem Brief aus dem Jahre 1931, der Roman seiner Generation habe sich »allgemein vor der Schwierigkeit gefunden, daß die alte Naivität des Erzählens der Entwicklung der Intelligenz gegenüber nicht mehr ausreicht«. Als beispielhaft für diese Generation nennt er Thomas Mann, Joyce und Proust. Doch Joyce und Proust geben »einfach der Auflösung nach«, und zwar »durch einen assoziierenden Stil mit verschwimmenden Grenzen«, sie »schildern etwas Aufgelöstes, aber sie schildern eigentlich gerade so wie früher, wo man an die festen Konturen der Dinge geglaubt hat«.

Wie Musil hier Joyce und Proust in einen Topf wirft und Thomas Mann obendrein, das zeugt schon von entwaffnender Verblendung oder Ahnungslosigkeit: Er vermag nicht zu erkennen, daß diese Autoren, jeder auf seine Weise und immerhin nicht ganz ohne Erfolg, eben bemüht waren, »die alte Naivität des Erzählens« zu überwinden. Mehr noch: Gegen deren angeblich mißglückte Versuche spielt er nur einen einzigen Schriftsteller aus – sich selber: »Dagegen wäre mein Versuch eher konstruktiv und synthetisch zu nennen.«[54]

Synthetisch? Damit meint er wohl den ihm vorschwebenden Ausweg aus der Krise. Was tun, wenn es (seiner Ansicht nach) unmöglich ist, der Wirklichkeit mit der zur Verfügung stehenden Sprache beizukommen, sie zu bewältigen? In Aufzeichnungen aus dem Jahre 1932 (die erst in seinem Nachlaß veröffentlicht wurden) schreibt Musil, durch seinen »Törleß«, der Aufsehen erregte, sei er in den Ruf eines Erzählers geraten. Das sei ihm gar nicht recht. Er erläutert es: »Nun muß man natürlich erzählen können, wenn man die Erlaubnis beansprucht, es nicht zu wollen, u. ich kann es auch leidlich, aber bis zum heutigen Tag kommt das, was ich erzähle, für mich erst in zweiter Linie.«[55] Und was nun in erster Linie?

Der »Törless« stammt aus der Feder eines starken Erzählers. Dennoch wird schon in diesem frühen Buch manches, aus welchen Gründen auch immer, nicht gezeigt oder veranschaulicht, kurz, nicht erzählt. Es wird vielmehr schlicht mitgeteilt. So lautet, manchen Interpreten zufolge, einer der Schlüsselsätze dieses Buches: »Es kam wie eine Torheit über Törless, Dinge, Vorgänge und Menschen als etwas Doppelsinniges zu empfinden…«[56] Der Erzähler Musil behilft sich also mit dem Diskursiven oder, sagen wir, mit einer gewöhnlichen Information.

Ähnliches gilt auch für die Geschichten, zumal für die »Drei Frauen«. Die Novelle »Tonka« gehört zu den Höhepunkten im Werk von Musil, aber auch hier spürt man, daß in der zweiten Hälfte das Interesse des Autors an seinem Thema nachläßt – und damit auch seine erzählerische Kraft. Mitunter entsteht der Eindruck, als habe er es etwas eilig. Die Darstellung wird karger und knapper, es häufen sich bare Auskünfte. Das alles führt zum »Mann ohne Eigenschaften«.

Ein Anhänger des Essays war Musil, wie aus vielen seiner Äußerungen hervorgeht, keineswegs. Es stimmt schon: Er hat zahlreiche Essays verfaßt, oft freilich aus rein finanziellen Gründen. Sehr merkwürdig: Diese Form vermochte ihn nie zu reizen oder gar zu locken. Er wollte nicht Essayist sein oder als Essayist gelten. Beinahe alle seine Essays hielt er, vielleicht aus Trotz, für Nebenarbeiten. Und doch maß er dem Essayistischen höchste Bedeutung bei.

Um zu beschreiben, was sich seiner Beschreibung entzieht, um zu formulieren, was er für unformulierbar hält, möchte Musil im »Mann ohne Eigenschaften« – ähnlich wie in seinem Frühwerk, aber ungleich konsequenter – die große Synthese verwirklichen: von Sinnlichkeit und Kritizismus, von Imagination und Reflexion, von Erzählendem und Diskursiven. Doch was in seinen Verlautbarungen stolz anmutet, sieht in der Praxis ungleich bescheidener aus: Immer dann, wenn Musil als Erzähler seinem Thema nicht mehr gerecht werden kann, behilft er sich mit Reflexionen und mehr oder weniger essayistischen Äußerungen der unterschiedlichsten Art. Wo er mit seinem Philosophieren am Ende ist oder wo ihm das Meditieren keinen Spaß mehr macht, kehrt er, ohne sich viel Mühe zu geben, zum Fabulieren zurück.

In dem »Curriculum vitae« von etwa 1938 schreibt Musil über den »Mann ohne Eigenschaften«: »Das Epische befindet sich in vollendetem Gleichgewicht mit dem Gedanklichen und die Geschlossenheit des Riesenbaus mit der lebendigen Fülle des Details.«[57] Aber es ist gerade umgekehrt: Vom Gleichgewicht des Epischen mit dem Gedanklichen kann nicht die Rede sein, ja, man hat sogar den Eindruck, daß Musil in Wirklichkeit an diesem Gleichgewicht überhaupt nicht ernsthaft gelegen ist. Überdies kann man dem Riesenbau, wenn man unbedingt will, eine Fülle von Details nachrühmen, doch wahrlich keine Geschlossenheit.

Es ist doch gerade die Fülle der Details, der Einfälle, die Musils Werk so fragwürdig macht. Denn viele von ihnen haben innerhalb des Romans keinerlei Funktion. Schon in seinen vorangegangenen Prosabüchern – also vom »Törless« bis zu den »Drei Frauen« – wurde es deutlich, daß er von der Kunst des Weglassens nichts wissen wollte, genauer: daß sie ihm vollkommen fremd, wenn nicht unbekannt war.

Dies schien schon in den frühen Büchern von den Grenzen seiner schriftstellerischen Fähigkeiten zu zeugen, wurde aber im »Mann ohne Eigenschaften« zum trotzigen, zum eigensinnig-unsinnigen Programm: Was immer dem Autor einfiel, mußte, ob es nun leidlich interessant oder auch nur erwähnenswert schien, ob es dem Ganzen nützen konnte oder gar notwendig war, im Roman untergebracht und ein für allemal stehen gelassen werden.

Dabei übernahm Musil manche Kapitel und zahlreiche Passagen ganz oder teilweise von anderen Autoren, ohne je Anführungszeichen zu setzen oder gar die Quellen anzugeben. Das sind häufig Texte aus philosophischen Werken – von Nietzsche und Spengler bis zu Mach und Mauthner und Klages –, vieles stammt aus Zeitschriften oder Tageszeitungen. Die verwendeten Beiträge betreffen alle denkbaren Themen, haben oft mit den Figuren des Romans nichts zu tun und sind von sehr unterschiedlichen Schriftstellern oder Journalisten geschrieben, von längst vergessenen, bisweilen aber auch von solchen, die man immer noch kennt.

Viele dieser (gelegentlich schamlosen) Anleihen haben die Musil-Philologen respektvoll untersucht und kommentiert. Es ist der emsigen Forschung gelungen, eine Menge derartiger im »Mann ohne Eigenschaften« ohne Pardon untergebrachten Lesefrüchte – natürlich nicht alle – aufzudecken. In manchen Teilen des Buches finden sich die Lesefrüchte in so großen Mengen und auf so engem Raum, daß man schon von Textmontagen sprechen muß.

Musil ist tatsächlich überzeugt, durch die Einbeziehung des Essayistischen oder Journalistischen – und eben oft von fremder Feder – die Romanform auf neue Wege zu lenken und schließlich zu retten. Seine Arbeitsmethode zeigt eine lapidare Tagebuchnotiz vom Januar 1923. In der »Neuen Rundschau« war ihm ein Artikel des damals jungen Publizisten Ferdinand Lion aufgefallen. Er notierte: »Lion über Frankreichs Politik. Sektionschef Tuzzi in den Mund legen. Etwa als Referat.«[58] So werden die Figuren im »Mann ohne Eigenschaften« unentwegt mit Papier gefüttert.

Wie sollen wir uns übrigens diesen Sektionschef Tuzzi vorstellen? Es handle sich – sagt uns der Autor – um einen »wie ein lederner Reisekoffer mit zwei dunklen Augen aussehenden Vizekonsul«[59]. Die Unanschaulichkeit der Sprache Musils erreicht hier einen beklagenswerten Höhepunkt.

In seinem Notizbuch aus den Jahren 1915 bis 1920 findet sich eine verblüffende Eintragung: »In den Roman alle unausgeführten philosophischen u. liter. Pläne hineinarbeiten«.[60] Dieser Beschluß, den er, man kann es kaum glauben, hartnäckig und mit allen Konsequenzen verwirklichte, mußte – wen könnte es wundern? – den Roman endgültig ruinieren.

Die Handlung, soweit von einer solchen die Rede sein kann – Doderer spricht von einer »im Essayismus erstickenden fadendünnen Handlung«[61] –, dient meist bloß als Vorwand oder Verkleidung für Debatten und Diskussionen, Monologe und Meditationen. Der deutsche Autor – bedauerte Musil – breite sein Seelenleben zur Nachahmung vor uns aus, sei aber selten ein Mensch, »der die Unterhaltung für seine Pflicht ansieht«[62]. Und Musil selber? Doderer meint schlicht und einfach, »Der Mann ohne Eigenschaften« sei »geradezu maßlos langweilig«[63]. Wie auch immer: Anders als die größten Romanciers der Welt verschwendet Musil keinen einzigen Gedanken an seine Leser, es sei denn, er bittet das Publikum, seinen Roman »zweimal zu lesen, im Teil u. im Ganzen«[64].

Nur in wenigen Kapiteln ist im »Mann ohne Eigenschaften« das Sinnliche dem Begrifflichen gewachsen. Das hat einen einfachen Grund: Musils Stil kann eher dem Abstrakten beikommen als dem Konkreten. So erfahren wir in Zusammenhang mit einer leidenschaftlichen Affäre aus Ulrichs Vergangenheit, daß er sich an das Gesicht, an die Stimme und an die Kleider seiner Freundin nicht mehr erinnern könne, denn: »Ulrich hat sich von Beginn an weniger in die sinnliche Anwesenheit dieser Frau verliebt als in ihren Begriff.« Und: »Es dauerte nicht lange, da war sie ganz zum unpersönlichen Kraftzentrum, zum versenkten Dynamo seiner Erleuchtungsanlage geworden.«[65]

Musil spricht vom »Antagonismus des Darstellens gegen das eigentlich Darzustellende«[66]. Gewiß doch, nur handelt es sich natürlich um einen uralten Antagonismus, der allerdings im »Mann ohne Eigenschaften« besonders deutlich bemerkbar wird. Auf den Gedanken, dies könne mit der Eigenart und den Grenzen seiner künstlerischen Möglichkeiten, seines Talents zu tun haben, kommt Musil nicht.

Sein naiver Glaube an die Erlösung der Menschheit durch die exakten Wissenschaften, der ihn ja in seinen frühen Jahren bezaubert hatte, ließ mit der Zeit keineswegs nach. Im »Mann ohne Eigenschaften« beabsichtigte er, moderne wissenschaftliche Erkenntnisse, zumal aus dem Bereich der Mathematik und der Physik, zu verwerten und ihnen auch gerecht zu werden. Allerdings stammte so gut wie alles, was ihm über Mathematik und Physik bekannt war, aus seiner Studentenzeit um 1900. Über die Forschungsergebnisse in den zwanziger und dreißiger Jahren war er, wie sich aus seinen Briefen und Tagebüchern ersehen läßt, überhaupt nicht oder nur flüchtig informiert.

Die von ihm angestrebte Verschmelzung des Erzählerischen mit dem Essayistischen, in seinem Frühwerk oft interessant und bisweilen auch überzeugend, gelingt im »Mann ohne Eigenschaften« nur noch selten. Was der moderne Schriftsteller mit dieser Synthese erreichen kann, hat Thomas Mann glanzvoll bewiesen – in den Settembrini-Naphta-Dialogen im »Zauberberg«, im großen inneren Monolog Goethes in »Lotte in Weimar« und in der Joseph-Tetralogie.

Musil hingegen begnügt sich meist damit, in seinem Roman die unterschiedlichen Elemente der Prosa einfach aneinanderzureihen. Dabei war er sich schon früh der Gefahr

bewußt, die das Überwuchern der Reflexion, also die Vor-
herrschaft des Rationalen für sein Werk mit sich brachte.
Aber er war nicht imstande, aus dieser Einsicht eine prakti-
sche Folgerung zu ziehen. Walter Benjamin hat die entscheidende Schwäche des Romans sofort erkannt. Er schrieb
1933 in einem Brief an Gerhard Scholem: »Magst Du den
Musil lesen, so behalte ihn nur vorläufig. Mir gibt das keinen
Geschmack mehr ab, und ich habe diesen Autor bei mir mit
der Erkenntnis verabschiedet, daß er klüger ist als ers nötig
hat«.[67]

Im Ergebnis hat der »Mann ohne Eigenschaften« keine
Struktur, keinen Rahmen und keinen roten Faden. Schlimmer noch: Eine vernünftige, eine sinnvolle Reihenfolge der
einzelnen Bestandteile ist nicht erkennbar. Um es ganz klar
zu sagen: Aus dem ersten Teil, in dem die Parallelaktion eine
gewisse Rolle spielt, wird der Roman immer deutlicher ein
chaotisches Prosawerk. In Musils Notizen gibt es eine knappe,
eine treffende Feststellung: »Die Geschichte dieses Romans
kommt darauf hinaus, daß die Geschichte, die in ihm erzählt
werden sollte, nicht erzählt wird.«[68]

Döblin spricht in einem bemerkenswerten Brief aus dem
Jahre 1947 von der »feuilletonistischen Degeneration« des
deutschen Romans: »Da versteckt man seine Unfähigkeit zur
Gestaltung hinter Reflektionen, Betrachtungen, und statt
Vorgänge hinzustellen, täuscht man den Leser mit Essays, die
andererseits in sich zu schwach sind, um isoliert bestehen zu
können.«

Als Beispiel dient ihm Fontane: »In ›Effi Briest‹ weiß er,
wo er steht und zeichnet mit einem festen Pinsel, ebenso in
›Irrungen, Wirrungen‹. Aber im ›Stechlin‹ beteiligt er sich, er,
der Autor, an der Diskussion und hat da nichts zu suchen.«[69]
Döblin hätte in seiner Argumentation noch auf ein früheres
Werk Fontanes zurückgreifen können. Was Döblin die

»feuilletonistische Degeneration« nennt, zeigt sich auch, wie immer man diese Klassifizierung beurteilen mag, in Fontanes »Schach von Wuthenow« aus dem Jahre 1882.

Die Handlung dieser Erzählung endet mit dem Selbstmord des im Mittelpunkt stehenden preußischen Offiziers. Aber offensichtlich war Fontane der Ansicht, daß es sich gehöre, diesen, etwas unerwarteten, Selbstmord zeitgeschichtlich und psychologisch zu erklären und zu begründen. Dazu hatte er aber keine rechte Lust oder keine Zeit, die Erzählung sollte möglichst schnell abgeschlossen werden. Er machte es sich einfach: Er ließ zwei im »Schach von Wuthenow« auftretende Figuren je einen Brief schreiben, in dem die ihm erforderlich scheinenden Erläuterungen – eben eine psychologische und eine zeitgeschichtliche – in diskursiver Rede nachgeliefert werden. Die Briefe bilden die letzten beiden Kapitel des Buches.

Dagegen ist nichts einzuwenden, das ist natürlich eine zulässige, wenn auch nicht unbedingt eine ambitiöse Lösung. Nur sollte man diese Verknüpfung des Epischen mit dem Essayistischen nicht zu einer Errungenschaft der modernen Literatur stilisieren – was im Fall Fontane niemand getan hat, was indes im Fall Musil gang und gäbe ist.

Ob es seiner Gemeinde nun gefällt oder nicht – Musil ist ein traditioneller, ein allwissender Erzähler der herkömmlichen Art; und nur da, wo er im »Mann ohne Eigenschaften« traditionell erzählt, gelingen ihm Kapitel von beachtlicher oder gelegentlich auch hoher Qualität.

Damit hängt ein Widerspruch zusammen, der sich durch den ganzen »Mann ohne Eigenschaften« zieht, der den Roman gefährdet und seine Konzeption in Frage stellt: Einerseits bedrängt Musil den Leser mit dem zu seiner Zeit üblichen, dem überaus modernen Zweifel an der Darstellbarkeit der Welt, andererseits ist er über das Seelenleben seiner Personen genauestens informiert und breitet dieses Wissen immer wieder aus.

Daß der »Mann ohne Eigenschaften« sich schwerlich für die moderne Prosa in Anspruch nehmen läßt, hat 1931, also gleich nach Erscheinen des ersten Bandes, Hermann Broch, ein Freund und Förderer Musils, erkannt und in einem Brief vorsichtig, doch unmißverständlich formuliert: »Ich habe mir erlaubt, Ihnen ein Buch ›Mann ohne Eigenschaften‹ meines Freundes Robert Musil zu senden. Ich muß dazu sagen, daß ich Musils Methode als abseitig empfinde, … und daß ich wenig Perspektiven für die dichterische Ausdrucksmöglichkeit in Weiterverfolgung dieser Methode sehe.«[70]

Ein Journalist, der Musil Mitte der dreißiger Jahre in Wien besucht hat, berichtet, er sei mit den Worten begrüßt worden: »Sie sehen hier eine gescheiterte Existenz.«[71] Koketterie oder vielleicht doch ein heller Augenblick? Die Musil-Forschung will uns einreden, Musil sei in der Tat gescheitert, doch auf höchster Ebene, seine Niederlage sei ein Sieg, sei in Wirklichkeit ein Triumph, ja, gerade dieses Scheitern zeuge von der Größe und von der Modernität seines Werks. Die Wahrheit ist: »Der Mann ohne Eigenschaften« war mißlungen und Musil tatsächlich ein ganz und gar gescheiterter Mann. Aber warum eigentlich? Mit der Beantwortung dieser Frage darf man es sich nicht leicht machen.

Seine Bewunderer rühmen gern Musils fanatische Hingabe an sein Hauptwerk. Das ist in der Tat nicht zu bestreiten, nur trifft es den wunden Punkt. Denn noch nie hat der Fanatismus das kritische Bewußtsein begünstigt, vielmehr schließen sie sich gegenseitig aus. Vom mehr oder weniger manischen Sendungsbewußtsein geblendet, wurde Musil in wachsendem Maße zu einem unglücklichen, weltfremden Individuum.

Schon in den zwanziger Jahren fiel es ihm schwer, seinen Lebensunterhalt zu verdienen. In den dreißiger Jahren wurde seine Not, da er sich fast ausschließlich dem »Mann ohne Eigenschaften« widmete, immer schlimmer. Musil lebte zusammen mit seiner Frau in Wien, in einer dürftigen, einer engen und ärmlichen Wohnung ohne fließendes Wasser, »mit dem Wasserhahn draußen im Treppenhaus«[72]. Karl Corino hat das erkundet.

Doch auch für dieses kümmerliche Dasein fehlten ihm die Mittel. Er war – im Klartext gesprochen – auf Almosen angewiesen: Einige Schriftsteller und Literaturfreunde, die sein Elend sahen, gründeten, um ihm zu helfen, eine »Musil-Gesellschaft«, deren Mitglieder sich verpflichteten, allmonatlich kleine Beträge für Musil zu spenden. So bescheiden sie auch waren, so reichten sie aus, das Existenzminimum für ihn und seine Frau zu sichern. Um doch etwas Geld zu verdienen, wollte er nebenher, ebenfalls in den dreißiger Jahren, einen Kriminalroman verfassen. Er sollte beweisen – mit Selbstlob hat Musil ja nie gespart –, »daß er das auch, und noch besser, könne«[73]. Er konnte es nicht, natürlich ist nichts daraus geworden.

Weil er sich selber stets in Wege stand, weil ihm seit Mitte der zwanziger Jahre so gut wie nichts gelingen wollte, wurde er mit der Zeit zu einem verbitterten und gehässigen Menschen. Seine unsägliche, seine verbissene Wut ließ er an allen Schriftstellern aus, die erfolgreich waren, vor allem an Thomas Mann, Franz Werfel, Stefan Zweig und Emil Ludwig.

Als Musil im Schweizer Exil von den Behörden bedrängt wurde und ihm die Ausweisung drohte, sagte ihm Hans Mayer, er und seine Frau könnten die Erlaubnis zur Einreise nach Kolumbien erhalten. Musil soll Mayer knapp und mißbilligend erklärt haben, warum für ihn der ganze südamerikanische Kontinent nicht in Betracht komme: Da sei bereits

Stefan Zweig.[74] Ob sich das Gespräch wirklich so abgespielt hat oder nicht – es ist charakteristisch für Musils Haß auf alle Schreibenden, die Beachtliches zustande gebracht hatten oder zumindest nicht ohne Resonanz geblieben waren.

Der wichtigste Grund seines Scheiterns ist nirgends anderswo zu suchen als in seiner unglücklichen und wohl, wie schon gesagt, teilweise pathologischen Mentalität. Er war noch nicht weit in seinem Roman fortgeschritten, da begann er schon den Überblick zu verlieren. »Den lieb ich, der Unmögliches begehrt« – das Faust-Wort ist, mit Verlaub, nicht der Weisheit letzter Schluß. Mit Sicherheit spricht es nicht für einen Schriftsteller, der an der ursprünglichen Konzeption eines großen Werks auch dann noch starrsinnig festhält, wenn er längst begriffen hat, oder hätte begreifen sollen, daß seine Konzeption nicht realisierbar ist – in Musils Fall nicht zuletzt deshalb, weil sie, vor dem Ersten Weltkrieg entworfen, längst überholt war: von der geschichtlichen ebenso wie von der literarischen Entwicklung.

Weil der Autor Musil den Überblick schon in den späten zwanziger Jahren verloren hatte und in der Regel nicht imstande war, mißratene oder überflüssige Abschnitte oder Kapitel des unkontrolliert wachsenden Manuskripts auszuscheiden, weil er alles, was er notiert hatte, im »Mann ohne Eigenschaften« unterbrachte, haben wir es letztlich bloß mit einem Sammelsurium zu tun. Die Parallelaktion, die den roten Faden bilden sollte, wird vom Autor immer häufiger vernachlässigt und gerät schließlich in Vergessenheit.

»Einmal auf eine Fährte gesetzt, war er im Ausdenken der winkelzügigsten Kombinationen überaus fruchtbar«[75] – das lesen wir über den jungen Törless. Aber das gilt auch für Musil selber. Die ständige, die passionierte Neigung zu diesen »winkelzügigsten Kombinationen« hat in erheblichem Maße zu Musils Fiasko beigetragen. Daß es ihm trotz jahrzehntelanger, offensichtlich monomanischer Bemühungen nicht gelang, der Nachwelt ein abgeschlossenes episches Gebilde zu hinterlassen, ist aber noch kein hinreichender Grund, von seinem Scheitern zu sprechen. Er ist gescheitert, weil er unfähig war, sein hochbeachtliches Talent sinnvoll zu verwalten. Und weil infolgedessen der »Mann ohne Eigenschaften« ein chaotisches Werk weit unter dem Niveau des Schriftstellers Musil ist.

Peter Wapnewski schreibt über diesen Roman, es sei »alles so kalt, so konstruiert. Der zarte Reiz der poetischen Sinnlichkeit fehlt ganz. Dieser Roman ist selber, ist in sich die Krise des Romans«[76]. Joachim Kaiser meint, die Sprache Musils wirke »so intelligent, so präzise – nur fragte ich mich beim Lesen, je länger, je mehr, was diese Präzision denn tatsächlich erbringe an Bereicherung, an Erkenntnis, an Erschütterung«[77]. Letztlich sei es doch »unergiebige Präzision. Genauigkeit, die zu nichts führt«.

Ich bin mit diesen Äußerungen meiner Kollegen Wapnewski und Kaiser ganz einverstanden. Trotzdem beunruhigt mich eine schlichte Frage: Läßt sich denn überhaupt keine poetische Sinnlichkeit im »Mann ohne Eigenschaften« finden? Läßt sich diesem Roman tatsächlich keine Erkenntnis, keine Erschütterung abgewinnen? Machen wir uns noch einmal auf die Suche. Das Ergebnis wird die Ansichten meiner Kollegen nicht widerlegen, aber vielleicht ergänzen.

1989 schrieb Peter Handke, der »Mann ohne Eigenschaften« sei für ihn »ein bis in die einzelnen Sätze größenwahnsinniges und unerträglich meinungsverliebtes Werk«[78]. Heute ist ein derartiger Wutausbruch gegen Musils Roman schwer vorstellbar. Das Buch ist verblaßt und verstaubt und, da eine gekürzte Ausgabe, die das literarisch Wertvolle herausgearbeitet und zugänglich gemacht hätte, verhindert wurde, mittlerweile auch mehr oder weniger vergessen. Aber was ist denn hier von literarischer Qualität?

Der erste Teil liest sich streckenweise wie ein Gesellschafts-roman aus dem habsburgischen Österreich, er enthält einige intelligente, traditionell geschriebene und leidlich amüsante Episoden. Doch schon hier wird der entscheidende Fehler des Buches deutlich, auf den Dieter Kühn, sechzehn Jahre nachdem er über den »Mann ohne Eigenschaften« promo-viert hatte, nach enttäuschter abermaliger Lektüre hinweist: »Die Beine der Erzählfiguren sind manchmal noch gar nicht so recht ausgewachsen, schon werden ihnen riesige Refle-xions-Ballen aufgeladen. Für den Leser heißt das: Er hat im Erzählten noch nicht so recht Fuß gefaßt, schon muß er abheben in die Sphären der Abstraktion.«[79]

Diese »Reflexions-Ballen« haben unterschiedliche, doch in der Regel für den Roman negative Folgen. Sie können nicht verhindern, daß die Personen bare Konstruktionen ohne Fleisch und Blut sind, wie vor allem Ulrich, daß sie konventionell anmuten, wie beinahe alle Frauen, oder sich als gewöhnliche Operettenfiguren erweisen wie der General Stumm von Bordwehr.

Aber gerade mit dieser recht billigen Gestalt hängt eine der oft gerühmten Episoden des Romans zusammen. Musil hielt die Episode allem Anschein nach für ein Glanzstück seiner Kunst, denn er brachte sie im »Mann ohne Eigen-schaften« als hundertstes Kapitel unter. Der Titel teilt uns exakt mit, was hier erzählt wird: »General Stumm dringt in die Staatsbibliothek ein und sammelt Erfahrungen über Bibliothekare, Bibliotheksdiener und geistige Ordnung.«[80]

Die Pointe der ganz und gar herkömmlich erzählten Satire ist die Erklärung des Bibliothekars, mit dem der General den kolossalen Bücherschatz abschreitet: »Sie wollen wissen, wieso ich jedes Buch kenne? Das kann ich Ihnen nun allerdings sagen: Weil ich keines lese! … Es ist das Geheimnis aller guten Bibliothekare, daß sie von der Ihnen anvertrauten Literatur niemals mehr als die Büchertitel und das Inhaltsverzeichnis lesen.«[81] Auf dieser Ebene sind die Scherze und Witze der unterhaltsamen und zweifellos ausgezeichnet geschriebenen Satire. Oder sollte man doch vielleicht eher von einer Humoreske sprechen? Jedenfalls ist es aufschlußreich, daß viele Forscher diese letztlich harmlose Episode zu den Höhepunkten des Romans »Mann ohne Eigenschaften« zählen.

Am häufigsten interpretiert und gepriesen wird ein ganz anderer Teil des Buches, die Geschichte von Ulrich und Agathe. Viele Kommentatoren versuchen mit diesem Hauptstück des Romans dessen Modernität zu beweisen. Das ist kein besonders glücklicher Einfall. Denn gerade diesem Handlungsstrang läßt sich schwerlich Modernität und auf keinen Fall Originalität nachrühmen.

Der Inzest, zumal der Geschwisterinzest, ist ein Urmotiv, ein ehrwürdiger Topos der Weltliteratur, besonders oft als Versatzstück verwendet. Er geht bis auf das Alte Testament und auf die alten Griechen zurück; und natürlich ist der Inzest auch in der österreichischen Literatur, zumindest seit Grillparzers »Ahnfrau«, sehr beliebt.

Im »Mann ohne Eigenschaften« folgt Musil in dieser Hinsicht ganz und gar der Tradition, um nicht zu sagen: der Konvention. Beinahe immer hat die Geschwisterliebe in der Weltliteratur ihren Ursprung in der Ähnlichkeit oder sogar Gleichheit der beiden Geschwister, also der geistigen Neigung und der psychischen Veranlagung des in der Regel jungen Paares.

Häufig handelt es sich um Individuen, die zwischen Egozentrik und Solipsismus schwanken und eben deshalb ihr Glück nur mit Ebenbürtigen, mit ihresgleichen, finden können. Sie geben ihrer Leidenschaft nach, ohne sich – das ist das Entscheidende – um das Urteil anderer Menschen zu kümmern. Mehr noch: Geschwister gehören einer geheimen Elite an, ihre Liebe ist ein esoterisches Erlebnis und zugleich und vor allem Protest, Verschwörung und Aufstand gegen die Gesellschaft, gegen die Welt.

All dies finden wir im »Mann ohne Eigenschaften« wieder. Auch Musil verteidigt und verklärt den Inzest, sein Held empfindet ihn – wie es im Tagebuch heißt – »als etwas ganz Tiefes, mit seiner Ablehnung der Welt Zusammenhängendes«. Die autistische Komponente seines Wesens »schmilzt hier mit der Liebe zusammen«[82], die Geschwisterbeziehung wird als höchste Erfüllung der Liebe, der seelischen wie der körperlichen, deklariert, erläutert und besungen.

Doch sollte man Musil nicht vorwerfen, daß er die in der Inzestliteratur seit Generationen üblichen Motive und Elemente wiederholt. Nur kann er so gut wie alles, was er in der Ulrich-Agathe-Geschichte zeigen und darstellen möchte, eben weder zeigen noch darstellen, da er über die hierzu erforderliche Sprache nicht verfügt. Daher muß er sich mit der baren Information behelfen, sie steht fortwährend im Vordergrund dieser Prosa. Mit anderen Worten: Worauf es Musil ankommt, kann er uns nur direkt mitteilen – er tut es unzählige Male.

Über ein dramatisches, ein höchst wichtiges Zusammentreffen von Ulrich und Agathe lesen wir: »Es war ihm zumute, er wäre es selbst, der da zur Tür eingetreten sei und auf ihn zuschreite: nur schöner als er und in einen Glanz versenkt, in dem er sich niemals sah. Zum erstenmal erfaßte ihn da der Gedanke, daß seine Schwester eine traumhafte Wiederholung und Veränderung seiner selbst sei.«[83]

So läßt Musil alles, was er seinen Lesern bewußt machen möchte, seinen Ulrich ungeniert ausplaudern. Über seine Beziehung zur Schwester Agathe verrät uns Ulrich: »Ich weiß jetzt, was du bist: Du bist meine Eigenliebe.«[84] Agathe wiederum, die ebenfalls dem Autor als Sprachrohr dient, belehrt uns über die Situation und Rolle der Geschwister in der Gesellschaft: »Töten wir uns ... sagte Ag. Wir sind Unglückselige, welche das Gesetz einer anderen Welt in sich tragen, ohne es durchführen zu können.«[85]

Ihre Liebe vermag Agathe dem Leser nicht zu vergegenwärtigen, wohl aber informiert sie ihn über ihre Gefühle mit bedauerlicher Ausführlichkeit: »Ich weiß nicht, wo ich bin; noch will ich davon wissen! ... Ich bin verliebt, und weiß nicht, in wen! Ich habe das Herz von Liebe voll, und von Liebe leer zugleich.« Etwas später erfahren wir: »Die Zeit stand still. Ein Jahrtausend wog so leicht wie ein Öffnen und Schließen des Auges, sie war ans Tausendjährige Reich gelangt, Gott gar gab sich vielleicht zu fühlen.«[86]

Was ist das eigentlich – dieses »Tausendjährige Reich«? Die Antwort bleibt uns Musil nicht schuldig: »Es war ein gefühlloses Wort und war beinahe faßbar wie ein Ding, blieb aber dem Verstand unklar.«[87] Ach, es ist nicht nur dieser eine Begriff, der dem Verstand unklar bleibt, es ist letztlich die ganze Geschichte der Geschwisterliebe und noch manches andere im »Mann ohne Eigenschaften«.

Charakteristisch für die poetischen Bemühungen in Musils Prosa ist noch folgende Passage über die Geschwisterliebe: »Sie bogen das Rund des Horizonts wie einen Kranz um ihre Hüften und sahen in den Himmel. Standen jetzt ineinander und in das Unsagbare verflochten gleich zwei Liebenden, die sich im nächsten Augenblick stürzen werden. Stürzten. Und die Leere trug sie ... Nur die Überzeugung, die sie beseelte, daß sie erkoren waren, das Ungewöhnliche zu erleben, hielt sie davon ab, zu weinen.« Etwas weiter: »Die Körper, während die Seelen in ihnen hochaufgerichtet waren, fanden einander wie Tiere, die Wärme suchen.«[88]

Am Rande sei erwähnt, daß sich diese Liebesgeschichte, der deutschen Tradition, richtiger: dem deutschen Cliché, folgend, natürlich in Italien abspielt. Ist es ungerecht oder übertrieben, wenn man befürchtet, Musil sei hier auf einer Ebene angelangt, die sich im Grunde der literarkritischen Beurteilung entzieht?

Doch was immer zur Ulrich-Agathe-Geschichte noch zu sagen wäre, wir haben es mit Prosa ohne Charme und Aura, ohne Poesie zu tun.

Aber eine ganz andere Frage kann man nach der, um es vorsichtig zu sagen, mühseligen Lektüre des »Mannes ohne Eigenschaften« doch nicht unterdrücken: Gehört denn die mehr oder weniger direkte Übermittlung von Ideen und Erkennntnissen wirklich zur Aufgabe der modernen Literatur, genauer: der modernen Epik? Ist es zweckvoll oder auch nur zulässig, Erzählendes, auf welchem Niveau auch immer, bloß als Einkleidung für Reflexionen und Spekulationen, für Philosophisches zu verwenden? Haben wir es hier – muß man sich weiter fragen – vielleicht mit einem Mißbrauch und zwar mit einem extremen und eklatanten Mißbrauch der Romanform zu tun?

Als sich Musil nach Jahrzehnten konzentrierter Arbeit dieses Mißbrauchs bewußt wurde, war es viel zu spät. Hier, immerhin, kann man der Musil-Forschung ohne Einschränkung zustimmen: Der Roman konnte nicht abgeschlossen werden, Musil mußte scheitern. So dokumentiert der »Mann ohne Eigenschaften« den Zusammenbruch eines ungewöhnlichen Künstlers, eines einst großen Erzählers, der seinem Talent nicht gewachsen war.

FRANZ KAFKA

Seine geschriebenen Küsse

Im Jahre 1964 schrieb Susan Sontag in ihrem berühmten Essay »Against Interpretation«[1], das Werk Kafkas sei »zum Opfer einer Massenvergewaltigung« geworden – nämlich durch Armeen von Interpreten. Hierzu ist zweierlei zu sagen. Diese »Massenvergewaltigung« hat, wenn sie denn tatsächlich erfolgte, dem Werk nichts anhaben können, es blüht und gedeiht, was sich nachweisen läßt, auf dem ganzen Erdball. Aber es stimmt, daß sich im Zusammenhang mit Kafka eine gewisse Müdigkeit bemerkbar macht, man klagt über Unlust, man spricht von Überdruß.

Doch richtet sich das alles nicht gegen seine Bücher, sondern gegen die Bücher über diese Bücher: Nicht Kafka ruft also den Unwillen hervor, vielmehr die internationale Kafka-Industrie. Anläßlich seines hundertsten Geburtstags im Jahre 1983 wurde dies deutlich, allzu deutlich: Neben wissenschaftlichen und populären Ausgaben der Texte gab es auch eine Flut von Untersuchungen und Biographien, Handbüchern und Bildbänden, von den Symposien, Kolloquien und Ausstellungen ganz zu schweigen. Die rasch spürbare Unzufriedenheit war ungleich größer als das von ähnlichen weltweiten Industrien hervorgerufene Unbehagen – also jenen im Zeichen Thomas Manns oder Bertolt Brechts.

Dies indes hat einen einfachen Grund: Während sich die Deutung der Werke der anderen Jahrhundert-Genies zumindest in Grenzen kontrollieren läßt, gilt das für die Bemü-

hungen um die Gleichnisse Kafkas nicht mehr. Sie können
ebenso viele Interpretationen wie Leser finden. Nach wie
vor trifft Heinz Politzers Befund den Nagel auf den Kopf:
»Diese Parabeln sind ›Rorschachtests‹ der Literatur und ihre
Deutung sagt mehr über den Charakter ihrer Deuter als
über das Wesen ihres Schöpfers.«[2] Damit ist auch erklärt, was
Kafka auf so beängstigende Weise bei den Interpreten beliebt
gemacht hat und noch macht.

So werden überall und unaufhörlich Meinungen verbrei-
tet – sie betreffen häufig Kafka und noch häufiger Meinungen über Kafka. Es mag daher an der Zeit sein, an das Dik-
tum des Geistlichen im »Prozeß« zu erinnern, an die Worte,
mit denen er die Kommentare zum Gleichnis vom Türsteher
vor dem Gesetz kritisiert: »Die Schrift ist unveränderlich, und
die Meinungen sind oft nur ein Ausdruck der Verzweiflung
darüber.« Daß Kafka damit auf die Deutung nicht nur der
Parabel »Vor dem Gesetz« abzielte, sondern diese als *pars pro
toto* behandelte, liegt auf der Hand.

Heute wissen wir besser denn je, daß die Meinungen, die in
der Tat von der Verzweiflung oder doch von der Ratlosigkeit
angesichts des unauslotbaren Werks von Kafka zeugen, ver-
änderlich und – im Unterschied zu diesem Werk – vergänglich sind. So scheint es angebracht, nicht noch ein weiteres
Mal Meinungen über seine Schriften oder über die bereits
vorhandenen Meinungen zu äußern, sondern sich statt dessen
einem Buch zuzuwenden, das noch aus seiner Feder stammt,
das wir bisher nur teilweise kannten und dessen vollständige
Veröffentlichung wohl das wichtigste Ereignis dieses Kafka-
Jahres ist. Ich spreche von seinen »Briefen an Milena«[3].

Gewiß, ein so betiteltes Buch gab es schon 1952. Aber man
hatte damals zehn der erhaltenen Briefe (aus unterschiedlichen Gründen) weggelassen und aus den anderen nicht
weniger als zweiundsechzig (auch längere) Passagen gestri-

chen. Der Band von 1952 war nur ein Torso. Und die Frage
der zeitlichen Anordnung der (von Kafka nicht datierten)
Briefe ließ sich in den ersten Nachkriegsjahren nur proviso-
risch lösen: In der Ausgabe von 1952 war die Reihenfolge
der Dokumente, wie wir heute wissen, zum großen Teil
willkürlich und offenkundig falsch. In der durch geduldige
Nachforschungen ermöglichten neuen (und durchweg überzeugenden) Anordnung ergibt diese Korrespondenz beinahe
eine fortlaufende Geschichte – zumal das Material nicht nur
mit vielen Anmerkungen versehen wurde, sondern auch mit
einem opulenten Anhang, der unter anderem acht (sehr
wichtige!) Briefe Milenas an Max Brod bietet, ferner ihren
Nachruf auf Kafka und drei ihrer Feuilletons.

Kafka brauchte Frauen, die auf seine Gefühle reagieren würden, ohne ihn zu stören oder gar zu verwirren: Sie sollten
ihn beschützen, doch unbedingt in Ruhe lassen. Er sehnte
sich nach ihnen und konnte sie nicht ertragen. Er wollte sie
an sich klammern und mußte vor ihnen fliehen oder sie von
sich stoßen. Er fürchtete die Frauen, die er bisweilen und
insgeheim verabscheute und haßte. Denn sie verkörperten
in seinen Augen etwas, was er bisweilen verabscheute, insgeheim haßte und immer fürchtete – nämlich das Leben:
In seiner aggressiven Kritik an den Frauen verbirgt sich
sein hilfloser Protest gegen die Welt. Damit mag es auch
zusammenhängen, daß er das Bedürfnis hatte, Frauen zu ver-
gewaltigen – freilich ohne sie zu sehen oder zu berühren.
Mit Felice Bauer, seiner Freundin der Jahre 1912 bis 1917
und seiner zweimaligen Verlobten, gelang ihm dies zeitweise:
Er nötigte sie, ihm nahezu täglich Briefe zu schreiben. Es
war Vergewaltigung im Geist[4].
    Daß er seine erotischen Beziehungen meist auf die Kor-
respondenz beschränken wollte, hatte einen guten Grund:

Mit Hilfe von Briefen konnte er sich die Frauen vom Leibe halten und gleichwohl ihre Nähe, ja ihre Anwesenheit spüren. Noch bevor er Felice Bauer kennengelernt hatte, schrieb er Max Brod nach einem belanglosen Flirt in Weimar: »Wenn es wahr wäre, daß man Mädchen mit der Schrift binden kann?«[5] Mit Briefen und nur mit Briefen wollte er Felice Bauer an sich binden. Er warb um sie immer wieder und aufs leidenschaftlichste. Aber er konnte nicht aufhören, sie aufs nachdrücklichste zu warnen: Die eindeutig masochistische Selbstanklage ist das Leitmotiv dieser Zeugnisse einer qualvollen und, genau betrachtet, monologischen Beziehung.

Masochistisch und monologisch war auch Kafkas Verhältnis zu der neben Felice Bauer wichtigsten Freundin seines Lebens – zu Milena Jesenská. Man hat diese beiden Liebesgeschichten miteinander verglichen, und in der Tat ist nicht nur deren äußerer Verlauf auffallend ähnlich. Kafka selber hat darauf in einem Brief an Milena hingewiesen und sie gleichsam um Verständnis gebeten: »Ich kann doch nur immer der gleiche sein und das gleiche erleben.«[6]

Schon vorher hatte es Kafka für nötig gehalten, Milena über die Art seiner inzwischen abgeschlossenen Beziehung zu Felice kurz und aufrichtig zu belehren: »Fast 5 Jahre habe ich auf sie eingehauen (oder, wenn Sie so wollen, auf mich) …«[7] Alles spricht dafür, daß sich dies wiederholt hätte, wenn Milena nur bereit gewesen wäre, auf sich »einhauen« zu lassen. Dies aber war nicht der Fall – oder nur wenige Monate lang. Die Geschichte mit Felice hat epische Breite, jene mit Milena hingegen ist nicht mehr als eine hochdramatische Episode.

Man übertreibt nicht, wenn man sagt, Kafka habe sich in die dreizehn Jahre jüngere Milena verliebt, ohne sie überhaupt zu kennen. Zwar hatte er sie im Herbst 1919 in einem Prager Café gesehen und wohl auch einige Worte mit ihr gewechselt. Doch nachdem sie ihn um die Erlaubnis für die Übersetzung seiner Arbeiten ins Tschechische gebeten hatte, beeilte er sich, ihr von Meran aus, wo er sich erholen wollte, mitzuteilen, daß er sich an ihr Gesicht »eigentlich in keiner bestimmten Einzelnheit« erinnern könne. Das entspricht seiner ersten Tagebuch-Eintragung über Felice: »Knochiges leeres Gesicht, das seine Leere offen trug.«[8]

So waren sie, die Frauen, die Kafka liebte, so sollten sie sein: gesichtslose Wesen, die, eben weil gesichtslos, seine Phantasie besonders stark anregen konnten und sich als Projektionsflächen für seine Visionen eigneten. In seiner permanenten Not brauchte er also weniger reale Personen weiblichen Geschlechts als vor allem Geschöpfe seiner Imagination. Diese freilich konnten ohne reale Vorbilder, die aber weder allzu deutlich noch allzu nah sein durften, nicht entstehen – und er hatte keine Hemmungen, auch das der neuen Korrespondenzpartnerin sehr bald und ohne Umschweife mitzuteilen: Gegen die »wirkliche Milena«, an die er seine Briefe abschickte, spielte er »die noch wirklichere« aus, jene nämlich, die »den ganzen Tag hier war, im Zimmer, auf dem Balkon, in den Wolken«[9].

Doch mit der realen Milena Jesenská, die zusammen mit ihrem Mann Ernst Pollak in Wien lebte, hat die »noch wirklichere«, also das Wunschgebilde, das Kafka auf dem Balkon seiner Meraner Pension oder gar in den Wolken unterbrachte, nur wenig gemein. Das verrät eine andere und noch frühere Formulierung: Zwar konnte er sich an die Einzelheiten ihres Gesichts nicht mehr erinnern, gleichwohl glaubte er, in ihr »das fast Bäuerisch-Frische durch alle Zartheit«[10] zu erkennen.

Nun ließ sich über Milena, die ohne Zweifel eine ungewöhnliche Frau war, allerlei sagen, aber etwas »Bäuerisches« gehörte schwerlich zu ihrem Wesen: Sie konnte weit eher als typisches Produkt einer städtischen oder großstädtischen

Zivilisation gelten. Und bei aller Sensibilität war sie eher robust als zart. Ob sich schließlich im Zusammenhang mit ihrer Person gerade die Vokabel »Frische« aufdrängte, sei dahingestellt.

Milena, die aus einer angesehenen Prager Familie stammte (ihr Vater war Professor der Medizin), fiel schon als Gymnasialschülerin durch ihren Lebenswandel auf: Sie ignorierte alle bürgerlichen Konventionen und hatte es offensichtlich darauf abgesehen, ihre Umwelt zu brüskieren. Sie machte viel von sich reden – durch ihre zahlreichen Liebesabenteuer mit Prager Künstlern und Intellektuellen (im Alter von sechzehn Jahren ließ sie eine Schwangerschaftsunterbrechung vornehmen) ebenso wie durch ihre außerordentliche Verschwendungssucht und durch mehr oder weniger ernste Konflikte mit der Polizei. Daß sie Morphinistin war (und noch lange Jahre vom Morphium abhängig blieb), sei nur am Rande erwähnt.

Dies alles hätte ihr Vater, ein tschechischer Nationalist und ein rabiater Antisemit, vielleicht noch geduldet. Als aber Milena auch noch ein bald schon stadtbekanntes Verhältnis mit einem Juden aus dem deutschsprachigen literarischen Milieu einging (nämlich mit ihrem künftigen Ehemann Ernst Pollak), glaubte der Vater – es war 1917 – rigoros einschreiten zu müssen: Er ließ die Einundzwanzigjährige zwangsweise in einer Nervenheilanstalt in der Nähe von Prag unterbringen.

1918 zog sie mit Pollak, den sie inzwischen geheiratet hatte, nach Wien, wo sie 1919 wegen eines Diebstahls verhaftet wurde. Sie habe das Geld gestohlen, um sich schöne Kleider kaufen zu können, soll sie dem Untersuchungsrichter geantwortet und als Begründung hinzugefügt haben: »War ich in erotische Krise.«[11] So hat es Gina Kaus überliefert. Jedenfalls wurde Milena zu einer Gefängnisstrafe verurteilt. Überdies hatte man ihr in der ersten Nachkriegszeit und auch noch später allerlei Betrugsversuche und andere Vergehen zur Last gelegt. Was ihre amourösen Abenteuer betrifft, so ist sicher, daß diese durch die Eheschließung keineswegs eingeschränkt wurden: Unter anderem hatte sie 1919 ein Verhältnis mit Hermann Broch.

An Kafka war Milena vorerst nur aus beruflichen Gründen interessiert: Sie wollte mit Übersetzungen seiner Prosa Geld verdienen. Aber sie hatte ein besonders ausgeprägtes Gespür für Menschen, zumal für Schriftsteller. Ihre Briefe an Brod beweisen eine starke Intelligenz, deren Wurzel wohl in der Intuition zu finden ist: Sie witterte Talente. Und so gehörte sie zu den wenigen, die damals, 1920, Kafkas Genie erkannten oder zumindest ahnten. Sie bewunderte ihn – und bestimmt war davon in ihren (nicht erhaltenen) Briefen an ihn ausgiebig die Rede.

Er antwortet freundlich und liebenswürdig, doch wendet er sich offensichtlich an eine ihm fremde, ja beinahe gleichgültige Person. Und eben weil sie ihm fremd und beinahe gleichgültig ist, zögert er nicht, sie zu fragen, ob sie, da es ihr in Wien nicht gefalle, vielleicht nach Meran kommen wolle. Wenig später wäre eine solche Anfrage unvorstellbar. 1912 schrieb Kafka in einem Brief an Max Brod: »Dieses Verlangen nach Menschen, das ich habe und das sich in Angst verwandelt, wenn es erfüllt wird…«[12] Seine Korrespondenz mit Milena zeigt gleich in den ersten Wochen beides: Kafkas Verlangen nach Menschen, zumal nach Frauen, und seine Angst vor ihnen.

Kaum hat er gesehen, daß Milena nicht nur an seinen literarischen Arbeiten interessiert ist, sondern auch an seiner Person – und schon sind die Skrupel verflogen, die ihn hindern könnten, sich über das einzige Thema zu verbreiten, das ihn fasziniert: über sich selbst. Sofort steht im Mittelpunkt der Briefe die Selbstdarstellung, die Korrespondenz wird, wie meist bei Kafka, zum Medium der Klage. Und er versucht nicht einmal, seine Egozentrik zu tarnen. Im Gegenteil, in einem seiner frühesten Briefe an Milena heißt es: »Heute schreibe ich nur meinetwegen, nur um etwas für mich getan zu haben …« Und im nächsten Brief: »Ich will einmal nur von mir sprechen.«[13] Einmal? Die Wahrheit ist, daß er in dieser Korrespondenz von nichts anderem spricht, denn wo er auf die Adressatin und deren Leben eingeht, geschieht dies nahezu immer unter dem Aspekt ihrer Beziehung zu ihm. In manchen seiner Bekenntnisse halten sich Aufrichtigkeit und Brutalität die Waage: »Und dabei liebe ich doch gar nicht Dich, sondern mehr, sondern mein durch Dich mir geschenktes Dasein.«[14]

Das wichtigste Kennzeichen dieses Selbstporträts ist das Selbstmitleid: So äußert sich Kafka über seine Krankheit, ihre mutmaßlichen Ursachen und verschiedenen Folgen, er schreibt in nahezu jedem Brief über seine Schlaflosigkeit und, kaum weniger häufig, über seine Lebensangst, über seine vielfachen Qualen und Leiden. Und wo er seine Träume schildert, sind es meist Alpträume.

Zugleich finden sich schon in diesen frühen Briefen Stichworte zu einem Porträt Milenas. Nur fällt auf, daß es stets die Gegenbegriffe sind zu jenen, mit denen er sich selber charakterisiert. Während Kafka sich für alt und mager hält, erscheint sie ihm jung, schön und gesund. Er sei schwach, sie hingegen stark und tüchtig. Gegen sein »Verbrauchtsein« setzt er ihre »Frische«. Immer wieder unterrichtet er sie über seine Angst und Müdigkeit. Doch wo von ihr die Rede ist, betont er konsequent ihren Mut, ihre Unbekümmertheit und Fröhlichkeit.

Ein Stilisierungsprozeß ist hier im Gange, und der eben unterscheidet die Briefe an Milena deutlich von jenen an

Felice: Kafka braucht Milena nicht nur als Projektionsfläche für seine Visionen, sondern auch und vor allem als Gegenfigur – als Verkörperung der Daseinsbejahung und der Lebensfreude. In dieses Wunschbild verliebt er sich wie dereinst Pygmalion in die schöne Galathee.

Aber seiner ersten Liebeserklärung, mit der ein Brief endet, in dem er sich um sie Sorgen machte, folgt (im nächsten Brief) die aufrichtige und wohl auch masochistische Warnung: »Hätte ich voll und dauernd die Sorge so wie ich es geschrieben habe, ich hätte es über alle Hindernisse hinweg auf dem Liegestuhl nicht ausgehalten und wäre einen Tag später in Ihrem Zimmer gestanden. Die einzige Probe auf die Wahrhaftigkeit, alles andere sind Reden...«[15] Denn er, den es noch kurz davor nicht gestört hätte, wenn Milena nach Meran gekommen wäre, denkt nicht daran, zu ihr zu fahren: Schon steht sie ihm zu nahe, als daß er ein Treffen mit ihr riskieren möchte.

Später, im April 1921, gesteht Kafka seinem Freund Brod: »Ich kann offenbar, meiner Würde wegen, meines Hochmuts wegen ... nur das lieben, was ich so hoch über mich stellen kann, daß es mir unerreichbar wird.«[16] Deshalb tut er auch alles, damit Milena für ihn »unerreichbar« bleibt. Er überhäuft sie mit Liebeserklärungen, die beinahe immer konstatieren, worauf er offenbar besonderen Wert legt – die Distanz zwischen den beiden: »Ich bin auf einem so gefährlichen Weg, Milena. Sie stehn fest bei einem Baum, jung, schön, Ihre Augen strahlen das Leid der Welt nieder.«[17]

In einem der Briefe redet er die (doch erheblich jüngere) Milena »Lehrerin!« an, im nächsten beteuert er: »Sie können alles, aber zanken können Sie vielleicht am besten, ich wollte Ihr Schüler sein und immerfort Fehler machen, um nur immerfort von Ihnen ausgezankt werden zu dürfen.«[18] Nicht ohne Unterwürfigkeit schreibt er ihr: »... Und daß ich knie erfahre ich vielleicht erst dadurch, daß ich ganz nahe vor meinen Augen Ihre Füße sehe und sie streichle.«[19] Er fragt: »Was wäre von Dir zu ertragen schwer?« Er beschwört sie schüchtern und inständig zugleich: »Bitte sag mir einmal wieder – nicht immer, das will ich gar nicht – sag mir einmal Du.«[20]

Bereits Anfang Mai findet sich in einem Brief Kafkas an Brod sein enthusiastisches Urteil über Milena: »Sie ist ein lebendiges Feuer, wie ich es noch nie gesehen habe… Dabei äußerst zart, mutig, klug…«[21] Und Anfang Juni konnte er Milena mitteilen, er vertraue ihr »wie niemandem sonst auf der Welt«.[22] Indes kannte Kafka dieses lebendige Feuer und die anderen ihr zugeschriebenen Attribute lediglich aus der Korrespondenz, nur mit Briefen hatte sie sich sein in der Tat nahezu unbegrenztes Vertrauen erworben.

Was stand dahinter? Um es kurz zu machen: Sie spürte seine (für die Umwelt nicht leicht erträgliche) Individualität und nahm sie sofort hin – ohne Widerspruch, ohne Kritik und ohne Vorbehalte. Seine ständige Larmoyanz akzeptierte sie, als sei es eine ganz normale und natürliche Erscheinung. Seine Egozentrik störte sie, vorerst jedenfalls, nicht im geringsten. Auf seinen Exhibitionismus reagierte sie offenbar mit wachsendem Interesse, seine vielfachen Bekundungen des Selbstmitleids lösten bei ihr aus, was sie auslösen sollten: ihre Teilnahme und Sympathie, ihre Liebe.

Vor allem: Auf seine Komplexe, über die er sich in den Briefen an sie ausführlich, um nicht zu sagen, genüßlich äußerte und die er meist mit der Vokabel »Angst« andeutete und zusammenfaßte, ging sie behutsam und verständnisvoll ein. Die schönsten unter ihren Briefen seien jene, schrieb ihr Kafka, »in denen Du meiner ›Angst‹ recht gibst und gleichzeitig zu erklären suchst, daß ich sie nicht haben muß«.[23] So verbanden sich in Milenas Verhältnis zu Kafka Geduld mit

Respekt, Mitleid mit Verehrung und nicht zuletzt Gefühl mit Geist. In dieser Hinsicht übertraf sie (die aus ihrer Hand stammenden Zeugnisse beweisen es unzweifelhaft) alle anderen Frauen in Kafkas Umgebung, die früheren ebenso wie die späteren – vielleicht mit Ausnahme seiner Schwester Ottla.

Aber zu stark, ja zu unbändig ist Milenas Vitalität, als daß sie sich längere Zeit mit einer Beziehung abfinden könnte, die sich nur in der Korrespondenz abspielt und offenbar auch abspielen soll. Sie wünscht ein Treffen, sie schlägt Kafka vor, nach Wien zu kommen. Er wehrt ab. Im nächsten Brief, nur einen Tag später geschrieben, erklärt er die Gründe – und schon seine Diktion mutet neurotisch, wenn nicht hysterisch an: »Ich will nicht (Milena, helfen Sie mir! Verstehen Sie mehr, als ich sage!) ich will nicht (das ist kein Stottern) nach Wien kommen, weil ich die Anstrengung geistig nicht aushalten würde. Ich bin geistig krank, die Lungenkrankheit ist nur ein Aus-den-Ufern-treten der geistigen Krankheit.«[24]

Er beruft sich nun auf immer neue Umstände, die das Treffen angeblich unmöglich machen – oder malt es, falls er zu seiner »schrecklichen Überraschung« doch in Wien sein sollte, in düsteren Farben aus: Er werde dann weder ein Frühstück noch ein Abendessen brauchen, sondern »eher eine Bahre«, auf der er sich »ein Weilchen niederlegen«[25] könne.

Es zeigt sich auch, daß Kafka die persönliche Begegnung mit Milena überhaupt nicht entbehrt. Ihm genügt die Korrespondenz. Gewiß, er schreibt, »diese Lust an Briefen« sei »unsinnig«, aber »trotzdem lehnt man sich weit zurück und trinkt die Briefe und weiß nichts als daß man nicht aufhören will zu trinken«.[26] Auch das Vokabular verrät, daß Milenas Briefe in seinen Augen zu hocherotischen Akten werden: Sie seien »nicht zum lesen da, sondern um ausgebreitet zu werden, das Gesicht in sie zu legen und den Verstand zu verlieren«. Er lese diese Briefe, heißt es an einer anderen Stelle, zitternd »wie unter der Sturmglocke« und »so wie ein verdurstendes Tier trinkt«.[27]

Die Korrespondenz wird hier zum Surrogat der realen Existenz. Mehr noch: Kafka möchte, daß auch Milena seine Briefe in diesem Sinne auffaßt. Er schreibt ihr unmißverständlich: »Sagen Sie nicht, daß zwei Stunden Leben ohne weiteres mehr sind als zwei Seiten Schrift, die Schrift ist ärmer aber klarer.«[28] Schon in dieser frühen, auf die Korrespondenz beschränkten Phase der Beziehung empfindet er Milena, ähnlich wie die früheren Freundinnen, als Bedrohung seiner schriftstellerischen Arbeit und also seiner ganzen Persönlichkeit: Er suche ein Möbel, unter dem er sich verkriechen könne, und »bete zitternd und ganz besinnungslos in der Ecke, daß Du wie Du in diesem Brief hereingebraust bist wieder aus dem Fenster fliegen möchtest, ich kann doch einen Sturm nicht in meinem Zimmer halten«[29].

Von dieser Abwehrhaltung – bei aller Intensität der Zuneigung – zeugt auch ein großzügiges Angebot Kafkas: Als er hört, daß Milenas Ehe allmählich zerfalle und es ihr schwer sei, in Wien zu leben, offeriert er ihr Geld, damit sie für eine Weile verreisen könne – doch nicht etwa nach Meran oder gar nach Prag, wohin er bald zurückzukehren gedenkt: »Am besten dürfte für Sie eine friedliche Gegend in Böhmen sein.« Und er fügt hinzu: »Es wird auch dabei das beste sein, wenn ich mich persönlich weder einmische noch zeige.«[30] Er möchte ihr helfen, nur soll sie in der Ferne bleiben.

Indes ließ sich Milena weder beirren noch entmutigen: Kafkas wiederholte Hinweise auf seine »sinnlose Versunkenheit in Angst« und auf »diese innere Verschwörung gegen mich« haben ihr Interesse an seiner Person eher gesteigert als gemindert. Schließlich vermochte sie seine Hemmungen zu

beseitigen oder ihn jedenfalls zu überreden: Auf dem Rück-
weg von Meran nach Prag besuchte er sie in Wien und verbrachte mit ihr vier Tage. Sie gehören zu den glücklichsten
seines Lebens.

In einem mehrere Monate später geschriebenen Brief an
Max Brod meinte Milena, Kafka habe in diesen wenigen
Tagen an ihrer Seite seine Angst »verloren«: »Bei mir hat er
sich ausruhen können.«[31] Wir wissen, daß Kafka nicht impo-
tent war. Aber die Furcht vor der Impotenz, gleichsam eine
Komponente seiner »Angst«, hatte auf sein Persönlichkeits-
bild einen entscheidenden Einfluß. 1913 gestand er Felice
Bauer: »Meine eigentliche Furcht – es kann wohl nichts
Schlimmeres gesagt und angehört werden – ist die, daß ich
Dich niemals werde besitzen können. Daß ich im günstig-
sten Falle darauf beschränkt bleiben werde, wie ein besinnungslos treuer Hund Deine zerstreut mir überlassene Hand
zu küssen, was kein Liebeszeichen sein wird, sondern nur ein
Zeichen der Verzweiflung des zur Stummheit und ewigen
Entfernung verurteilten Tieres.«[32] 1918, also noch vor der
Milena-Episode, heißt es in einem Brief Kafkas an Brod, ihm
sei »das Tiefere des eigentlichen Sexuallebens verschlossen«.[33]

Offensichtlich war es Milena gelungen, ihm damals die
Furcht vor der Impotenz zu nehmen, indem sie ihm das
Glück eines unmittelbaren erotischen Erlebnisses bescherte,
ohne ihm Sexuelles abzuverlangen. Mit anderen Worten: Die
Wiener Tage erbrachten – so Hartmut Binder – »auch im
Körperlichen einen Grad der Annäherung, den Kafka als
geschlechtliche Vereinigung deuten konnte, auch wenn es
sich de facto nicht um eine solche handelte«[34].

Sicher ist, daß seine in Prag sofort nach der Ankunft aus
Wien geschriebenen Briefe vor Seligkeit überströmten:
»Wenn man durch Glück umkommen kann, dann muß es
mir geschehn. Und kann ein zum Sterben Bestimmter durch

Glück am Leben bleiben, dann werde ich am Leben bleiben.« Er brauche nun »am liebsten alle Zeit die es gibt für Dich … für das Denken an Dich, für das Atmen in Dir«.[35] Und anders als früher sieht er sich selber jetzt zusammen mit Milena: Er könne nichts mehr schreiben, »als das, was nur uns, uns im Gedränge der Welt, nur uns betrifft«. Und: »Entweder ist die Welt so winzig oder wir so riesenhaft, jedenfalls füllen wir sie vollständig.«[36]

Nun heißt es plötzlich: »Alles Schreiben scheint mir wertlos, ist es auch.«[37] Er möchte gleich wieder nach Wien fahren – oder Milena soll zu ihm kommen. Er redet sie »Mutter Milena« an, er vergleicht sich mit einem Kind, »das etwas sehr Böses getan hat und nun steht es vor der Mutter und weint und weint …« Er weiß nicht, »wie das Glück umfassen mit Worten Augen Händen und dem armen Herzen, das Glück, daß Du da bist und doch auch mir gehörst«. Er spricht vom gemeinsamen Sterben: »Aber was auch geschehn mag, es wird in Deiner Nähe sein.«[38]

Doch schon nach elf Tagen erklärt Kafka, daß die wunderbare Wirkung der »körperlichen Nähe« Milenas sich verflüchtige. Wieder wird seine »Angst« zum Leitmotiv der Briefe, er spricht von ihr wie von einer Partnerin: »Gegenseitig in einander verkrampft wälzen wir uns durch die Nächte.«[39] Beide, Milena und er, seien sie verheiratet: »Du in Wien, ich mit der Angst in Prag …« Bisweilen will es scheinen, als seien diese hocherotischen Dokumente Akte der Selbstbefriedigung: »So habe ich nur eine halbe Seite geschrieben und bin wieder bei Dir, liege über dem Brief, wie ich neben Dir lag damals im Walde.«[40] Wieder sind die Schleusen seines Selbstmitleids weit geöffnet.

Zwei Wochen nach Kafkas Rückkehr beginnt in der Korrespondenz aufs neue der Nervenkrieg, den er gegen Milena und somit gegen sich selber führt und offenbar führen muß.

Sie kündigt an, daß sie nach Prag kommen wolle – und schon widersetzt er sich ihrer Absicht: »... komme lieber nicht, Du müßtest ja wieder wegfahren.« Am nächsten Tag wiederholt er diesen Protest und bedauert die »fürchterliche Selbstquälerei«[41] Milenas, die darin bestehe, daß sie ihm täglich Briefe schreibe: Sie solle nun seltener schreiben. Wieder am nächsten Tag widerruft er diese Aufforderung und verlangt, daß sie ihm doch täglich schreibe.

Mehrfach erklärt er ihr, daß und warum er nach Wien nicht kommen wolle und könne. Nach vielen Bitten, Warnungen, Absagen und anderen Komplikationen treffen sich Kafka und Milena in Gmünd, der Grenzstation zwischen Österreich und der Tschechoslowakei. Doch kurz vor diesem Treffen hält er es für angemessen, ihr sein erstes Sexualerlebnis zu beschreiben: Er war Anfang zwanzig, als er mit einer Prager Ladenverkäuferin die Nacht verbrachte. Am Morgen sei er glücklich gewesen, doch habe dieses Glück vor allem darin bestanden, »daß das Ganze nicht *noch* abscheulicher, nicht *noch* schmutziger gewesen war«. Im selben Brief spricht er von seiner »Angst« vor der bevorstehenden Gmündner Nacht.[42]

Die kurze Zusammenkunft in Gmünd, Mitte August 1920, versetzte Kafka einen Schock, den er nie überwinden konnte. Sexuelles Versagen mag dabei eine Rolle gespielt haben. Jedenfalls erinnerte sich Kafka an die knapp vierundzwanzig Stunden in Gmünd mit düstersten Wendungen: »Mißverständnisse, Schande, fast unvergängliche Schande.« Er sei dorthin gekommen, schrieb er in einem Brief an Milena, »ohne es zu wissen, großartig sicher, als könne mir niemals mehr etwas geschehn, wie ein Hausbesitzer kam ich hin«[43]. Aber er mußte erfahren, daß sie keine Möglichkeit des Zusammenlebens mit ihm sah, zumal sie sich allen Krisen zum Trotz doch nicht von ihrem Mann trennen wollte. Im Klartext: Sie war nicht mehr bereit, sich von Kafka quälen zu lassen.

Gleichwohl wird die Korrespondenz mit Milena kontinuiert, und Kafkas Abhängigkeit von ihr scheint kaum schwächer. Aber es ist unverkennbar, daß die Leidenschaft allmählich ausklingt und die gegenseitige Entfremdung wächst. Der Ton der Briefe ist jetzt ruhiger, verhaltener und freilich auch bitterer, die Liebeserklärungen sind eher elegisch als euphorisch: »Gestern habe ich von Dir geträumt... Nur das weiß ich noch, daß wir immerfort ineinander übergingen, ich war Du, Du warst ich.« Indes macht er sich keine Illusionen, er ist sicher, »daß wir niemals zusammenleben werden und können«.[44]

Er bittet sie, ihm nun seltener zu schreiben: »Die täglichen Briefe schwächen statt zu stärken.« Doch das hilft nicht: »Wenn kein Brief kommt, stelle ich es aus und wenn ein Brief kommt klage ich...« Je größer der Abstand zwischen ihm und Milena wird, desto fragwürdiger scheint ihm jegliches Korrespondieren: »... Fast hätte ich gesagt: ich glaube Briefen überhaupt nicht mehr, noch im schönsten ist ein Wurm.«[45] Im November 1920 beklagt er seine »Ohnmacht über die Briefe hinauszukommen, Ohnmacht sowohl Dir als mir gegenüber...« Und: »Diese Briefe sind doch nur Qual, kommen aus Qual, unheilbarer, machen zur Qual, unheilbare.«[46]

Im Januar 1921 teilte Kafka Max Brod mit, er habe Milena »nur um eine Gnade« gebeten: »nicht mehr zu schreiben und zu verhindern, daß wir einander jemals sehn«[47]. Etwa gleichzeitig schrieb Milena, ihre Freundschaft mit Kafka resümierend, ebenfalls an Max Brod: »Vielleicht war ich zu sehr Weib, um die Kraft zu haben, mich diesem Leben zu unterwerfen, von dem ich wußte, daß es strengste Askese bedeuten würde, auf Lebenszeit.«[48] Und als Kafka im April 1921 die Nachricht erhielt, Milena sei lungenkrank, behauptete er, wiederum im Brief an Brod: »Meine Phantasie reicht nicht aus, M. krank mir vorzustellen.«[49] Seine Phantasie hätte schon ausgereicht, nur wollte er das Bild Milenas, das in seiner Vorstellung entstanden war, auf keinen Fall revidieren.

Er tat nun alles, was in seiner Macht war, um Milena nicht wiedersehen zu müssen, er kündigte an, er werde Prag oder den Kurort in der Tatra, in dem er sich zeitweise aufhielt, sofort verlassen, falls sie dort zufällig auftauchen sollte. Er trifft sie erst im Oktober 1921, um ihr den größten Schatz zu überreichen, den er besitzt – seine Tagebücher aus den Jahren 1910 bis 1920. War es ein Abschiedsgeschenk? Oder wollte er auf diese Weise das Interesse Milenas für seine Person aufs neue wecken? Jedenfalls wußte er, daß ihn niemand besser verstanden und niemand mehr geliebt hat – was vielleicht dasselbe bedeutet – als Milena Jesenská.

Einige Monate später, im Frühjahr 1922, nimmt Kafka die Korrespondenz mit Milena doch wieder auf. Aber die Briefe, die er jetzt an sie richtet, unterscheiden sich von den früheren nahezu in jeder Hinsicht. Schon die Anrede signalisiert einen Wandel: Sie lautet nun »Sie« und »Frau Milena«. Erstaunlich auch seine Erklärung: »Sie wissen ja, wie ich Briefe hasse.« Alles Unglück seines Lebens komme »von Briefen oder von der Möglichkeit des Briefeschreibens her«. Und: »Wie kam man nur auf den Gedanken, daß Menschen durch Briefe mit einander verkehren können!« Dies beklagt einer, dessen Briefe, Hunderte und Tausende, Zeugnisse eines Daseins sind, das er selber als »nichtgelebtes Leben« (so in einem Brief aus dem Jahre 1917) und als »sinnlos«[50] empfand.

Mehr noch: Nicht obwohl, sondern eben weil seine Freundschaften mit Frauen, ja seine Erotik im weitesten Sinne, kaum die Bühne verließen, die er sich aus Papier erbaut hatte, stellte Kafka, der doch einst Milena davon überzeugen wollte, daß zwei Stunden Leben nicht unbedingt mehr seien als zwei Seiten Schrift, jetzt resigniert fest: »Briefe schreiben aber heißt, sich vor den Gespenstern entblößen, worauf sie gierig warten. Geschriebene Küsse kommen nicht an ihren Ort, sondern werden von den Gespenstern auf dem Wege ausgetrunken.«[51]

Der ständigen Selbstentblößung entsprechen die vielen beinahe manisch anmutenden Äußerungen der Selbstqual und der Selbstanklage: »Im Umkreis um mich ist es unmöglich menschlich zu leben.«[52] Ähnliches, könnte man einwenden, lasse sich in der Korrespondenz Kafkas auch mit anderen Partnern beobachten. Das trifft schon zu, doch niemals geht seine Selbstqual so rasch und so entschieden in den Selbsthaß über und seine Selbstanklage in die Selbsterniedrigung wie in diesen Briefen: »Schmutzig bin ich Milena, endlos schmutzig, darum mache ich ein solches Geschrei mit der Reinheit.«[53]

In einem früheren, noch in Meran geschriebenen Brief findet sich eine Gegenüberstellung, die beides zugleich erkennen läßt – Kafkas Bedürfnis, die Geliebte zu verklären, und seinen Selbstekel: »Du bist für mich keine Frau, bist ein Mädchen, wie ich kein Mädchenhafteres gesehen habe, ich werde Dir ja die Hand nicht zu reichen wagen, Mädchen, die schmutzige, zuckende, krallige, fahrige, unsichere, heißkalte Hand.«[54]

Man darf nicht vergessen, daß Milena im Unterschied zu Felice Bauer, Grete Bloch, Julie Wohryzek, Dora Diamant und anderen Freundinnen Kafkas keine Jüdin war. In einem jüdischen Milieu aufgewachsen, in dem Kontakte mit Christen eher spärlich waren – als seine Schwester Ottla einen Nichtjuden heiratete, befürwortete Kafka diese Ehe, hielt sie aber für etwas »Außerordentliches« –, sah er in Milena eine

Repräsentantin jener fremden Welt, die ihn reizte und beunruhigte, anzog und belastete.

Schon in einem der frühen Briefe stellte er mit Verwunderung fest, daß sie offenbar »keine Angst vor dem Judentum« habe. Immer wieder glaubte er Milena daran erinnern zu müssen, daß er ein Jude sei, mehrfach bezeichnete er sein Judentum als »gefährlich«. Wie sehr Kafka an diesem Komplex gelitten hat, zeigt seine Bemerkung, für den »Europäer« – womit er den Nichtjuden meint – hätten alle Juden »das gleiche Negergesicht«.

Er sprach mit Ekel vom Antisemitismus, von jener »gemeinsamen abscheulichen, giftigen, aber auch alten und im Grunde ewigen Speise«, aus der sich, wenn einmal diese Schüssel auf den Tisch gestellt ist, jeder Jude seinen Teil zu nehmen habe. Andererseits unterlag Kafka – hierauf wurde gelegentlich hingewiesen –, als er seinen Mangel an seelischem Gleichgewicht der jüdischen Abstammung und der jüdischen Umgebung zuschrieb, in hohem Maße der antisemitischen Stimmung im alten Österreich ebenso wie in der jungen Tschechoslowakei.

Dies sollte man nicht übersehen: Für nahezu alle deutschen Schriftsteller jüdischer Herkunft wurde das Judentum im ersten Drittel unseres Jahrhunderts zu einer Last, die sie abwerfen wollten oder resigniert mitschleppten oder wie ein Banner zu tragen versuchten. Fast alle haben unter ihrem Judentum gelitten, fast alle haben mit ihm jahrzehntelang gehadert. Daß dies auch und vor allem für Kafka gilt, weiß jeder, der seine Bücher gelesen hat.

Es ist sehr aufschlußreich, daß er am Anfang der Korrespondenz mit Milena sich bemüht, ihr die besondere Stellung der Juden innerhalb der Gesellschaft und die sich daraus ergebenden Folgen zu erklären, später jedoch darauf verzichtet: Der jüdische Selbsthaß feiert nun wahre Orgien –

bis hin zu Kafkas Geständnis, er möchte bisweilen alle Juden auf einmal ersticken, sich selber eingeschlossen.

Aber wie radikal und grausam manche Urteile Kafkas über die Juden auch sein mögen – er folgt in dieser schmerzhaften Selbstauseinandersetzung einer uralten jüdischen Tradition. Es spricht wahrlich nicht gegen die Juden, daß sie, ungeachtet des damit verbundenen Risikos, sich nie gescheut haben, ihre eigenen Schwächen und Schwierigkeiten, Makel und Laster vor aller Welt auszubreiten: Unter den Anklägern der Juden waren die Juden selber stets die ersten. Wer will, mag diese Tradition bis zu den Propheten des Alten Testaments zurückverfolgen.

Und wer einen Schlüssel zu den leidend-aggressiven Tiraden Kafkas gegen die Juden sucht (er hat sich zu diesem Thema unzählige Male auch in einem entschieden positiven Sinne geäußert), der sei auf einen beiläufigen Satz aufmerksam gemacht, der sich in einem Brief an Milena findet und der das Motto dieser Briefsammlung ebenso sein könnte wie des ganzen Werks von Franz Kafka. Der Satz lautet: »Ich beschäftige mich mit nichts anderem als mit Gefoltertwerden und Foltern.«[55]

KURT TUCHOLSKY

Ein Deutscher ohne Deutschland

Je weiter wir uns von der Epoche entfernen, in der Kurt Tucholsky gelebt hat – und seit seinem Tod im schwedischen Exil ist bald ein halbes Jahrhundert vergangen –, desto weniger läßt sich bezweifeln, daß er einer der größten Feuilletonisten und erfolgreichsten Humoristen war, die je in deutscher Sprache geschrieben haben. Und immer deutlicher wird das Bild dieses, um es vorsichtig auszudrücken, nicht unproblematischen Schriftstellers. Dazu tragen freilich weniger die Bemühungen seiner (leider oft unseriösen) Interpreten bei als vor allem die uns in den letzten Jahren zugänglich gemachten Dokumente, die noch von seiner eigenen Hand stammen.

So haben schon die 1977 publizierten Briefe Tucholskys an seine Zürcher Freundin, die Ärztin Hedwig Müller, und die 1978 gedruckten »Q-Tagebücher« aus den Jahren 1934 und 1935 der offenbar unvermeidlichen Legendenbildung Grenzen gesetzt. Das gilt ebenfalls und vielleicht sogar in noch höherem Maße für den umfangreichen Band, in dem alle seine Briefe an Mary Gerold-Tucholsky zusammengefaßt sind.[1]

Das Vorwort zu diesem Band beginnt mit der auftrumpfenden Behauptung, das sei Tucholskys »Lebensbuch«. Der Klappentext wiederum offeriert uns die Briefsammlung als seine »Autobiographie«, als die Geschichte »eines ganzen Lebens«. Das stimmt jedoch nicht. Wie kann man von einer

Autobiographie sprechen, wenn die Briefe erst die Zeit ab 1917 betreffen – damals war Tucholsky immerhin schon 27 Jahre alt – und manche Jahre (1925 und 1933) mit keiner einzigen Zeile belegt sind?

Schwerer wiegt noch ein anderer Umstand: Da der Briefschreiber Tucholsky aus begreiflichen Gründen daran interessiert war, sein äußerst intensives Liebesleben vor der Adressatin zu verbergen oder es als gleichgültig auszugeben, bleibt ein zentraler Bereich seiner Existenz konsequent ausgespart. Nein, dies ist weder eine Autobiographie noch ein Selbstporträt, wohl aber ein aus zahlreichen Mosaiksteinen zusammengesetztes Fragment, aus dem sich, wenn man es nur skeptisch, ja mißtrauisch liest, vieles lernen läßt.

Tucholsky hat Mary Gerold im Herbst 1917 in einem kleinen Ort in Kurland kennengelernt: Er verwaltete dort als Unteroffizier eine Leihbibliothek für Soldaten, sie war als Dienstverpflichtete bei der Kassenverwaltung eines Militärstabs tätig. In einem seiner ersten Briefe (noch lautet die Anrede: »Mein sehr verehrtes gnädiges Fräulein«) bittet er das achtzehnjährige Mädchen um Verständnis für seine Ungeduld: »... Sie dürfen mein Tempo nicht übereilt finden. Ich will – also lachen Sie mich nicht aus! – ich will nur Zeit sparen. Ich will die schöne kostbare Zeit nicht vertrödeln – was wäre das für eine Oper, in der die Ouvertüre zwei Stunden dauerte ...«

Der sich rasch ändernde Tonfall der Briefe läßt erkennen, daß die beiden die Zeit nicht vertrödelt haben. Anfang Mai 1918 schreibt Tucholsky, es sei zwar »eine etwas lächerliche Angelegenheit« sich »eeewige Treue« zu schwören, aber: »Wenn nicht alles täuscht: wollen wir dabei bleiben, zusammenzugehören? Ich meine ja.« Im Juli endet einer seiner Briefe mit der Bemerkung, es sei »so ganz selten, daß eine Frau einmal beides zugleich ist: Gefährtin und Geliebte«.

Zehn Tage später konstatiert er knapp, »daß man ohne einander nicht mehr auskommen kann«.

In einem gewissen Sinne traf dies zu: Jahrelang hat Tucholsky Mary Gerold gebraucht, es fiel ihm schwer, ohne sie
auszukommen. Doch zeigte sich zugleich, daß er mit ihr
weder leben konnte noch wollte. Seine Gefährtin war sie
nie, seine Geliebte oder Ehefrau nur zeitweise. Dennoch hat
sie in seinem Leben – trotz vieler anderer und einiger keineswegs flüchtiger Frauenbeziehungen – eine außerordentliche Rolle gespielt; und es ist nicht verwunderlich, daß er
ihr sein Vermögen vermacht und sie zur Nachlaßverwalterin
bestellt hat.

Natürlich kam er in den Hunderten an sie gerichteten
Briefen auf sehr verschiedene Fragen zu sprechen. Gleichwohl kreiste er mit nahezu manischer Besessenheit um ein
einziges Thema: Tucholsky schrieb über Tucholsky. Ob die
Adressatin überhaupt wissen wollte, was er ihr hier – meist in
großer Ausführlichkeit – darlegte, kümmerte ihn nicht.
Denn allem Anschein zum Trotz haben wir es eben nicht mit
Äußerungen eines Dialogpartners zu tun. Vielmehr sind es,
von wenigen Ausnahmen abgesehen, Monologe in Brief-
form oder auch Tagebucheintragungen, die er zwar Mary
Gerold regelmäßig zuschickte, die aber nicht unbedingt und
nicht immer für sie bestimmt waren.

Mit dem extrem egozentrischen Charakter dieser Dokumente mag auch deren Sprache zusammenhängen. Da ist zunächst einmal die sonderbare Anrede. Mary Gerold mochte,
wie der Herausgeber Fritz J. Raddatz zu informieren weiß,
»aus Scheu vor dem älteren Mann« (dabei war er nur neun
Jahre älter als sie) und »aus Respekt vor dem Schriftsteller«
niemals, also auch nicht als sie miteinander verheiratet waren,
»Du« zu ihm sagen; Tucholsky habe dafür Verständnis gehabt
und sie sogar ausdrücklich gebeten, auf das »Du« zu verzichten.

Jedenfalls hat er sie in seinen Briefen nur selten direkt angeredet und meist von ihr in der dritten Person gesprochen. Mehr noch: Er transponierte sie auch noch ins Männliche. Mary Gerold ist für ihn nicht etwa eine »sie«, sondern ein »er«. Das klingt dann so: »Ich will mir und Ihm und uns das Herz nicht schwer machen, aber wenn Er weiß, was Sehnen ist – Weiß er? – Er weiß alles und ist ein furchtbar kluger (und dicker) Mann...«

Überdies sind viele Briefe an Mary in einer kindlichen, wenn nicht kindischen Diktion geschrieben. Tucholskys Vorliebe für die infantile Ausdrucksweise kennen wir aus seiner frühen Erzählung »Rheinsberg« (1912). Von Claire und Wolfgang, den Helden dieser Geschichte, heißt es, sie hätten sich »eine Sprache zurechtgemacht, die im Prinzip an das Idiom erinnerte, in dem kleine Kinder ihre ersten lautlichen Verbindungen mit der Außenwelt herzustellen suchen«. 1921 indes, als das fünfzigste Tausend von »Rheinsberg« ausgeliefert wurde, machte sich Tucholsky über diese »Privatsprache« lustig und staunte, »wie sich erwachsene Menschen mit solchem Klimbim die Zeit vertreiben können«.[2]

Er selber aber wollte auf eine derartige »Privatsprache« nicht verzichten, er liebte den »Klimbim« mit den eher albernen als witzigen Wortverdrehungen und Verballhornungen. So heißt es in den Briefen »bikommen« und »eingikauft« und »eingeloffen«, »Tschloß« und »Tschnurrbart«, »Gartikel« und »Fermilienidylle«, »hopfentlich« und »mide« (oder »miede«), er erfindet Worte wie »Betheaterung«, »Bezeitung« und »Beuntergrundbahnung«, er spricht von »dippelmatischen Affairen«, er schreibt das Wort »Lümmel« mit sechzehn »m«. Und so lesen wir in einem Brief vom August 1918: »Du furchtbar dikkkkkkkkkkker Mann – hat Er eigentlich abginommen oder ist er etwa *noch* dicker giworden...?«

Was soll das? Wollte Tucholsky den Teufel mit dem Beelzebub austreiben? War es also die Angst vor der Lächerlichkeit, die ihn immer wieder in eine künstlich-naive, absichtlich lächerliche Sprache fliehen ließ? Genierte er sich seiner Sentimentalität und wollte sie mit diesen Infantilismen tarnen? Oder versuchte er, von der Adressatin, indem er über sie meist in der dritten Person schrieb und sie in der dritten Person anredete, insgeheim, im Widerspruch zum Inhalt vieler Briefe, doch wieder abzurücken? Wollte er so einer allzu großen Nähe und Vertraulichkeit entgegenwirken? Und ist die sonderbare und auch erstaunlich hartnäckige Transposition der Freundin ins Maskuline etwa als eine radikale Verfremdung zu verstehen, die seine Abhängigkeit verringern und die möglicherweise angestrebte Distanzierung erleichtern sollte?

Denn dies ist sicher: Seine Monologe mögen Liebesbriefe sein, nur wendet er sich nicht an eine leibhaftige Person, sondern, zunehmend deutlich, an ein Phantasieprodukt. Es scheint, daß Tucholsky, der Liebende, nichts mehr fürchtete als die Konfrontation mit der Realität und daß er sich um jeden Preis Enttäuschungen ersparen wollte.

Er konnte nicht aufhören, sich über seine angebliche Sehnsucht nach Mary zu verbreiten – und erklärte ihr immer wieder und sehr wortreich, warum er dagegen sei, daß sie zu ihm komme. So schrieb er ihr im August 1918 aus Rumänien, wo der Unteroffizier Tucholsky Leiter einer deutschen Polizeistelle war: »Ich weiß, Du würdest mit mir überall hingehen und auch in die einfachsten Verhältnisse … Aber es muß gesichert und vernünftig sein, und wenn ich das nicht schaffen kann, dann kann ich es nicht und würde keinen Augenblick zögern, es offen zu sagen und Dich zu bitten – versteh das nicht falsch … Ich will nicht, daß Du diese äußerlichen finanziellen Dinge mit dem verwechselst, was uns verbindet. *Das* ist unerschütterlich.«

Der Krieg geht zu Ende, Tucholsky kehrt nach Berlin zurück. Im ersten Brief teilt er im Dezember 1918 der nach wie vor in Kurland wohnenden Mary mit: »Ich glaube, es geht doch nicht ohne Ihn.« Aber schon im übernächsten Satz wird diese unmißverständliche Liebeserklärung nicht weniger unmißverständlich zurückgenommen: »Es muß ohne Ihn gehen, wenn ich Ihm hier nicht eine Häuslichkeit bieten kann, in der sich – bescheiden, aber – anständig leben läßt.«

Zugleich verkündet er klipp und klar: »Er ist doch die einzige Frau, mit der man zusammenleben möchte.« Die Briefe indes beweisen, daß er sie nach wie vor nicht in Berlin haben will. Er wirbt um sie, aber er möchte sie sich vom Halse halten. Er hat in Berlin genug Freundinnen, sie hingegen, die junge, blonde Baltin, benötigt er gleichsam als »ferne Geliebte«, genauer und prosaischer gesagt: als ständige Korrespondenzpartnerin, als Bezugsperson.

Nicht Marys Nähe also braucht er oder gar ihre Anwesenheit, er braucht ihre Briefe. Indes interessiert ihn der Dialog nur wenig. Gleichwohl kann er das Echo kaum erwarten. Einer der Schlüsselsätze des Bandes »Unser ungelebtes Leben« lautet: »Und wenn Er mir ein Kochrezept aufschreibt, so ist auch dies ein Liebesbrief ...«

Im Juni 1919 versichert er ihr wieder einmal, daß er sie sehen möchte: »Ich will aber, daß das unter ausreichender Sicherheit geschieht. Du verstehst, wenn ich lieber zurücktrete, als Dich in Verhältnisse hereinzuholen, die Dich bedrücken könnten. Zu einer Fürstenkrone wirds nicht langen – aber einigermaßen anständig solls schon hergehen.« Damit sind eindeutig die materiellen Umstände gemeint, sie sollen Tucholskys mit vielen sehnsüchtig-leidenschaftlichen Ausdrücken verkleidete Weigerung rechtfertigen. Schon der Stil der Briefe verrät, daß er sie auf keinen Fall an seiner

Seite haben möchte: »Und ich mag und mag nicht, daß Er hierher kommt, ohne daß ich mir selbst sagen kann: ›Es geht.‹« Das Ganze ist zumindest dubios, da wir wissen, daß er damals als Chefredakteur des »Ulk« durchaus ansehnliche Einkünfte hatte.

Nichts charakterisiert Tucholskys Beziehung zu Mary Gerold mehr als diese ständige Ambivalenz, als diese fortwährende Mischung aus Zuneigung und Abwehr, Sehnsucht und Angst. Er stammelt: »Und wenn Du erst da wärst! Und wenn Du erst da wärst –! Wann? Wann?« Aber wenige Tage später schreibt er ihr, sie sei »persönlich frei« und könne heiraten, wen sie wolle, sie wüßte doch, daß sie nicht gebunden sei.

Die unentwegt repetierten Verweise auf die angeblich nicht ausreichenden Verdienste Tucholskys ergänzen bald andere Umstände, die ein gemeinsames Leben erschweren würden: Mary sei keine »gewiegte Hausfrau«, auch die Sparsamkeit müßte sie erst erlernen. Er möchte Berlin verlassen, er brauche Einsamkeit, und schon fragt er: »Ist Dir das zu einsam? Wird es Dir nicht zu langweilig sein?«

Im Januar 1920 ist Mary Gerold (nach immerhin zweijähriger Trennung) schließlich in Berlin. Auch während dieses Aufenthalts schreibt ihr Tucholsky, der manische Epistolograph, lange Briefe. Sie registrieren eine tiefe Entfremdung, eine ernste Krise: »Du versteckst Dich, Du gibst Dich nicht mehr so wie früher … Es ist irgend wie tot – wie erstorben … Es ist wie wenn wir aneinander vorbeilebten.« Schnell kehrte Mary Gerold nach Lettland zurück, einige Wochen später heiratet Tucholsky seine langjährige Freundin, die Ärztin Else Weil, auf deren Existenz er in den bisherigen Briefen an Mary nicht einmal angespielt hat. Kurz darauf notiert er in seinem (für Mary bestimmten) »Blauen Tagebuch«: »… Wie ich Dich liebte und wie Du mich zugleich abstießest – abstießest, ohne es zu wollen.« Die Eintragung endet mit den Worten: »Es kann nicht vorbei sein. Komm wieder.«

In der Tat wurde die Beziehung 1923 wieder angeknüpft, Anfang 1924 ließ er sich von Else Weil scheiden, und als einige Monate später schon beschlossen war, daß Tucholsky und Mary Gerold heiraten würden, schrieb er ihr: »Hat eine wahnsinnige Angst, ihn noch einmal zu verlieren – und weiß genau, daß nie wieder eine solche kommt.« Vieles spricht dafür, daß ihre Beziehung nach der Eheschließung (im August 1924) noch qualvoller wurde, als sie es ohnehin schon war. 1928 haben sie sich endgültig getrennt. In dem Abschiedsbrief an Mary, geschrieben an dem Tag, an dem er Gift genommen hatte, heißt es: »Wenn aber zur echten Liebe dazu kommen muß, daß sie *währt*, daß sie immer wieder kommt, immer und immer wieder –: dann hat (er) nur ein Mal in seinem Leben geliebt. Ihn.«

Gewiß, er hat sie auf seine Weise ein Leben lang geliebt. Aber die Frage, ob Tucholsky in ihr je einen erwachsenen, selbständigen Menschen zu sehen bereit war, ob er sie je als Individuum ganz ernst genommen hat, ist so abwegig nicht, wie es im ersten Augenblick scheinen mag. Daß Mary – oder überhaupt eine Frau – eine intellektuelle Partnerin sein könnte, kam ihm nicht in den Sinn. Für ihn sei es wichtig – schrieb er ihr einmal – zu wissen: »Es ist eine da.« Das Richtige fange erst an, wenn diese seine Hand halte und ihn ansehe. Und er fährt fort: »Klugheit? Klug bin ich alleine. Meine dicken Bücher will ich bei einer Frau nicht noch einmal bestätigt sehen.«

Der Satz: »Du bist ein kleines Mädchen, aber du bist doch eine Dame«, bringt sein Verhältnis zu Mary auf eine knappe Formel: Er behandelt sie wie ein kleines Mädchen, dessen Nähe ihn nur stören würde, stilisiert sie jedoch in seiner

Vorstellung zu einer Dame. Diese Vokabel, die er gern und häufig verwendet, ist eine Art Schlüsselwort. Seine Ehefrau – schreibt Tucholsky – müsse »eine Dame« sein, »oder sie ist nicht meine Frau«.

Den Gedanken, Mary könnte, mit ihm zusammenlebend, einen Beruf ausüben oder zumindest irgendeiner Tätigkeit nachgehen, weist der Bürger Tucholsky, der bisweilen auch vom Spießbürgerlichen nicht frei ist, weit von sich. Im Gegenteil: Er verspricht ihr, sie werde sich an seiner Seite »pflegen« können und »die kleine Dame« sein, »die Du doch schließlich einmal bist«. Während er in seinen Aufsätzen in der »Weltbühne« alles Bürgerliche wütend attackierte und geistreich persiflierte, wollte er in seinem Privatleben eben bürgerlichen Vorbildern nacheifern. Mary dürfe keinesfalls nach Berlin kommen, bevor er die Gewißheit haben könne, daß »eine vernünftige Stütze in der weißen Schürze« sie »in einer fertig eingerichteten Wohnung« erwarten werde. So im Herbst 1919.

Doch auch im Sommer 1924, wenige Wochen bevor sie heiraten, versichert er ihr, sie werde sich immer ausschlafen und nach Tisch schlafen können und nicht mehr zu arbeiten brauchen. Etwas apodiktisch fügt er hinzu: »Soll nicht mehr arbeiten.« Auch in den späteren, nach der Trennung von Mary geschriebenen Briefen fragt Tucholsky so gut wie nie nach ihrer beruflichen Arbeit. Übertreibt man, wenn man sagt, er habe sie geliebt, ohne sich für sie zu interessieren.

Oft genug wiederholte er »Ich kann ohne Ihn nicht mehr« – und begründete dies sogleich mit allen Details seiner psychischen Krisen: »Manchmal ist Angst um ein Glück größer als das Glück selbst.« Noch im Abschiedsbrief vom Dezember 1935 ist von jener Angst die Rede, »die keinen Grund hat, keinen anzugeben weiß«. Für die extremen Minderwertigkeitsgefühle, die Tucholsky offenbar sein ganzes

Leben lang gequält hatten, konnte er ebenfalls rationale Gründe nicht anführen. »Das Herz voller Angst« frage er sich – es war 1923 –: »Darfst du denn überhaupt einen andern Menschen an deinen Jammer ketten, an dieses unerfüllt halb gescheiterte, kaputt gemachte und deutsche Leben niederster Observanz?«

Daß Tucholskys Komplexe und somit das Spezifische seiner Beziehung zu Mary Gerold auch mit seiner jüdischen Herkunft zu tun hatten, läßt sich nicht von der Hand weisen. 1929 schrieb er, übrigens nicht an Mary, sondern an einen Freund: »Mich hat die Frage des Judentums niemals sehr bewegt.«[3] Dies jedoch war die bare Unwahrheit. In Wirklichkeit hat er an seinem Judentum ein Leben lang gelitten und mit ihm – wie zahlreiche Briefe belegen – immer wieder gehadert.

Aber wenn es auch in Tucholskys Prosa an aggressiven und bösartigen Bemerkungen über Juden nicht mangelt, sollte man nicht gleich vom militanten Antisemitismus reden: Es handelt sich vornehmlich um eine schmerzhafte Selbstauseinandersetzung mit unverkennbarem Hang zum Selbsthaß. Das resignierte Fazit dieser Selbstauseinandersetzung findet sich in dem wenige Tage vor Tucholskys Selbstmord an Arnold Zweig gerichteten Brief. Der einst vorgab, ihn habe die Frage des Judentums nie sehr bewegt, mußte nun erkennen: »Ich bin im Jahre 1911 ›aus dem Judentum ausgetreten‹, und ich weiß, daß man das gar nicht kann.«

So war Mary Gerold auch das Objekt seiner Sehnsucht nach dem Fremden, dem Andersartigen. Nicht zufällig betonte er immer wieder ihre Blondheit, er nannte sie »das blondeste Glück eines ganzen Lebens«. Sie personifizierte für ihn jenen »sauberen, hellen, klaren Norden«, von dem er 1918 träumte. Und es ist bezeichnend, daß Tucholsky dem achtzehnjährigen Mädchen mit abfälligen Urteilen über

Jüdinnen zu gefallen suchte: »Merkwürdig, wie wenig Kraft in ihnen steckt. Du hast im kleinen Finger mehr als sie. Es ist alles so abgebraucht und lasch und gleichgültig – Rasse ist nicht viel dabei. Nein, diese Frauen mag man gar nicht ...«

Wie wenig derartige Äußerungen ernst zu nehmen sind, beweist schon der Umstand, daß er sehr bald eine Jüdin geheiratet hat und später ein mehrjähriges Verhältnis wiederum mit einer Jüdin (Lisa Matthias) hatte. Gelegentlich hat er selber in seiner jüdischen Herkunft die Ursache der zahllosen Krisen in der Beziehung zwischen ihm und Mary gesucht. Es könne sein – schrieb er ihr 1920 –, »daß Du vielleicht doch und allerletzten Endes keine Literaten, sondern Offiziersnaturen um Dich brauchst, keine schwarzen, sondern blonde Menschen«.

Vor diesem psychischen Hintergrund muß auch sein Verhältnis zu Deutschland gesehen werden. Politisches spielt in den Briefen an Mary zwar nur eine unerhebliche Rolle, gleichwohl fehlt es nicht an aufschlußreichen Randbemerkungen und Seitenhieben.

Zunächst fällt auf, daß von jenem Pazifismus, den er nach dem Zusammenbruch des Kaiserreichs so konsequent vertrat, Tucholsky sogar in den letzten Monaten und Wochen des Krieges noch weit entfernt war. Im August 1918 meinte er, »ein übereilter Friede« wäre »das Schlimmste, das uns passieren könnte«. Zwei Tage später gestand er ganz ohne Reue, er wünsche nicht, »daß der Krieg nun auf einmal ein Ende hätte«. Am 17. Oktober 1918, also nur drei Wochen vor der Kapitulation, war es ihm »fast unmöglich zu sagen, wer recht und wer unrecht hat: die, die zur Weiterführung des Krieges raten, weil sie kein deutsches Land abtreten wollen, und die immer behaupten, wir könnten noch – oder die andern, die alles annehmen, weil sie meinen, es ginge nicht mehr, die Kräfte seien aus«.

Daß die Weimarer Republik Tucholsky seelisch gebrochen habe, gehört zu den Legenden, die von naiven oder verlogenen Interpreten erfunden wurden. Vielmehr hat – und das zeigen die Briefe an Mary abermals mit großer Deutlichkeit – die Mentalität eines längst seelisch Gebrochenen dessen Ansichten über diese Republik geprägt. Er war kaum zehn Tage in Paris, als er – im April 1924 – der Freundin schrieb: »Schon jetzt klingt mir meist was aus Deutschland kommt, wie aus dem Keller.«

Schon Mitte der zwanziger Jahre klagte der große Humorist über Lustlosigkeit und Schwermut, über unüberwindbare Depressionen. Das so häufig bewunderte, gerühmte und besungene Berlin dieser Zeit – für Tucholsky symbolisierte es bloß die verhaßte Republik: »Hier geht das Beste von mir in die Binsen« – behauptete er 1927 – »mir bekommt die Stadt nicht, alle meine schlechten Eigenschaften entfalten sich in ihr. ... Wie mich das alles ankotzt.«

Die Mitarbeiter der »Weltbühne« wünschen, daß er die Leitung des Blattes übernehme, aber er lehnt ab: »Ich möchte immerzu heulen und alles hinwerfen, mir liegt das ja gar nicht, was geht mich denn das Ganze an? Gar nichts.« Und im Juli 1927: »Mich interessieren diese deutschen Sachen immer weniger. Ginge es nach mir, ich verkröche mich irgendwo.« Ein Jahr später bedauert Tucholsky, »nicht genug Geld zu haben, um zu schweigen und immer zu schweigen«. Und: »In Wahrheit ist gar nichts mehr in mir drin, und ich will in ein Kloster und meine Ruhe.«

Die gleichzeitige Zusammenarbeit mit politisch sehr unterschiedlichen Blättern führt zu Komplikationen – obwohl er gewissen Zugeständnissen nicht abgeneigt ist. Mit der Politik der »Vossischen Zeitung« könne er keinesfalls einverstanden sein, was er da mache, sei »ja schon an sich ein dicker Kompromiß«. So 1924. Dennoch arbeitet er weiter für die »Vossische«. 1927 erwartet Tucholsky ein Angebot der »Frankfurter Zeitung«. Daß es ausbleibt hat, wie er vermutet, sein Pariser Kollege Friedrich Sieburg verschuldet, mit dem ihn zwar gute Beziehungen verbinden, aber: »*So* gut ist Sieburg für mich nicht.«

Im Herbst 1928 wird er im Ullstein-Konzern, dem er seine Haupteinkünfte verdankt, belehrt, man könne nicht »den Kapitalismus angreifen und noch dazu so scharf und bedingungslos – und dann Geld von ihm nehmen«. Er sieht ein: »Daran ist natürlich etwas Wahres.« Es handelt sich um Tucholskys Beiträge für die A.I.Z., die kommunistische Illustrierte, die der Münzenberg-Konzern herausgibt. »Die Sache ist sehr peinlich, weil ich nicht im Recht bin und ein schlechtes Gewissen habe.«

Jedenfalls will er sich seine Chancen bei der bürgerlichen Presse unter keinen Umständen verderben. Im Sommer 1929 – er lebt inzwischen in Schweden – erklärt Tucholsky mit nicht zu übersehender Entschiedenheit: »Ich habe gar keine kommunistischen Ambitionen – keine.« Doch könne er dem Hause Ullstein nur dann das Recht einräumen, »meine Haltung zu beeinflussen, wenn es meine gesamte Arbeitskraft gemietet hätte«. Offenbar ist er zu politischen Zugeständnissen bereit, auch wenn er trotzig feststellt, er wolle die Frage seiner »künstlerischen Freiheit« nicht einmal diskutieren. Allerdings hatte der Ullstein-Konzern Bedenken in künstlerischer Hinsicht überhaupt nicht geäußert.

1930 schrieb er der jetzt in Berlin wohnenden Mary: »Munter sieht es in Eurer Republik aus!« War die Weimarer Republik *sein* Staat nicht mehr? Sie war es nie gewesen. Ihre Schwächen und Gebrechen hatte er von Anfang an erkannt und gegeißelt – scharf und stets unnachsichtig. Aber ihre Möglichkeiten wahrzunehmen, war er nicht imstande. Schon 1925 spottete er in der »Weltbühne« aus Anlaß der Wahl

Hindenburgs zum Reichspräsidenten: »Dem der Krieg wie eine Badekur bekommen ist, der wird Präsident der deutschen Republik, die es nun wohl nicht mehr lange sein wird. Sie hats verdient.«[4] Wie sich Tucholsky niemals mit ihr identifiziert hat, so hat er sich auch und gerade in ihren letzten Jahren geweigert, sie zu verteidigen. Mit der Frage, was denn nach dieser Republik kommen könne, wollte er sich nie ernsthaft befassen.

Die Satire habe – meinte er – eine Grenze nach oben (»Buddha entzieht sich ihr«) und auch eine nach unten: »In Deutschland etwa die herrschenden faschistischen Mächte. Es lohnt nicht – so tief kann man nicht schiessen.«[5] Dies im März 1932. In der Tat war die nationalsozialistische Bewegung für Tucholsky kein Thema, es sei denn gelegentlich für kleine Humoresken. Ihnen läßt sich entnehmen, daß er sich ein nationalsozialistisches Deutschland zwar ziemlich ekelhaft, doch letztlich etwas harmlos vorstellte.

Wo immer er lebte – er schrieb stets über die Deutschen. Aber er mied sie. Deutschland war, wenn nicht sein einziges, so jedenfalls sein wichtigstes Thema. Doch schon ab 1924 wollte er nicht mehr in Deutschland leben. Zu Hause war Tucholsky nirgends. Denn es war ihm nicht gegeben und nicht gegönnt, sich zu binden – weder an einen Ort noch an ein Land, weder an eine Gruppe noch an eine Partei, weder an eine Idee noch an eine Religion. Zu dauerhaften Bindungen an Menschen, an Frauen oder an Männer, war er ebenfalls nicht fähig. Er fürchtete die Gebundenheit und litt an seiner Unfähigkeit zu Bindungen.

Er verhöhnte die Bürger, wo er sie zu finden glaubte. Aber er selber war und blieb ebenfalls ein Bürger – freilich einer, der auf allerlei Abwege geraten war. Er wollte sich vom Judentum losreißen, das er oft verunglimpfte. Doch verdankte Tucholsky jener deutsch-jüdischen Tradition, für die im vergangenen Jahrhundert die Namen Heine und Börne stehen, ungleich mehr, als er vor sich selber und vor seiner Umwelt zugeben mochte.

Bisweilen rühmte er sich seiner Heimatlosigkeit, an der er insgeheim litt, und seines Einzelgängertums, das ihn unentwegt quälte. Allem Anschein zum Trotz wollte sich Tucholsky weder mit dem einen noch mit dem anderen abfinden. Im Juni 1935 notierte er in seinem Tagebuch schlicht und traurig: »Immer suchen ist nicht schön. Man möchte auch mal nach Hause.«

Er hat Berlin verabscheut, Preußen verachtet und Deutschland verpönt. Aber das schillernde und, wie sich zeigt, unverwüstliche Werk Kurt Tucholskys ist undenkbar ohne Berlin, ohne Preußen, ohne Deutschland. Ein Berliner war er wie kaum ein anderer Schriftsteller seiner Epoche, ein Preuße wider Wille, ein Deutscher ohne Deutschland.

Einer von uns

Verkannt war er nie, unterschätzt wurde er nur selten. Schon wahr: In den Jahren der Weimarer Republik hat ihn die Kritik bisweilen nicht ganz ernst genommen und oft ignoriert. Aber das konnte seinen Erfolg nicht gefährden, seinen raschen Ruhm nicht schmälern. Er und seine Leser – sie haben sich sofort gefunden: schon 1912, als der kaum Zweiundzwanzigjährige mit der Erzählung »Rheinsberg« debütierte, nach der später, einem Wort ihres Autors zufolge, »generationsweise vom Blatt geliebt wurde«.[6]

So war er vom ersten Augenblick an ein Publikumsschriftsteller – und er ist es bis heute geblieben. Das macht uns jetzt, da es gilt, seinen hundertsten Geburtstags zu gedenken, die Sache leichter: Wir dürfen ihn feiern, ohne ihn zu rühmen. Dieser Jubilar ist auf Lobredner nicht angewiesen. Man kann sein Werk anzweifeln und in Frage stellen, auf seine Schwächen hinweisen und von seinen Untugenden sprechen – und man braucht dabei nicht zu befürchten, er könnte etwa vom Sockel fallen. Er, der Berliner Jude Kurt Tucholsky, hat seinen Platz im Pantheon der deutschen Literatur unseres Jahrhunderts, vielleicht einen etwas abseits gelegenen, denn er war ein Feuilletonist und nicht mehr. Doch ist es ein sicherer, ein solider Platz: Während die Sockel mancher seiner einst ungleich mehr geachteten Zeitgenossen schon seit einer Weile bröckeln, weist der seinige nach wie vor keine Risse auf.

Ja, mir will es sogar scheinen, daß die Rolle, die er im Bewußtsein der deutschen (also natürlich der deutschsprachigen) Leserschaft ohnehin gespielt hat, im Laufe der letzten Jahre noch größer geworden ist. Das hat ebenso mit der Eigenart seiner Schriften zu tun wie mit neuen Publikationen, die uns in dieser Zeit zugänglich gemacht wurden. Die beiden Ergänzungsbände zu seinen Anfang der sechziger Jahre erschienenen »Gesammelten Werken« (»Deutsches Tempo«, 1985, und »Republik wider Willen«, 1989) fassen auf nicht weniger als 1300 Seiten Tucholsky-Texte zusammen, die noch nie in einer Buchausgabe zu finden waren und von deren Existenz wir in den allermeisten Fällen nichts wußten. Also Resteverwertung? Das mag ja sein. Dennoch sind es nützliche und lesenswerte Bände geworden. Allerdings fügen sie seinem Bild wichtige neue Züge nicht mehr hinzu.

Dies gilt hingegen für den anderen und aus heutiger Sicht ungleich interessanteren und ergiebigeren Teil seines unlängst veröffentlichten Œuvres: die Briefe von Hedwig Müller (1977) und an Mary Gerold-Tucholsky (1982) sowie für seine Tagebücher (1978) und schließlich für den jetzt vorliegenden Auswahlband mit bisher ungedruckten Briefen aus den Jahren 1913 bis 1935. Sein Titel läßt sich nicht verschweigen. Er lautet »Ich kann nicht schreiben, ohne zu lügen« und geht auf eine Briefstelle von 1927 zurück, die man auf der Rückseite des Buches zitiert hat. Tucholsky meint da gerade das Gegenteil. Er spricht von seinen depressiven Zuständen und erklärt: »... gibt es Tage, wo ich nicht schreiben *könnte*, ohne zu lügen – und da mag ich nicht.«[6] Man hat ihn schon oft denunziert und verleumdet, doch niemals, jedenfalls nicht nach 1945, so fahrlässig wie mit diesem törichten Titel.

Sein Verhältnis zu Deutschland und den Deutschen, seine Ansichten über das Christentum, den Kommunismus und den Faschismus, zumal den französischen, sein Leiden weniger am Judentum als an den Juden, seine politische Intelligenz und seine politische Torheit, seine Weisheit und seine Albernheit, seine fortwährenden psychischen Krisen und deren (sehr unterschiedliche) Konsequenzen – das alles sehen wir nun weit besser und genauer als früher.

Zugleich müssen wir erkennen, daß zu den vielen Krankheiten, an denen Tucholsky litt, auch die chronische Graphomanie gehörte: Er war schreibsüchtig. Natürlich wäre es absurd, ihn mit jenen zu verwechseln, die unbedingt etwas sagen müssen, weil sie nichts zu sagen haben, und die unbedingt das, was aus ihnen hinauspurzelt, auch gedruckt sehen möchten. Nicht daß er zu wenig, sondern daß er zu viel zu sagen hatte, daß er die ihn bedrängende Wortflut nicht eindämmen, das Mitteilungsbedürfnis kaum zähmen konnte, war die Crux des Schriftstellers Tucholsky.

Wie außergewöhnlich, ja pathologisch dieses Mitteilungsbedürfnis war, zeigte sich im letzten Abschnitt seines Lebens, als er nichts mehr publizieren wollte und sich tatsächlich von diesem Entschluß nicht abbringen ließ. Er schrieb damals nicht nur Hunderte, sondern wahrscheinlich Tausende von Briefen. Mehr noch: Er schickte seiner Freundin Hedwig Müller innerhalb von kaum mehr als drei Jahren (1932 – 1935) neben 270 Briefen auch noch Hunderte von (keineswegs lapidaren) Tagebuch-Aufzeichnungen, die er »Q-Tagebücher« nannte – »Q« stand hier für »ich quatsche«. Sie waren mit Sicherheit nicht für die Veröffentlichung bestimmt.

Und früher, als in nahezu jeder Nummer der wöchentlich erscheinenden »Weltbühne« einige seiner Artikel gedruckt wurden und er regelmäßig auch noch andere Blätter mit seinen Beiträgen belieferte, da hat es ihm an Gelegenheiten, sich immer wieder auszudrücken, nicht gefehlt, da war er also auf die private Korrespondenz nicht angewiesen. Das sollte man meinen. Nur stimmt es nicht.

So hat er seiner Freundin und späteren Ehefrau Mary Gerold, als sie in Berlin lebte und er sie täglich sah oder zumindest sehen konnte, ebenfalls kontinuierlich Briefe und allerlei Aufzeichnungen zukommen lassen. Das sei eine ungewöhnliche Beziehung gewesen? Schon wahr. Aber wahr ist auch, daß ihm beinahe alle Adressaten recht waren, auch naive Leser, auch halbwüchsige Verehrer. Werner Vordtriede, später als Germanist bekannt, zählte, als er sich 1930 zum ersten Mal an Tucholsky wandte, gerade fünfzehn Jahre – und erhielt dann von ihm mindestens zehn (in dem neuen Band gedruckte) Briefe.

Tucholskys oft schon beängstigende Produktivität wurde in der Regel auf sehr prosaische Ursachen zurückgeführt: Er habe innerhalb von nur zwanzig Jahren eine Unmenge von (meist freilich kurzen) Arbeiten verfaßt, weil ihm an dem Geld gelegen war, das er brauchte, um komfortabel leben zu können. Das ist nach wie vor richtig, aber es ist nur die eine Hälfte der Wahrheit. Denn je mehr Texte aus seiner Feder jetzt zum Vorschein kommen, desto offensichtlicher wird es, daß es auch die Schreibsucht war, die diese enorme Produktion und ihre häufig unverkennbare Flüchtigkeit und Oberflächlichkeit verursacht und verschuldet hat.

Indes hat die Oberflächlichkeit die Zahl der Bewunderer Tucholskys nicht gemindert, sondern allem Anschein nach noch vergrößert. Aber wurde sein für damalige Verhältnisse immenser Erfolg mit bewußten Zugeständnissen an den Geschmack der Leser erkauft? Den heute vergessenen Schriftsteller Rudolf Leonhard (übrigens den Vater Wolfgang Leonhards) warnte Tucholsky, das Publikum zu überschätzen; er solle, wenn er erfolgreich sein möchte, zwar nicht »Konjunkturschreiberei machen, aber für die Leute schreiben, die da sind. Und so, wie sie da sind. Und so, wie sie heute da sind, leider, leider ...«[7] Das war in der Tat Tucholskys Rezept.

Doch wen meinte er, wenn er von den »Leuten« sprach? In einem Brief aus dem Jahre 1929 heißt es: »Immer wenn ich schreibe, denke ich an das Leid der Anonymen, an den Proletarier, den Angestellten, den Arbeiter ...«[8] Wenn das von einem anderen gekommen wäre, hätte Tucholsky gesagt: »Mensch! halt die Luft an. Und sprich vernünftig und sauber und ohne Pathos. Es ist besser für uns alle.« (So endet eines seiner Feuilletons aus dem Jahre 1930.[9]) Er kannte die Proletarier kaum, das Proletariat war für ihn ein Abstraktum: »Meine Abneigung gegen die Schinder« – bekannte er einmal – »ist viel größer als meine Liebe zu den Geschundenen.« Nicht die Proletarier abonnierten die »Weltbühne« und kauften Tucholskys Bücher (dafür hatten sie kein Geld übrig), vielmehr stammten seine Leser aus dem Bürgertum und Kleinbürgertum. Nicht die Arbeiter amüsierten sich über seine Prosa, sondern weit häufiger die Intellektuellen.

Aber warum amüsierten sie sich so köstlich? Weil sie bei Tucholsky genau jenen Witz und jenen Humor fanden, nach dem sie sich sehnten. Er gefiel, weil er, ungeachtet seiner Sarkasmen, auch gefällig war. Er kam gut an, weil er sich immer wieder über das Leid des Individuums und über die Unzulänglichkeit des menschlichen Lebens mit einem letztlich mild-wohlwollenden Lächeln äußerte.

Viele seiner Arbeiten verdanken ihre Wirkungskraft dem versöhnlichen Humor, der seit der Biedermeier-Zeit geschätzt und geliebt wird. Er hat ihn mit barer Sentimentalität verschmolzen und – das ist das Entscheidende – gründlich modernisiert. Das gilt für die Typen und die Themen, die Sprache und die Stimmungen. Er vermochte das Wehmütige so zu präparieren und zu servieren, daß es die weniger anspruchsvollen Leser beglückte und von den anspruchsvollen, den gebildeten ohne nennenswerte ästhetische Gewissensbisse genossen werden konnte. Ihm ist es gelungen, das Provinzielle jenes hoch im Kurs stehenden deutschen Humors zu urbanisieren. Das Biedere hat er nicht ausgemerzt, wohl aber forsch und frech gewürzt und erträglich gemacht. Er schrieb gemütvoll und schnoddrig in einem. Er ist der Erfinder oder zumindest der Vollender der Sentimentalität mit Pfiff.

Nur sollte man nicht meinen, Tucholsky habe dem Affen – mehr oder weniger zynisch – Zucker gegeben. Das ließe sich nicht zwanzig Jahre lang durchhalten. Er war kein kalt planender, nach Beifall gierender und stets auf die Lacher wartender Humorist. Er hat sich nicht zum Publikum herabgelassen, er brauchte ihm keine Zugeständnisse zu machen. Für das Fragwürdige und Billige, das uns so häufig in seinen Schriften verwundert, wenn nicht abstößt, hat er selber eine erstaunliche Schwäche gehabt: Die läppischen Scherze und Blödeleien, die viele seiner Leser entzückten, entsprachen seinem Geschmack. Auch das gehört, ob es uns gefällt oder nicht, zu seinem Persönlichkeitsbild: Kurt Tucholsky, der Scharfsinnige und Schwermütige, der Große und Genialische – er war zugleich ein alberner Mensch.

Von diesen authentischen, dieser gewissermaßen passionierten Albernheit hat er sich nie befreien können und wohl nie befreien wollen, bei ihr suchte er Zuflucht auch in den Perioden seiner psychischen Krisen, auch noch in den letzten Wochen seines Lebens. War sie etwa der Rettungsring, an dem sich der Depressive festzuhalten versuchte? In Sachen Tucholsky sollten sich auch die Psychiater äußern; ihnen sei vor allem die Lektüre seiner Briefe und Tagebücher ans Herz gelegt. Welcher Briefe? Die Antwort: Nahezu aller privaten Briefe, aller, die an seine nächsten Freunde und Freundinnen gerichtet sind.

Für komisch hielt der Epistolograph Tucholsky orthographische Fehler: Er schrieb »Wint« und »Beume« und »Erleppnisse«. Er verpönte keinen Kalauer (»zum Ullsteinerweichen«). Er liebte die von allen vernünftigen Journalisten verachteten Namenswitze. Seinen Freund Walter Hasenclever nannte er »Hasenkleffer« oder auch »Hosenkleffer« oder »Genosse Kläffer«. Allerlei ließ sich Tucholsky bei seinen Unterschriften einfallen, so etwa: »Dein ehemaliger Vater Emmanuel Klotz, Aushilfshebamme«. Einen Brief an Lisa Matthias, das Vorbild seines Lottchens, unterschrieb er: »Senior des Kissenbrummer-Verbandes ehemal. Anlieger bei Lottchen«. Der Dramatiker Ernst Toller wird von ihm als ein »Dramist« bezeichnet. An Rudolf Leonhard: »Krümel im Bett ... ja, das ist ein Rätsel. Vielleicht fallen sie mir aus dem Gesässe. Dortselbst sind welche. Bei Dir nicht? Dann geh schnell zum Achzt.« Ein anderer Brief an denselben Adressaten endet mit einer durchaus freundschaftlichen, wenn auch nicht eben originellen Aufforderung: »Lecken Sie mich im Arsch.«

Genug der Beispiele. Zu fragen ist, ob es vielleicht zwei ganz verschiedene Gruppen von Tucholsky-Lesern gegeben hat: Schätzten die einen seine (zu Recht oft gerühmten) Attacken gegen die Justiz, das Militär und die Kirche in der Weimarer Republik, so ergötzten sich andere an seinen Humoresken und Scherzgedichten, den Blödeleien und Albernheiten. Stimmt das wirklich? Nein, ich glaube nicht recht an diese Zweiteilung, vielmehr will es mir scheinen, daß Tucholskys ebenso vehemente wie virtuose Kritik verschiedener gesellschaftlicher Mißstände seine Anhängerschaft keineswegs vor den Kopf gestoßen hat, nein, sie hat sie noch zusätzlich vermehrt.

Ein großer Teil des Publikums wollte doch im Grunde von den Praktiken in den Gerichten und von den Verhältnissen in der Reichswehr und wohl auch von der Geistlichkeit nicht viel wissen. Aber wenn einer kräftig und witzig draufschlug auf sie alle, auf die Richter und die Staatsanwälte, die Generäle und die Offiziere, die Pfarrer und die Rabbiner – dann amüsierte man sich köstlich. Wer denn? Die Linken? Sicher, doch mit ihnen unzählige Leser, die an der Politik kaum oder überhaupt nicht interessiert waren. Sie sahen es gern, daß jene, die es im Leben weiter gebracht hatten als sie selber, nun ihr Fett abbekamen, daß sie allesamt als sadistische Schurken und abscheuliche Heuchler gezeigt wurden. Tucholsky spekulierte nicht auf die Schadenfreude der Zukurzgekommenen, gleichwohl förderte er sie kräftig.

Zudem war die Lektüre seiner Prosa und natürlich auch der Verse keineswegs anstrengend, man brauchte sich nie darüber Gedanken zu machen, was er denn eigentlich sagen wollte, alles war gleich klar und las sich leicht und vergnüglich. Er gebe sich – belehrte er seine Leser und Korrespondenzpartner oft und mit Nachdruck – die größte Mühe, um so und nicht anders zu schreiben. Als Rudolf Leonhard sein »Schloß Gripsholm« lobte, antwortete Tucholsky, er habe »diesen Kram, damit er ganz, ganz leicht und lustig wird, 4 (vier) Mal aufgemalt«.

Doch ob er seine Texte sorgfältig gefeilt hat oder nicht – sie lesen sich stets »ganz, ganz leicht und luftig«. Und seine Briefe, an denen er keineswegs gefeilt hat, ebenfalls. Ja, sogar in den frühesten uns bekannten Prosastücken Tucholskys, verfaßt von dem erst siebzehnjährigen Schüler, fällt die unbeschwerte, die natürliche und durchsichtige Diktion auf. Er hat das Kunststück vollbracht, von Anfang an zu schreiben, wie ihm der Schnabel gewachsen war – und dabei ist es, auch wenn im Laufe der Zeit seine Sprache immer saftiger und anschaulicher wurde, glücklicherweise geblieben. Mit anderen Worten: Er hat nicht dem Publikum zuliebe »leicht« geschrieben – dies war, unzählige seiner Briefe beweisen es, sein ureigenes Idiom. Er konnte sich mehr oder weniger sorgfältig ausdrücken, aber niemals dunkel oder schwerfällig. Recht hatte er, als er in einem Brief sagte: »Meine Kraft ist das, was die Boxer den ›Direkten‹ nennen.«[10]

Für das Indirekte freilich hatte er wenig Sinn. 1930 meinte er in einem Brief: »Sie zum Beispiel halten den gestelzten Stil Thomas Manns für ›Form‹ – er ist das erschwitzte Produkt tiefster Sterilität – nichts rauscht, nichts quillt – einer nagt am Federhalter und tanzt auf einem nicht sehr hohen Seil.«[11] So zerstritten die Schriftsteller in der Weimarer Republik auch waren, in einer Hinsicht gab es immerhin Einigkeit: Ob Döblin, Musil, Brecht, Roth, Kerr oder eben Tucholsky – alle waren ganz sicher, daß man Thomas Mann als Stilisten überhaupt nicht in Betracht zu ziehen brauche.

Übrigens hat Tucholsky, der sich gern als nobler Literat gerierte, als einer, für den Toleranz und »Sauberkeit« (dies sein Lieblingswort) angeblich die obersten Gesetze waren, hinter den Kulissen eine Redaktionspolitik getrieben, die nicht unbedingt als Zeichen strenger Fairneß gelten kann. Er war mit Karl Kraus zerstritten. Der Grund? Er hat über ihn dies und jener über ihn das geschrieben – und schon war ein Krieg auf Leben und Tod im Gange. Tucholsky 1932 an Ossietzky: »Ich bitte also formell und feierlich, jedes Lob auf Kraus rücksichtslos zu streichen.«[12] Mit dem Wort »formell« erinnerte Tucholsky (damals im schwedischen Exil) den in Berlin amtierenden Kollegen, daß er Mitherausgeber der »Weltbühne« war: Die feierliche Bitte war eine versteckte Weisung. Weniger später, wiederum an Ossietzky: »Bei uns wird Brecht nicht gelobt... Das ist ein Schwindler. (Nicht nur ein kleiner Plagiator – der Mann ist unwahr.)«[13]

Schmerzhafter und erschütternder als alle Äußerungen Tucholskys über Schriftsteller ist seine generelle Fehleinschätzung der politischen Situation. Er, der seit 1924 im Ausland lebte, kannte die Weimarer Republik nicht mehr, aber er verheimlichte dies vor sich selber: »Im übrigen sieht man Deutschland am besten von draußen.« Es hat keinen Sinn, seine vielen Irrtümer hier aufzuzählen, sie alle laufen auf einen einzigen hinaus: Er hat den Nationalsozialismus nicht begriffen. Gewiß, hinterher weiß man alles besser. Nur sollten wir nicht vergessen, was er selber Anfang 1935 sagte: »Ich war kein falscher Prophet – ich war gar keiner.«[14]

Auch seine eigene Rolle hat er gegen Ende der Weimarer Republik falsch gesehen. Als Ossietzky im März 1932 einen Aufsatz Tucholskys über Hitler beanstandete – er war ihm offenbar zu mild –, lautete dessen Antwort: »Ich mag nicht gegen Hitler das gröbste Geschütz auffahren, dann wird er gewählt, ich bin nicht da ... aber Sie sind da.«[15] Das ist geradezu grotesk: Tucholsky hat tatsächlich geglaubt, daß er mit einem Artikel in der »Weltbühne«, einer Intellektuellen-Zeitschrift, deren Auflage zwischen zehn- und fünfzehntausend schwankte und die fast ausschließlich von Nazi-Gegnern gelesen wurde, Einfluß auf den Ausgang der Wahlen in Deutschland haben würde. Auch das lehrt uns Tucholsky: Was bleibet aber (von den Zeitungen nämlich), stiften die Feuilletonisten, indes ist ihr realer Einfluß auf das Geschehen minimal.

Je größer der Zeitabstand, der uns von seinem Tod trennt, desto deutlicher erkennen wir, daß er nicht die Welt verändert hat, doch immerhin die deutsche Presse. Und daß wir alle, die wir heutzutage für jene Zeitungsteile schreiben, die man immer noch mit dem altmodischen Wort »Feuilleton« versieht, unendlich viel von ihm gelernt haben. Was man ihm auch vorwerfen mag – wir gedenken seiner mit Dankbarkeit und mit Bewunderung. Er war, nehmt alles nur in allem, ein Jahrhundertkerl. Und ein klein wenig können wir auf ihn stolz sein. Was absurd wäre, wenn von Thomas Mann, von Kafka oder Brecht die Rede ist, das dürfen wir hier einmal sagen: Er, Kurt Tucholsky, war einer von uns.

BERTOLT BRECHT

Ungeheuer oben

Einen Streit um Brecht gibt es heute nicht mehr: Bald vierzig Jahre nach seinem Tod braucht man ihn, der einst die Gemüter erhitzte, nicht mehr zu verteidigen. Denn niemand greift ihn an. Es wiederholt sich, was nach dem Tod eines großen Dichters geradezu die Regel ist. Man kennt, so will es scheinen, immer nur zwei Möglichkeiten: die Monumentalisierung oder die Gleichgültigkeit, also den Aufsteig in die Legende oder den Abstieg in die Vergessenheit.

Wie immer sich unser Verhältnis zu Brecht verändert hat – aus dem Blickfeld haben wir ihn nicht verloren. Aber sein Nachruhm ist auf sonderbare Weise widerspruchsvoll: Er schwindet und wächst dennoch. Und wir können heute besser denn je erkennen, daß der Begriff »klassisch«, der, eine Charakteristik und eine Definition anbietend, stets auch auf die Rangordnung abzielt, ihm wie keinem anderen Poeten unseres Jahrhunderts gebührt.

Im Zusammenhang mit Brecht taucht dieser Begriff schon sehr früh auf – und der ihn 1921 ins Gespräch bringt, ist kein anderer als er selber. Der Dreiundzwanzigjährige notiert in seinem Tagebuch, er beobachte, daß er anfange, »ein Klassiker zu werden«[1]. Das ist eine freche Bemerkung. Doch scheint sie mir ernst gemeint: In dem übermütigen Befund verbirgt sich das Programm des Anfängers. Da ist einer entschlossen, die Welt zu erobern.

Nach seinem Tod war es zunächst Max Frisch, der ihn einen Klassiker nannte – freilich gleich mit einer wichtigen Einschränkung. Er bescheinigte dem Stückeschreiber Brecht »die durchschlagende Wirkungslosigkeit eines Klassikers«[2] – was wohl heißen soll: enormer Erfolg, aber keine reale Wirkung. Das mag zutreffen, nur müßte man noch klären, welchem Dramatiker der Weltliteratur sich beweisbare Wirkung nachrühmen ließe.

Hat Strindberg etwa das Eheleben der Bürger gebessert? Hat Gogols »Revisor« die Bestechlichkeit im zaristischen Rußland gemindert? Haben die Tragödien und Historien Shakespeares auch nur einen einzigen Mord verhindert? Fragen wir ganz ungeniert, Brechts Lieblingsverbum verwendend: Hat Shakespeare die Welt verändert? Aber ja, er hat sie sehr wohl verändert, doch nur, indem er, ähnlich wie Mozart oder Schubert, zur vorhandenen Welt sein Werk hinzugefügt hat.

In unzähligen Ländern haben Millionen von Zuschauern Brechts Stücke gesehen. Daß aber einer dadurch »seine politische Denkweise geändert oder auch nur einer Prüfung« unterzogen hätte, wagt Frisch – es war 1964 – zu bezweifeln.[3] Er zweifelt sogar, daß Brecht an die erzieherische Wirkung seines Theaters tatsächlich geglaubt habe. In den Proben hatte er, Frisch, den Eindruck: Auch der Nachweis, daß sein Theater nichts zur Veränderung der Gesellschaft beitragen könne, hätte Brechts Bedürfnis nach Theater nicht beeinträchtigt.

Er selber sagte, er stelle sich oft ein Tribunal vor, dem er die Frage beantworten müsse, ob es ihm »eigentlich ernst« sei: »Ich müßte dann anerkennen: ganz ernst ist es mir nicht. Ich denke ja auch zu viel an Artistisches, an das, was dem Theater zugute kommt, als daß es mir ganz ernst sein könnte.«[4] Walter Benjamin hat diese aus dem Jahre 1934 stammende

Äußerung überliefert – und es ist wohl eine Schlüsselstelle, eine der bedeutsamsten.

Wenn etwas Brechts Leben auszufüllen vermochte, dann war es nicht die Ideologie oder die Politik, vielmehr war es jenes Steckenpferd seiner Jugend, das rasch zu einer Passion wurde und es bis zu seinen letzten Tagen blieb: das Theater. Er hat die Literatur und die Philosophie und alle Künste, er hat das ganze Leben stets aus der Perspektive des Bühnenautors gesehen.

Als ihm 1941 »Der gute Mensch von Sezuan« zu lang geraten schien, notierte er in seinem Arbeitsjournal, dieses Stück beweise, daß die neue Dramatik eine Verkürzung der Arbeitszeit verlange, ja, es könne leicht sein, daß sogar Mittagsstunden für den Besuch dieser Dramen frei gehalten werden müßten.[5] Das war natürlich scherzhaft gemeint. Symptomatisch ist es dennoch. Denn das eben unterscheidet Brecht von vielen seiner Anhänger: Sie wollten ein Theater, das die kommunistische Gesellschaft ermöglichen sollte. Brecht hingegen wollte die kommunistische Gesellschaft, damit sie sein Theater ermögliche.

Ungleich skeptischer, ungleich klüger als viele seiner Schüler und Nachfolger, war er sich sehr wohl darüber im klaren, daß die Politik das Theater verderben könne, doch niemals das Theater die Politik zu verbessern imstande sei. Die von ihm gelegentlich beschworene »versammlung von weltveränderern« – so stellte er sich 1945 das künftige Theaterpublikum vor – war nichts anderes als eine Fiktion. Natürlich hat er es gewußt. Indes wollte er sich von ihr auf keinen Fall trennen: Was seine Bewunderer oft für bare Münze nahmen und auch nehmen sollten, war für ihn selber nicht mehr und nicht weniger als ein Hilfsmittel für seine literarische Produktion, als eine generelle Arbeitshypothese.

Er glaubte, daß seine Stücke um ihrer künstlerischen Wirkung willen auf pädagogische Ingredienzen angewiesen seien und ohne politische Intentionen nicht auskommen könnten. Mit anderen Worten: Nicht deshalb bemühte sich Brecht ein Leben lang um das Theater, weil es ihm um den Klassenkampf ging, wohl aber beschäftigte er sich immer wieder mit dem Klassenkampf, weil er ihn als Impuls und Thema für sein Werk benötigte. Nicht der Weltveränderer Brecht brauchte also das Theater und die Dichtung, wohl aber benötigte der Theatermann, der Dichter Brecht die angestrebte Weltveränderung oder den Marxismus als ideelles Fundament und als Zielvorstellung. Nicht der Kampf war seine Sache, sondern das Spiel. Als Lehrer wollte er unbedingt gelten, aber letztlich war er doch kein Lehrer und kein Volkserzieher. Er war ein leidenschaftlicher Verführer.

Möglichst alle wollte er verführen: Frauen und Männer, Junge und Alte, Künstler und Politiker. Und nirgends schienen ihm die Menschen so verführbar wie im Zuschauerraum des Theaters. Die dramatischen Arbeiten nehmen in der großen Ausgabe seiner Werke nicht weniger als zehn umfangreiche Bände in Anspruch. In den Nachschlagebüchern und Literaturgeschichten wird er in erster Linie als Dramatiker genannt und behandelt. Die gewaltige internationale Brecht-Industrie befaßt sich wenn nicht ausschließlich, so doch vor allem mit seinen Stücken. Dagegen ist nichts einzuwenden: Es stimmt ja, daß er weder der Lyrik noch der erzählenden Prosa auch nur annähernd soviel Lebenszeit gewidmet hat wie dem Drama und dem Theater. Schließlich waren es die Bühnenwerke, die ihn weltberühmt gemacht haben.

Aber wahr ist auch, daß der Ruhm des Dramatikers Brecht doch allmählich verblaßt. Gewiß, seine Stücke werden noch viel gespielt, zumal von Tournee-Ensembles, von Schultheatern und von Laiengruppen. Das mit Abstand am häufigsten aufgeführte Brecht-Stück verdankt seinen außerordentlichen, seinen sich kaum mindernden Erfolg freilich nicht nur ihm, sondern in noch höherem Maße einem anderen Genie – Kurt Weill. Natürlich meine ich die »Dreigroschenoper«.

Das in den sechziger Jahren enorme und schon den siebziger Jahren allmählich abnehmende Interesse an seinen Bühnenwerken läßt also weiter nach. Hat das mit dem Zusammenbruch jener politischen Welt zu tun, der Brecht bei allen Bedenken doch bis zu seinem Tod verbunden war? Mit Sicherheit. Aber es gibt noch einen anderen Umstand – und er hängt mit dem Werk selber zusammen.

Immer wieder ist in Brechts Schriften vom Lehren und vom Lernen die Rede, immer wieder erinnerte er daran, daß seine Dichtung den Menschen zur Einsicht verhelfen sollte: Sie hatte die Leser und die Zuschauer sehend zu machen. Aber hat er sich wirklich kritische Leser und selbständig denkende Zuschauer gewünscht?

Im Epilog zum »Guten Menschen von Sezuan« heißt es: »Wir sehn ... betroffen / den Vorhang zu und alle Fragen offen.« Ein schönes Wort. Nur darf man zweifeln, ob es auch ein ganz aufrichtiges Wort ist: Am Ende bleiben bei Brecht die Fragen eben nicht offen. Und wenn in diesem Epilog das Publikum aufgefordert wird nachzudenken, »Auf welche Weis dem guten Menschen man / Zu einem guten Ende helfen kann« – dann soll es sich doch vom Autor bekehren lassen, es soll, nachdenkend oder nicht, unbedingt zu den von ihm nahegelegten Ergebnissen kommen.

So müssen wir zusammen mit dem Poetischen und dem Artistischen auch das Pädagogische hinnehmen, vom Politischen ganz zu schweigen. Doch niemand geht ins Theater, um sich belehren oder gar erziehen zu lassen. Wozu also? Für Brecht stand das fest: Seit jeher – schrieb er – sei es das Geschäft des Theaters, die Leute zu unterhalten. Das Theater brauche »keinen andern Ausweis als den Spaß, diesen freilich unbedingt«.[6] Schon viele vor ihm haben dies erkannt und haben sich daran konsequent gehalten, keiner besser als ein englischer Unterhaltungsschriftsteller, jener aus Stratford.

Und Brecht selber? Er war sich schon bewußt, daß der erhobene Zeigefinger den Leuten auf die Nerven gehen und sie aus dem Theater vertreiben könne. Gleichwohl dachte er nicht daran, auf das Didaktische zu verzichten. Daher seine ständige Bemühung um den Spaß – und sei es auch ein etwas alberner Spaß –, auf den das Theater angewiesen sei: auf die Synthese also aus Unterhaltung und Unterweisung kam es ihm an.

Hier liegt wohl der Hase im Pfeffer: Das Ideelle, einst kaum mehr als eine Arbeitshypothese, drängt sich in den Vordergrund, das Pädagogische wird hier und da aufdringlich. Das Pädagogische ist es ja, das manche von uns schon vor vielen Jahren abgeschreckt hat und mittlerweile der Stücke des reifen Brecht überdrüssig werden ließ. Nicht der Dichter, nicht der große Verführer hat sich überlebt, wohl aber der unermüdliche Lehrmeister, der uns den revolutionären Weg zur Erlösung führen wollte – oder dies zumindest vorgab.

In einem seiner großen Gedichte finden sich die vielzitierten Worte:

> »Was sind das für Zeiten, wo
> Ein Gespräch über Bäume fast ein
> Verbrechen ist,
> Weil es ein Schweigen über so viele
> Untaten einschließt!«

Doch um die eigenen Mahnungen kümmerte er sich selten. Man hat schon oft darauf hingewiesen, aber man muß es dennoch wiederholen: Er, der die Sowjetunion besungen und gepriesen und das kapitalistische Amerika verhöhnt und attackiert hat, wollte in den Jahren des Exils um keinen Preis der Welt in der Sowjetunion leben, er zog, glücklicherweise, die Vereinigten Staaten vor. So warnte er auch vor Gesprächen über Bäume, in seinem Werk jedoch spricht er oft – wiederum glücklicherweise – eben von Bäumen und auch von Blumen, von der Armut und der Freundlichkeit, vom Reiz des Lebens und von der Liebe.

Ja, die Liebe – wo ist sie geblieben? Wo ist sie denn im Werk Bertolt Brechts? Gewiß, ein wenig in seiner ersten Bühnenarbeit, im »Baal« – aber später? In der »Dreigroschenoper« heißt es, die Liebe sei »das Höchste auf der Welt«. Das allerdings sagt die kleine Polly, die Tochter des Bettlerkönigs, die niemand ernst nimmt.

Für die Liebe, eines der zentralen Elemente des neuzeitlichen Dramas, ist in Brechts Stücken bloß am Rande Platz und manchmal überhaupt nicht. Dennoch war er einer der großen Erotiker der deutschen Literatur. Das Persönliche und das Private, das Intime, von dem wir in seinen dramatischen Arbeiten leider selten hören – er hat es nicht ausgespart, nicht vernachlässigt. Nur kommt es in seinem Werk anderswo vor: in der Lyrik.

Die Dichter, die großen und die kleinen, wollen nicht nur ausgiebig gerühmt werden, in der Regel bestehen sie auch darauf, daß man das rühmt, was sie in ihrem Werk für besonders wichtig halten. Besessen vom Theater, wurde Brecht, sobald man seine Lyrik lobte, gleich mißtrauisch, und er zögerte nicht, ihren Wert und ihre Bedeutung herunterzuspielen. Diese Lyrik sei – schrieb er 1928 an Alfred Döblin – »das schlagendste Argument« gegen seine Dramen: »Alle sagen, sofort befreit aufatmend, mein Vater hätte mich eben Lyriker und nicht Dramatiker werden lassen sollen.«[7]

Nun sollten wir glücklich sein, daß wir Brecht sowohl

Stücke als auch Gedichte und Lieder verdanken – und es ist allemal fragwürdig, die eine Gattung gegen die andere ausspielen zu wollen. Aber obwohl Prophezeiungen zum Metier des Kritikers nicht gehören, dürfen wir ausnahmsweise und ganz leise doch vermuten: Bleiben wird von Bertolt Brecht vornehmlich die Lyrik.

Der Mißbrauch der Poesie zur Flucht ins Undeutliche und Verschwommene, dieses Erzübel der deutschen Literatur, war ihm verhaßt. Den Lesern, die den Rilkeschen Rhythmus im Blute hatten und die Georgesche Melodie im Ohr, vermochte Brecht zu beweisen, daß der Gesang vernünftig und die Vernunft poetisch sein kann. Er zeigte, daß die Synthese von Dichtung und Intellekt nicht nur nötig, sondern zugleich möglich sei. Während manche seiner Stücke den Eindruck erwecken, sie seien eher für die reifere Jugend bestimmt, wandte er sich in den schönsten seiner Verse an mündige Zeitgenossen: Auch die Gedichte über die Liebe schrieb Brecht, ähnlich wie Heine, für denkende und nachdenkliche Menschen.

Die Liebe – sagt ein etwas altkluges Mädchen in Shakespeares »Sommernachtstraum« –

> »... sieht mit dem Gemüt, nicht mit den Augen.
> Und ihr Gemüt kann nie zum Urteil taugen.
> Drum nennt man ja den Gott der Liebe blind.«

Schon zu Shakespeares Zeiten war diese Einsicht nicht sehr neu: Zweitausend Jahre früher hatte Plato schlicht und einfach festgestellt, daß der Liebende in bezug auf den Gegenstand seiner Liebe blind werde. Seitdem gehört zur Definition der Liebe die Gefährdung der Vernunft, ja der Zurechnungsfähigkeit des Individuums. Eine uralte Erfahrung also. Damit haben wir zugleich die wichtigsten Motive auch der Lyrik Brechts, nicht nur der frühen.

Zwei Phänomene sind es, die ihn von Anfang an beunruhigen und aufregen – und die nie aufhören werden, ihn zu irritieren und zu faszinieren: der Wahnsinn, den wir Liebe nennen, und, zunächst wohl in noch höherem Maße, das Mysterium Sexualität.

Wir wissen es: Die Anfänge Brechts standen – und das war in seiner Zeit wahrlich nicht originell – im Zeichen des Protests gegen die bürgerliche Ordnung, des Aufstands gegen die Konventionen, der Rebellion gegen alle Tabus. Diese Rebellion bereitete ihm keinen Kummer, ihr fühlte sich der junge Brecht durchaus gewachsen, weniger hingegen der Liebe und der Sexualität. Eben deshalb wandte er sich einem Milieu zu, in dem derartige Fragen leicht lösbar waren oder wenigstens schienen: Es reizte und lockte ihn die Welt der Huren und der Bordelle.

In der »Dreigroschenoper« singt die Frau Peachum die »Ballade von der sexuellen Hörigkeit«. Darum geht es Brecht immer wieder: um die Hörigkeit und also darum, wie man ihr entgehen könne. Das Gedicht »Katharina im Spital« beginnt mit den trockenen Worten: »Ich brauche einfach meinen geregelten Geschlechtsverkehr.« Ein anderes Gedicht aus den zwanziger Jahren ist betitelt: »Sonett über einen durchschnittlichen Beischlaf«. Die Defloration wird abgelehnt, sie bereite zuviel Mühe: »Eine solche Jungfernschaft / Braucht nur zu viel Manneskraft.«

Daß er in seinen Gedichten gern derbe und obszöne Worte gebraucht, zumal für die Geschlechtsteile und den Beischlaf, ist nicht so verwunderlich: Das gehört zum Protest gegen die bürgerlichen Sitten, gegen die Welt der Väter – ganz abgesehen davon, daß der Jugend, der männlichen jedenfalls, die ordinäre Ausdrucksweise oft diebische Freude bereitet. Doch Brechts Vorliebe für das Obszöne und für das Derbe hat nichts mit seinem Alter zu tun.

1927, immerhin beinahe dreißig Jahre alt, schreibt er ein langes, man könnte sagen: ein enzyklopädisches Gedicht. Es enthält zahlreiche und detaillierte Ratschläge einer älteren Hure, die einer jüngeren erklärt, wie sie sich verhalten solle, um ihren Kunden zum denkbar größten Genuß zu verhelfen.

Nicht weniger obszön sind zwei Gedichte, die der schon fünfzigjährige Brecht in Zürich notiert und die er, ein kurioser, ein pueriler Scherz, mit dem Namen »Thomas Mann« zeichnet – aber doch nicht veröffentlicht. Dem vulgären Vokabular für die Sexualsphäre bleibt er treu.

Dahinter verbirgt sich mehr als nicht nachlassende Provokationssucht. Brecht selber sagt gelegentlich, es seien seine Achillesfersen, die ihn drängten, Gedichte zu schreiben, die er als Achillesverse bezeichnet. Er leistet sich also das Privatvergnügen, vielleicht gar den Luxus, für seine Schwächen, zu denen die permanente Vielweiberei gehört, der nahezu manische Frauenkonsum, einen poetischen Ausdruck zu finden. Übrigens hat Benjamin gerade die obszönen Gedichte Brechts ganz besonders geschätzt, mehrere von ihnen zu seinen besten gezählt.

Doch schon die frühesten erotischen Verse, geschrieben von einem kaum Zwanzigjährigen, sind melancholische, bisweilen sentimentale Rückblicke. Die Mädchen, mit denen er geschlafen, die er vielleicht sogar geliebt hat – er möchte sie so schnell wie möglich wieder vergessen. In einem »Bitteren Liebeslied«, einem Gedichtfragment von 1918, beteuert er: »Einmal hatt ich sie sehr lieb.« Jetzt indes wisse er nicht mehr, wie sie aussah: »Ein Tag verlöschte, was sieben Monde lang strahlend war.«

In einer Ballade aus dieser Zeit spült er »mit Kirsch und Wacholder … ihr Antlitz aus seinem Gehirn / Und das Loch in der Luft wurde schwärzer …« Etwas weiter: »Einmal sieht er noch ihr Gesicht: in der Wolke! Es verblaßte schon sehr.« Das Fazit: »Ein Gesicht vergeht. Und ein Mund wird still.«

In einem wenig später geschriebenen »Sonett« kann sich der Poet nur noch an »etwas von ihrem Knie« erinnern, an »nicht viel von ihrem Hals« und allerdings auch noch an den Geruch ihrer schwarzen Haare – aber es ist der Geruch bloß eines Drogerie-Artikels, von Badesalz nämlich. Wer so schreibt, der hat Angst – und wehrt sich.

Was fürchtete der junge Mann – die Abhängigkeit etwa von einem anderen Menschen und damit den Verlust oder die Einschränkung der eigenen Freiheit? So war es wohl: Er fürchtete die Liebe. Ende 1916 hat der achtzehnjährige Gymnasiast Brecht in einer kleinen Augsburger Eisdiele zum ersten Mal eine dunkeläugige Schülerin namens Rosa Maria Aman gesehen. Bald nennt er sie in einem Brief an den Freund Caspar Neher die »wundervolle Rosa Maria«.

Freilich hat die Sache einen Haken. Es ist eine alte Geschichte, doch bleibt sie immer neu – zumindest für die Betroffenen. An diesem Mädchen aus der Eisdiele ist noch einer interessiert, wahrscheinlich ebenfalls ein Schüler. Der junge Brecht klagt dem Freund: »Der holde Traum meiner kalten Nächte liebt mich nicht mehr.« Und: »Ich kann also die Rosmarie nicht mehr küssen … Ich kann andere küssen, natürlich. Ich sehe 100 Münder vor mir …« Dann folgt eine rhetorische Frage, in der schon die Diktion des reifen Brecht erkennbar wird: »Was sind 100 Möglichkeiten gegen eine Unmöglichkeit?«[8]

Angesichts dieser furchtbaren Unmöglichkeit schreibt er an Caspar Neher: »Die Rosa Maria ist nämlich nicht hübsch. Das war eine Legende, die ich erfunden hatte.« Ihre Augen seien – lesen wir – »schrecklich leer«, es seien »kleine, böse, saugende Strudel«, ihre Nase sei »aufgestülpt und zu breit«, ihr Mund zu groß und auch noch dick, ihr Hals nicht »rein-linig« und ihre Haltung gar »kretinhaft«.[9]

Aber was hilft die so wortreiche, die so böse Aufzählung? Sie verrät bloß, daß hier einer mit seinen Gefühlen nicht zu Rande kommt, daß er sich ihrer vielleicht sogar schämt. Denn er denkt immer noch und erst recht an diese Rosa Maria. Zugleich meint er, das alles sei nur ein »greulicher Unsinn«. Schon gut – nur führt dieser »greuliche Unsinn« von 1917 Anfang 1920 zu einem Gedicht, das Brecht im Zugabteil, während einer Fahrt nach Berlin, geschrieben hat – zu dem Gedicht »Erinnerung an die Marie A.«.

Der junge Dramatiker Brecht war ein postexpressionisti-scher Meuterer. Er wollte es ganz anders machen als seine Vorläufer. Nicht so der junge Lyriker Brecht: Er war ein Tra-ditionalist, der gern die Formen des Volkslieds übernahm und sich meist an die strengen Regeln der Klassiker hielt. Das gilt auch für dieses Gedicht. Es besteht aus drei Strophen.

In der ersten erfahren wir, daß im blauen Mond September der Poet unter einem Pflaumenbaum eine stille bleiche Liebste umarmte. Da war noch eine Wolke, »sehr weiß und ungeheuer oben« – und als er aufsah, war sie nimmer da. Diese erste Strophe – das ist, wenn man ausnahmsweise so sagen darf, die These des Gedichts. Nun folgt als zweite Stro-phe die Antithese. Viele Monde seien vergangen und auch die Liebe sei »still hinunter und vorbei«. An nichts könne sich der Poet erinnern, auch nicht an das Gesicht der Liebsten. Freilich weiß er immer noch, daß er es einst geküßt hat.

Auf diese Antithese folgt, wie es sich gehört, die Synthese. Auch diesen Kuß, erfahren wir, hätte er längst vergessen, wenn da nicht die weiße Wolke gewesen wäre. Wie denn: Er hat doch in seinem Leben unendlich viele weiße Wolken gesehen. Warum also erinnert er sich gerade an diese, die doch nur Minuten »blühte«? Aus einem einzigen Grund:

Weil er damals sie, »die stille bleiche Liebe«, in seinem Arm hielt und küßte. Somit wird, was er in der zweiten Strophe mit Entschiedenheit behauptete – »Ich kann mich nicht erinnern« –, in der dritten Strophe dieses dialektischen Liebesgedichts widerlegt.

Sollte die weiße Wolke die Liebe symbolisieren, ihre Reinheit und vor allem ihre Vergänglichkeit? Dann wäre gar die Liebe, wie einst in einer Operette gesungen wurde, eine Himmelsmacht? »Die weiß ich noch und werd ich immer wissen« – heißt es von jener Wolke. Das aber soll wohl bedeuten: Die Liebe ist vergänglich, aber so ganz verschwindet sie nun doch nicht. Denn es bleibt die Erinnerung und bisweilen noch etwas mehr: nämlich Dankbarkeit.

»Sentimentales Lied Nr. 1004« war dieses Gedicht ursprünglich betitelt, recht protzig übrigens. Leporello zufolge hat Don Giovanni allein in Spanien tausend und drei Liebesaffären gehabt. Der junge Brecht wollte ihn noch übertreffen. Dann hat er den Titel geändert; an dem endgültigen – »Erinnerung an die Marie A.« – fällt auf, was ihm fehlt: Nicht von einem Pflaumenbaum ist hier die Rede und auch nicht von einer weißen Wolke, sondern von einem Schulmädchen, das er vergessen wollte und das er nicht vergessen konnte.

Brechts Äußerungen über Frauen klingen oft schnoddrig und zynisch, bisweilen sogar brutal. Er war, besonders in den zwanziger Jahren, um Nonchalance bemüht. Ihm gefiel, wie in jener Zeit auch manch anderem jungen Autor, der Kraftmeierton, er spielte gern den harten Mann. Im Gedicht »Vom armen B. B.« spricht er von den Frauen in seinen Schaukelstühlen; er betrachte sie sorglos und sage ihnen: »In mir habt ihr einen, auf den könnt ihr nicht bauen.« Doch vielleicht war das alles nur Maske und Tarnung?

»Der Liebe pflegte ich achtlos« – heißt es in seinem Gedicht »An die Nachgeborenen«. Ach nein, das trifft eben nicht

zu: Was hier als sachlicher Rückblick verstanden werden will,
mag mitunter sein Wunsch gewesen sein und seine Absicht,
vielleicht gar sein Programm. Aber realisieren ließ sich das
nicht. War es ihm peinlich, daß er Frauen nicht nur als Sexual-
objekte begehrte? Schämte er sich, daß er auf Herzlichkeit
angewiesen war und daß er sich nach Zärtlichkeit sehnte?

Es stimmt schon: Brecht war schlau und listig, ein Taktierer
und ein Zyniker. Doch es stimmt auch, was er, schon über
fünfzig Jahre alt, auf einem Zettel notierte, den man in seinem Nachlaß fand. Es ist sein kürzestes Gedicht, aus nur
acht Worten bestehend und Ruth Berlau gewidmet. Es trägt
den Titel »Schwächen«:

> »Du hattest keine
> Ich hatte eine:
> Ich liebte«

Ja, er war ein Liebender und also ein Leidender. Man wirft
ihm vor, er habe Frauen oft nur benutzt. Das ist auch gar
nicht falsch. In der Tat, er hat Frauen, die er liebte, für seine
Zwecke benutzt; und er hat sich bisweilen in Frauen, die er
nur benutzen wollte, verliebt. Doch will es scheinen, daß er
mehr noch als einzelne Individuen bis zum Ende seines
Lebens die Liebe liebte. So wurde er zum Voyeur seiner erotischen Erlebnisse – wie Franz Kafka. Aber der Prager Jude,
der geschlagene, liebte die Liebe unglücklich, Brecht hingegen – nehmen wir alles nur in allem – war von ihr doch auf
glückliche Weise beansprucht und abhängig, irritiert und
fasziniert. Schon deshalb ging er, anders als Kafka und unab-
hängig vom Verlauf seiner einzelnen erotischen Erlebnisse,
nie leer aus.

Gleichwohl sind seine Liebesgedichte beinahe immer elegisch. Warum eigentlich? Goethe sagte einmal, er brauche
nur zum Fenster hinauszusehen, »um in straßenkehrenden

Besen und herumlaufenden Kindern die Symbole der sich ewig abnutzenden und immer sich verjüngenden Welt beständig vor Augen zu haben«[10]. So hat Goethe, wohl beiläufig, sein Thema benannt – und zugleich, ob er es wollte oder nicht, das größte Thema der Literatur. »Die Symbole der sich ewig abnutzenden und immer sich verjüngenden Welt« – er fand sie, ohne sie suchen zu müssen. Später drückte Goethe diesen Gedanken feierlich und endgültig aus: »Alles Vergängliche / Ist nur ein Gleichnis.« Diesen Prozeß, das ständige Altern der Welt und ihre unaufhörliche Verjüngung, die Vergänglichkeit mithin, vermag nichts so sichtbar und bewußt zu machen wie die Liebe. Damit ist schon angedeutet, warum die erotische Poesie, von wenigen Ausnahmen abgesehen, elegisch ist, ja elegisch sein muß.

In Brechts Gedicht »Entdeckung an einer jungen Frau« – es stammt aus den zwanziger Jahren – verabschiedet sich ein Mann von einer Frau, mit der er geschlafen hat. Er war ihr Gast für eine Nacht nur – so hatten sie es verabredet. Der Abschied ist nüchtern und kühl. Aber plötzlich zögert der Mann, jetzt will er nicht mehr gehen, er kann es nicht. Denn er hat in ihren Haaren eine graue Strähne gesehen. Stumm nimmt er ihre Brust. Er möchte bei ihr bleiben – für noch eine Nacht:

> »Und laß uns die Gespräche rascher treiben
> Denn wir vergaßen ganz, daß du vergehst
> Und es verschlug Begierde mir die Stimme«

Wie denn: Daß du vergehst? Nun ja, der Anblick der noch jungen und doch schon alternden Frau macht ihm bewußt, wovon er nicht spricht – seine eigene Vergänglichkeit. Er kann davon nicht sprechen, denn die Begierde verschlägt ihm die Stimme. Begierde wonach? Nach der Frau, die vor ihm steht? Ja, natürlich, aber man kann es auch anders ausdrücken: die Gier nach dem Leben.

Man hat Brecht mitunter vorgeworfen, seine erotischen Gedichte seien stets ich-bezogen, sie seien in höchstem Maße egozentrisch. Das ist schon richtig – nur gilt dieser gegen ihn erhobene Vorwurf für einen großen Teil der erotischen Literatur. Der Inhalt der meisten Liebesgedichte läßt sich mit zwei Worten wiedergeben – mit den Worten: »Ich liebe.« Aber vielleicht ist gemeint, daß Brecht der Liebe, seiner Liebe ungleich mehr Aufmerksamkeit zuwende als der Person der Geliebten.

In der Tat ist diese extreme Egozentrik für Brecht von Anfang an typisch. 1917 schrieb er an Caspar Neher: »Aber es ist so still im Land. Ich höre immer meine eigene Stimme.«[11] Das stimmt nicht: Es war in Deutschland damals, 1917, keineswegs still. Doch wollte schon der neunzehnjährige Brecht nur die eigene Stimme hören – es sei denn, es waren Äußerungen anderer über ihn. Im selben Brief bekannte er auch freimütig: »Ich will nicht wissen, was ich bin. Sondern: für was Du mich hältst!« Ein anderer gern erhobener Vorwurf lautet: Wenn er Frauen sprechen oder singen lasse – und das ist nicht nur in seinen Stücken oft der Fall und in den Songs –, dann handle es sich bloß um männliche Wunschvorstellungen, die er auf weibliche Personen übertrage.

Jawohl, das alles trifft zu: Was die Dichter schreiben, ist nun einmal – ob man es gleich erkennen kann oder nicht – ich-bezogen, und wenn sie von der Liebe sprechen, dann können sie nicht von sich selber absehen. Warum sollten sie auch? Und wie ist es mit den offenbar so verwerflichen männlichen Wunschvorstellungen? Es muß einmal gesagt werden: Ophelia und Cordelia, Romeos Julia, Tristans Isolde und Werthers Lotte, Gretchen und Klärchen und Käthchen, die Marquise von O. und jene Alkmene, deren Ach! uns ein Leben lang begleitet, die Ehebrecherinnen Anna Karenina, Emma Bovary und unsere arme Effi Briest – sie alle wurden von Männern geschaffen, sie alle sind Ausdruck männlicher Wünsche und Hoffnungen, männlicher Ängste und Schrecken.

Der Beitrag der Frauen zur deutschen Literatur ist nicht klein. Wir verdanken ihnen – von Annette von Droste-Hülshoff bis zu Ingeborg Bachmann und Sarah Kirsch – herrliche Gedichte. Einprägsame weibliche Figuren finden wir im Werk deutscher Schriftstellerinnen nicht – auch nicht in den Romanen von Ricarda Huch oder Anna Seghers, die doch in erster Linie Erzählerinnen waren. Das wird sich vielleicht im nächsten Jahrhundert ändern. Vorläufig aber ist es so und nicht anders. Warum? Letztlich wissen wir es nicht. Aber wir sollten es nicht verheimlichen.

Das radikalste Bekenntnis zur männlichen Sicht und also zur Egozentrik der eigenen Liebe hat wohl Franz Kafka formuliert. Ohne Umstände bekannte er seiner Freundin Milena Jesenská: »Und dabei liebe ich doch gar nicht Dich, sondern mehr, sondern mein durch Dich mir geschenktes Dasein.«[12]

Sein durch die Liebe zu einer Frau ihm geschenktes Dasein hat Brecht gern und oft in Rollengedichten besungen, in Versen also, die er, um das, was er sagen wollte, zu verfremden und so zu verdeutlichen, von einer Frau sagen ließ. Das Gedicht »Morgens und abends zu lesen«, 1937 für Ruth Berlau geschrieben, ist, wie schon der Titel andeutet, als Gebet gemeint:

> »Der, den ich liebe
> Hat mir gesagt
> Daß er mich braucht
> Darum
> Gebe ich auf mich acht
> Sehe auf meinen Weg und
> Fürchte von jedem Regentropfen
> Daß er mich erschlagen könnte.«

Auch das viel später, das 1950 entstandene Gedicht »Als ich
nachher von dir ging« ist ein Rollengedicht, in dem Brecht
wiederum die Geliebte sprechen läßt. Hier berichtet ein
Mädchen, es habe in einer Abendstunde etwas Außergewöhnliches erlebt. Allerdings möchte es darüber nichts Genaueres mitteilen. Sicher ist, daß es von diesem Erlebnis ganz
in Anspruch genommen war – so sehr, daß es nicht recht
wahrnehmen konnte, was ringsherum geschah: Erst nachher,
als es von jenem wegging, den es besucht hatte, fing es wieder an, richtig zu sehen.

Was den Tag zum »großen Heute« machte, wir erfahren es
nicht. Aber wir können uns denken, daß es sich im Bett
abgespielt hat. Jetzt, auf dem Heimweg, sieht sie, die Liebende,
um sich lauter lustige Leute, grüner scheinen ihr Baum und
Strauch und Wiese, alles ist anders geworden. Ihr Selbstvertrauen ist gewachsen – sie glaubt schon, einen schönern
Mund zu haben und geschicktere Beine. Ohne das Wort
»Liebe« zu verwenden, zeigt Brecht, was sie zu bewirken vermag – eine überraschende Intensivierung des Lebensgefühls,
eine ungeahnte Steigerung unseres Daseins. Das kann man
natürlich knapper sagen: Er zeigt das Glück der Liebe.

Dieses Glück rühmt auch jenes in der Vertonung populäre,
aber oft mißverstandene Duett, das Mackie Messer und Polly
Peachum, während ihrer Hochzeit im Pferdestall, im ersten
Akt der »Dreigroschenoper« singen. Es ist eine Art Sonett,
das mit den Versen beginnt:

> »Siehst du den Mond über Soho?«
> »Ich sehe ihn, Lieber
> Fühlst du mein Herz schlagen, Geliebter?«
> »Ich fühle es, Geliebte.«
> »Wo du hingehst, da will ich auch hingehn.«
> »Und wo du bleibst, da will ich auch sein …«

Das ist, versteht sich, Ironie und Parodie, ironisches Zitat und parodistische Collage – vom Mond, dem klassischen Motiv der erotischen Dichtung, bis hin zum Bibelwort. Doch was von der Ironie und von der Parodie verborgen wird, ist nichts anderes als der Ernst der Liebe, nichts als ihr Pathos und ihre Poesie.

Das Rollengedicht, die ironische Brechung, die parodistische Distanzierung – das sind althergebrachte Ausdrucksmittel, deren sich der Lyriker Brecht von Anfang an so unkonventionell, so sicher wie bravourös bediente. Aber er war auf keines dieser Mittel angewiesen. Das beweist ein Gedicht, das in unserem Jahrhundert und in deutscher Sprache nicht seinesgleichen hat.

Als man sich in der Wiener Universal-Edition 1927 Gedanken über die neue, noch nicht abgeschlossene Oper von Brecht und Weill machte – über »Aufstieg und Fall der Stadt Mahagonny« –, meinte der Direktor des Verlags, diesem Bühnenwerk voll derber »Wildwest-Realistik« würde ein Gegengewicht oder Kontrastmotiv gut anstehen – also etwas Positives, Menschliches, vielleicht gar etwas Zartes.

Das Gedicht, das Brecht nun rasch lieferte – offenbar war es ein schon vorhandener, jetzt ein wenig erweiterter Text, der als Duett gesungen wird –, eignet sich für »Mahagonny« überhaupt nicht: Er sprengt Stil und Atmosphäre, er ist innerhalb dieser Oper ein Fremdkörper – aber ein wunderbarer.

In einem primitiven Bordell, vor dessen Eingang sich eine Schlange wartender Männer gebildet hat, sitzen sie nebeneinander: Paul Ackermann, ein Holzfäller, und Jenny, eine der Huren der Stadt Mahagonny – nebeneinander, doch, wie ausdrücklich betont wird, in einigem Abstand. Er raucht, sie schminkt sich. Inmitten dieser rohen und brutalen Welt singen die beiden die »Terzinen über die Liebe«.

»Sieh jene Kraniche in großem Bogen!« – so der erste Vers. Diese Kraniche, die »im Fluge beieinander liegen« – sie kommen aus der Weltliteratur, aus Dantes »Göttlicher Komödie«. Die beiden Vögel symbolisieren ein Paar, das glücklich und unglücklich zugleich war: Francisca da Rimini und Paolo Malatesta, die, da ihre Liebe als verbrecherisch galt, mit dem Tode bestraft und ins Inferno verbannt wurden. Sie »entflogen aus einem Leben in ein andres Leben«, also aus dem Dasein auf Erden in die Hölle, wo sie nun, nebeneinander fliegend, miteinander sein dürfen.

Brechts Verse von den Kranichen meinen die beiden Verbrecher aus Liebe und zielen zugleich auf alle Liebenden. Denn sie alle kommen doch aus einem Leben in ein anderes, genauer: aus dem irdischen Alltag in das überirdische Dasein. Sie fliegen, »einander ganz verfallen«. Und »wenn sie nur nicht vergehen und sich bleiben«, dann »kann sie beide nichts berühren«. Doch wohin fliegen die Liebenden? Das Gedicht informiert uns: »Nirgend hin.«

Ihr Flug hat kein Ziel. Und von wem sind sie entfernt? Die Antwort ist wieder lapidar: von allen. Denn sie sind einsam, die Liebenden. Und wie lange sind sie schon beisammen? Erst seit kurzem. Wann werden sie sich trennen? Bald. Denn die Liebe ist vergänglich.

Was also gibt den Liebenden – und sei es nur für eine kurze Zeitspanne – einen Halt? Nichts anderes als die Liebe selbst. Aber Brecht, der Kenner der Liebe, macht uns nichts vor. Der letzte Vers seines Gedichts ist hart und zweideutig: »So scheint die Liebe Liebenden ein Halt.« Das kann ja heißen, daß von der Liebe ein Schein ausgeht, der die Liebenden tröstet und ihnen einen Halt bietet. Man kann es aber auch anders verstehen – daß nämlich ihnen nur vorkommt, als sei die Liebe ein Halt.

Ein Rollengedicht ist das mit Sicherheit nicht. Es sind ja

nicht die Stimmen des Holzfällers und seiner Partnerin, der Hure, die wir hier hören. Es ist die Stimme des Dichters. Er selber ist es, der die beiden Kraniche besingt, die, von Wolken begleitet, sich den schönen Himmel teilen, den Himmel der Liebe.

Doch konnte Brecht von der Liebe auch ganz unfeierlich sprechen, ohne die Stimme zu erheben und ohne Pathos, ohne jegliche Verfremdung und ohne Distanzierung. Zuweilen hat er bloß Fragen in der Sprache des Alltags gestellt, ganz schlicht und einfach:

> »Schreib mir, was du anhast! Ist es warm?
> Schreib mir, wie du liegst! Liegst du auch weich?
> Schreib mir, wie du aussiehst! Ist's noch gleich?«

Im vierten Vers, der dem Muster dieser drei vorangegangenen folgt, findet sich dann die überraschende und überzeugende, die auch ergreifende Pointe:

> »Schreib mir, was dir fehlt! Ist es mein Arm?«

In Brechts Gedichten und Liedern haben sie sich wiedererkannt, die Liebenden in beiden Teilen Deutschlands. Nach seinen Versen haben ganze Generationen vom Blatt geliebt: Seine Worte haben die Zungen der Liebenden gelöst. Nur der Liebenden? Wie kein anderer Dichter dieses Jahrhunderts hat er unser aller Sprache geprägt, geformt und bereichert. Unsere Vorfahren pflegten bei jeder passenden Gelegenheit Schiller zu zitieren, den »Wilhelm Tell« zumal – vom braven Mann, der an sich selbst zuletzt denke, bis hin zu jener Axt im Haus, die den Zimmermann erspare.

Doch Tell, der wackere Schütze, der am mächtigsten allein ist, wurde verdrängt von Mackie Messer, dem Banditen, dem man nichts beweisen kann. Die »Dreigroschenoper« ist das meistzitierte Werk des zwanzigsten Jahrhunderts: »Erst kommt das Fressen, dann kommt die Moral«, »Nur wer im Wohlstand lebt, lebt angenehm«, »Doch die Verhältnisse, sie sind nicht so«, »Denn für dieses Leben ist der Mensch nicht schlau genug«, »Und man siehet die im Lichte, die im Dunkeln sieht man nicht«. Der »Dreigroschenoper« entnehmen wir die Formulierungen »Wach auf, du verrotteter Christ« oder »Beneidenswert, wer frei davon«. Und aus der »Dreigroschenoper« stammen die so altmodisch klingenden und immer noch beliebten Fragen: »Was ist ein Dietrich gegen eine Aktie? Was ist ein Einbruch in eine Bank gegen die Gründung einer Bank?«

Brecht zitieren wir, bewußt und unbewußt, beinahe täglich. Die Politiker und die Journalisten, die Geistlichen und die Juristen, wir alle wiederholen seine Worte von dem Zöllner, der bedankt sein sollte, weil er dem Weisen seine Weisheit abverlangt, von den Zeiten, wo ein Gespräch über Bäume beinahe ein Verbrechen sei, von der bleichen Mutter Deutschland, die besudelt unter den Völkern sitze, von dem Schoß, aus dem das kroch und der fruchtbar noch, von dem Land, das unglücklich ist, weil es Helden nötig habe und – zumal früher in der DDR – von dem Einfachen, das schwer zu machen sei, von den Mühen der Gebirge, die hinter uns liegen, und von den Mühen der Ebenen vor uns. Er wußte es: »Wirklich, ich lebe in finsteren Zeiten«. Und: »Auch der Haß gegen die Niedrigkeit verzerrt die Züge.« Er hielt sich an seinen Spruch »Mögen andere von ihrer Schande sprechen, ich spreche von der meinen«.

Wie alle großen Dichter hatte auch er keine Bedenken, das schon tausendfach Gesagte noch einmal zu sagen – aber er sagte es anders als alle seine Vorgänger. Nichts banaler als die Einsicht, daß auch die dunkelste Nacht schließlich ein Ende hat. Bei Brecht heißen die Verse, auf die sich einmal ein deutscher Politiker in einem Fernseh-Gespräch berief:

»Am Grunde der Moldau wandern die Steine.
Es liegen drei Kaiser begraben in Prag.
Das Große bleibt groß nicht und klein nicht das Kleine.
Die Nacht hat zwölf Stunden, dann kommt schon der Tag.«

Sein Gedicht »An die Nachgeborenen« endet mit der Bitte: »Gedenkt unsrer mit Nachsicht.« Ja, wir gedenken Brechts mit jener Nachsicht, auf die jeder Sterbliche, also jeder Irrende Anspruch hat. Und wir können seiner auch ohne Nachsicht gedenken, denn gerade er, der Klassiker, bedarf ihrer am wenigsten. So gedenken wir seiner mit Bewunderung und mit Dankbarkeit: Der Platz Bertolt Brechts im Pantheon der deutschen Literatur ist ungeheuer oben.

Nachweise und Anmerkungen

Die nachstehenden Titel werden nach einer Kurzformel mit römischer Bandzählung und römischer oder arabischer Seitenzählung angeführt:

Goethe – Johann Wolfgang von Goethe: Sämtliche Werke, Briefe, Tagebücher und Gespräche. Deutscher Klassiker Verlag, Frankfurt/M. 1999

Thomas Mann – Thomas Mann: Gesammelte Werke in dreizehn Bänden. Zweite, durchgesehene Auflage. S. Fischer Verlag, Frankfurt/M. 1974

Brecht – Bertolt Brecht: Werke. Große kommentierte Berliner und Frankfurter Ausgabe. Herausgegeben von Werner Hecht, Jan Knopf, Werner Mittenzwei, Klaus-Detlef Müller. Aufbau-Verlag Berlin und Weimar – Suhrkamp Verlag, Frankfurt/M. 1989–2000

Frisch – Max Frisch: Gesammelte Werke in zeitlicher Folge. Sechs Bände. Herausgegeben von Hans Mayer, unter Mitwirkung von Walter Schmitz. Suhrkamp Verlag, Frankfurt/M. 1976–1986

Tucholsky – Kurt Tucholsky: Gesammelte Werke. Herausgegeben von Mary Gerold-Tucholsky und Fritz J. Raddatz. Rowohlt Verlag, Reinbek bei Hamburg 1960/1961

Arthur Schnitzler

Der Aufsatz wurde zuerst in der »Frankfurter Allgemeinen Zeitung« vom 4. Februar 1984 veröffentlicht.

1 Thomas Mann X/428 f.

2 Klabund: Literaturgeschichte. Die deutsche und die fremde Dichtung von den Anfängen bis zur Gegenwart. Herausgegeben von Ludwig Goldscheider. Phaidon Verlag, Wien 1929, S. 329

3 Zitiert nach Renate Wagner: Arthur Schnitzler. Eine Biographie. Verlag Fritz Molden, Wien-München-Zürich-New York 1981, S. 360

4 Vgl. Weimarer Republik. Manifeste und Dokumente zur deutschen Literatur 1918–1933. Herausgegeben von Anton Kaes. J. B. Metzlersche Verlagsbuchhandlung, Stuttgart 1983, S. 96

5 Stefan Zweig: Das Geheimnis des künstlerischen Schaffens. Essays. S. Fischer Verlag, Frankfurt/M. 1984, S. 189

6 Renate Wagner: Arthur Schnitzler. A.a.O.

7 Arthur Schnitzler: Briefe 1913–1931. Herausgegeben von Peter Michael Braunwarth,

Richard Miklin, Susanne Pertlik und Heinrich Schnitzler. S. Fischer Verlag, Frankfurt/M. 1984, S. 2

8 Arthur Schnitzler: Briefe 1875–1912. Herausgegeben von Therese Nickl und Heinrich Schnitzler. S. Fischer Verlag, Frankfurt/M. 1981, S. 513

9 Ebenda S. 665

10 Ebenda S. 664

11 Ebenda S. 654

12 Arthur Schnitzler: Tagebuch 1909–1912. Vorgelegt von Werner M. Welzig. Verlag der Österreichischen Akademie der Wissenschaften, Wien 1981. S. 312

13 Hugo von Hofmannsthal/Arthur Schnitzler: Briefwechsel. Herausgegeben von Therese Nickl und Heinrich Schnitzler. S. Fischer Verlag, Frankfurt/M. 1964, S. 170

14 Arthur Schnitzler: Tagebuch 1903–1908. A.a.O. 1991, S. 66

15 Ebenda S. 137.

16 Arthur Schnitzler: Tagebuch 1917–1919. A.a.O. 1985, S. 173

17 Zitiert nach: Gerhard
    Neumann/Jutta Müller: Der
    Nachlass Arthur Schnitzlers.
    Wilhelm Fink Verlag,
    München 1969, S. 35
18 Alma Mahler-Werfel: Mein
    Leben. S. Fischer Verlag,
    Frankfurt/M., 1960. S. 190
19 Werner Welzig: Zur Heraus-
    gabe von Schnitzlers Tage-
    buch. In: Arthur Schnitzler:
    Tagebuch 1909–1912.
    A.a.O. S. 14
20 Ebenda S. 30
21 Arthur Schnitzler: Tagebuch
    1903–1908. A.a.O. 1991,
    S. 222
22 Arthur Schnitzler: Tagebuch
    1879–1892. A.a.O. S. 66
23 Arthur Schnitzler: Briefe
    1875–1912. A.a.O. S. 327
24 Ebenda S. 312
25 Ebenda S. 316
26 Ebenda S. 314
27 Ebenda S. 431
28 Arthur Schnitzler: Tagebuch
    1903–1908. A.a.O. S. 16
29 Arthur Schnitzler: Tagebuch
    1909–1912. A.a.O. S. 41

30 Ebenda S. 318
31 Ebenda S. 310
32 Arthur Schnitzler: Tagebuch
    1913–1916. A.a.O. S. 255
33 Arthur Schnitzler: Briefe
    1875–1912. A.a.O. S. 328
34 Arthur Schnitzler: Tagebuch
    1913–1916. A.a.O. S. 62
35 Arthur Schnitzler: Tagebuch
    1903–1908. A.a.O. S. 110 f.
36 Arthur Schnitzler: Tagebuch
    1923–1926. A.a.O. S. 124
37 Arthur Schnitzler: Tagebuch
    1909–1912. A.a.O. S. 105
38 Ebenda S. 52
39 Ebenda S. 166
40 Arthur Schnitzler: Briefe
    1875–1912. A.a.O. S. 383
41 Ebenda S. 461
42 Ebenda S. 439
43 Ebenda S. 470
44 Arthur Schnitzler: Tagebuch
    1913–1916. A.a.O. S. 246
45 Arthur Schnitzler: Briefe
    1875–1912. A.a.O. S. 589
46 Arthur Schnitzler: Tagebuch
    1903–1980. A.a.O. S. 98
47 Arthur Schnitzler: Tagebuch
    1913–1916. A.a.O. S. 35

Thomas Mann

Der Aufsatz über den Roman Der Erwählte wurde am 4. Mai 1990 als Vortrag auf dem III. Thomas Mann Kolloquium in Lübeck gehalten und zuerst in der F.A.Z. vom 2. Juni 1990 gedruckt. – Der Beitrag über die Tagebücher aus den Jahren 1946 bis 1948 erschien zuerst (in stark gekürzter Fassung) im »Spiegel« vom 16. Juli 1990, den Aufsatz aus Anlaß der Tagebücher aus den Jahren 1949 bis 1950 veröffentlichte zuerst die F.A.Z. am 18. Juli 1992. – Der Aufsatz

»O sink hernieder, Nacht der Liebe« wurde als Vortrag auf dem Internationalen Thomas-Mann-Kolloquium in Lübeck im Mai 1993 gehalten und zuerst in der F.A.Z. vom 19. Februar 1994 gedruckt. – Der Beitrag über den letzten Band der Tagebücher erschien zuerst (in gekürzter Fassung) im »Spiegel« vom 11. Dezember 1995. – Die Entstehung des kleinen Aufsatzes über die frühesten Erzählungen Thomas Manns zieht sich über eine lange Zeit hin. Er wurde zunächst als Vortrag auf einem Symposion (gewidmet dem Thema: »Die Brüder Heinrich und Thomas Mann in Palestrina«) im April 1989 im Palazzo Baronale in Palestrina gehalten und fand dann in überarbeiteter Fassung Aufnahme in zwei Festschriften: »Recht, Geist und Kunst«, liber amicorum für Rüdiger Volhard. Baden-Baden 1996, und »In Spuren gehen ...«, Festschrift für Helmut Koopmann. Tübingen 1998. Für dieses Buch wurde der Aufsatz abermals überarbeitet.

1 Thomas Mann XI/717.
2 Dichter über ihre Dichtungen. Thomas Mann, Teil III: 1944–1955. Herausgegeben von Hans Wysling unter Mitwirkung von Marianne Fuchs. Ernst Heimeran Verlag, München/ S. Fischer Verlag, Frankfurt/M. 1981, S. 374
3 Thomas Mann/Agnes E. Meyer: Briefwechsel 1937 –1955. Herausgegeben von Hans Rudolf Vaget. S. Fischer Verlag. Frankfurt/M. 1992, S. 703
4 Dichter über ihre Dichtungen. A.a.O. S. 371, 379, 377, 361, 394, 397 und 425
5 Thomas Mann XII/10
6 Thomas Mann XI/690f
7 Thomas Mann: Briefe 1948–1955 und Nachlese.

Herausgegeben von Erika Mann. S. Fischer Verlag, Frankfurt/M. 1965, S. 226
8 Dichter über ihre Dichtungen. A.a.O. S. 430
9 Thomas Mann: Briefe. A.a.O. S. 314f.
10 Thomas Mann VII/27f.
11 Ebenda S. 86
12 Dichter über ihre Dichtungen. A.a.O. S. 424
13 Thomas Mann VII/37f.
14 Ebenda S. 88
15 Ebenda S. 275 u. 297
16 Ebenda S. 109
17 Ebenda S. 149
18 Ebenda S. 151f.
19 Ebenda S. 160f.
20 Ebenda S. 254f.
21 Ebenda S. 182
22 Ebenda S. 194
23 Theodor Storm: Sämtliche

Werke in vier Bänden.
Band 4: Märchen, Kleine
Prosa. Herausgegeben von
Dieter Lohmeier. Deut-
scher Klassiker Verlag,
Frankfurt/M. 1988, S. 129

24 Dichter über ihre Dichtungen. A.a.O. S. 378

25 Thomas Mann II/640

26 Thomas Mann: Briefe
1937–1947. A.a.O. S. 571

27 Novalis: Werke in einem
Band. Herausgegeben von
Hans-Joachim Mähl und
Richard Samuel. Carl
Hanser Verlag, München
1981, S. 480

28 Thomas Mann: Tagebücher
28.5.1946–31.12.1948.
Herausgegeben von Inge
Jens. S. Fischer Verlag,
Frankfurt/M. 1989

29 Die Briefe Thomas Manns.
Regesten und Register.
Band III. Die Briefe von
1944 bis 1950. Bearbeitet
und herausgegeben von
Hans Bürgin und Hans-
Otto Mayer. S. Fischer
Verlag, Frankfurt/M. 1982,
S. 174

30 Thomas Mann: Briefe
1937–1947. A.a.O. S. 442

31 Thomas Mann: Tagebücher
1946–1948. A.a.O. S. 372

32 Thomas Mann: Briefe
1937–1947. A.a.O. S. 491

33 Ebenda S. 545 u. 865

34 Ebenda S. 444

35 Thomas Mann: Tagebücher
1946–1948. S. 541

36 Ebenda S. 543

37 Ebenda S. 450

38 Ebenda S. 883

39 Ebenda S. 206 f.

40 Ebenda S. 940

41 Thomas Mann: Briefe
1937–1947. A.a.O. S. 397

42 Ebenda S. 571

43 Thomas Mann: Tagebücher
1946–1948. A.a.O. S. 914

44 Ebenda S. 608

45 Ebenda S. 218

46 Ebenda S. 228

47 Ebenda S. 279

48 Ebenda S. 194

49 Ebenda S. 74

50 Thomas Mann XI/169

51 Thomas Mann: Tagebücher
1946–1948. S. 410

52 Die Briefe Thomas Manns.
Regesten und Register.
Band III. A.a.O. S. 430

53 Thomas Mann:
Tagebücher 1946–1948.
A.a.O. S. 844

54 Thomas Mann XI/170 f.

55 Thomas Mann: Tagebücher
1946–1948. A.a.O. S. 227

56 Ebenda S. 609

57 Ebenda S. 39

58 Ebenda S. 75

59 Ebenda S. 881

60 Ebenda S. 129, 131 u. 148

61 Ebenda S. 61

62 Ebenda S. 169 u. 1195

63 Ebenda S. 164

64 Thomas Mann V/1798

65 Thomas Mann Tagebücher
   1949–1950. Heraus-
   gegeben von Inge Jens.
   S. Fischer Verlag, Frank-
   furt/M. 1991, S. 205 u. 207
66 Ebenda S. 211–219
67 Ebenda S. 227–230
68 Ebenda S. 234, 238f
69 Ebenda S. 247 f.
70 Ebenda S. 287
71 Ebenda S. 220 f.
72 Ebenda S. 232
73 Thomas Mann IX/792
74 Die Äußerung von Franz
   Westermeier (im Tagebuch
   »Franz«) wurde im »Stern«
   1991/Nr. 27 veröffentlicht
75 Thomas Mann IX/188
76 Thomas Mann: Briefe an
   Otto Grautoff 1894–1901
   und Ida Boy-Ed 1902–
   1928. Herausgegeben von
   Peter de Mendelssohn,
   Frankfurt/M. 1975,
   S. 191
77 Thomas Mann: 1937–
   1947. A.a.O. S. 470
78 Thomas Mann IX/873
79 Thomas Mann V/1113
80 Thomas Mann VIII/89 ff.
81 Thomas Mann I/496
82 Thomas Mann III/160
83 Thomas Mann I/502
84 Ebenda S. 506 f.
85 Ich verdanke diesen
   Hinweis dem Berliner
   Musikwissenschaftler
   Albrecht Riethmüller.
86 Thomas Mann I/743
87 Ebenda S. 744
88 Ebenda S. 746
89 Ebenda S. 748–750
90 Thomas Mann: Briefe
   an Otto Grautoff und Ida
   Boy-Ed. A.a.O. S. 80
91 Ebenda S. 68
92 Ebenda S. 79
93 Thomas Mann VIII/273
94 Thomas Mann – Heinrich
   Mann: Briefwechsel 1909
   –1949. Herausgegeben
   von Hans Wysling, erweiterte Neuausgabe. Frank-
   furt/M. 1984, S.21
95 Hans Rudolf Vaget:
   Thomas Mann – Kom-
   mentar zu sämtlichen
   Erzählungen. München
   1984, S. 83
96 Thomas Mann XIII/471 f.
97 Thomas Mann: Essays.
   Band I: Frühlingssturm
   1893–1918. Heraus-
   gegeben von Hermann
   Kurzke und Stephan
   Stachorski. Frankfurt/M.
   1993, S. 43
98 Thomas Mann VIII/275
99 Ebenda S. 286
100 Ebenda S. 284
101 Ebenda S. 230
102 Ebenda S. 288
103 Ebenda S. 236
104 Ebenda S. 232
105 Ebenda S. 244
106 Ebenda
107 Ebenda S. 247
108 Ebenda S. 245

109 Ebenda S. 245

110 Ebenda S. 450

111 Ebenda S. 506

112 Ebenda S. 493

113 Ebenda S. 494

114 Ebenda S. 496 f.

115 Thomas Mann: Tagebücher
     1949–1950. A.a.O. S. 213

116 Ebenda S. 248

117 Thomas Mann IX/212

118 Thomas Mann Tagebücher
     1953–1955. Heraus-
     gegeben von Inge Jens.
     Frankfurt/M. 1995. S. 107

119 Ebenda S. 142

120 Ebenda S. 217

121 Ebenda S. 167, 169, 171
     u. 175

122 Thomas Mann/Heinrich
     Mann: Briefwechsel 1900
     –1949. Herausgegeben
     von Hans Wysling. Frank-
     furt/M. 1984, S. 141

123 Thomas Mann: Briefe
     an otto Grautoff und Ida
     Boy-Ed. A.a.O. S. 186

124 Thomas Mann XI/704.

125 Thomas Mann IX/935. –
     Die Äußerung Schillers
     ist zu finden in: Schillers
     Briefe. Hrsg. von Erwin
     Streitfeld und Victor Zme-
     gac. Ullstein, Frankfurt/M./
     Berlin 1986, S. 141

126 Thomas Mann: Tagebücher
     1953–1955. A.a.O. S. 267

127 Ebenda S. 849

128 Ebenda S. 171 u. 272

129 Thomas Mann III/686

130 Thomas Mann:
     Tagebücher 1953–1955.
     A.a.O. S. 36 u. 81

131 Ebenda S. 308

132 Ebenda S. 155

133 Ebenda S. 188

134 Ebenda S. 328

135 Thomas Mann IX/933

136 Thomas Mann Briefe
     1937–1947. A.a.O. S. 441

137 Goethe Zweite Abteilung
     XII/709

138 Thomas Mann: Tagebücher
     1953–1955. A.a.O. S. 766

139 Ebenda S. 344

140 Ebenda S. 756

141 Thomas Mann IX/869

142 Thomas Mann VIII/191

143 Ebenda S. 124

144 Ebenda S. 48 f.

145 Ebenda S. 170 f.

146 Thomas Mann Jahrbuch
     Band 4. Herausgegeben
     von Eckhard Heftrich und
     Hans Wysling. Verlag Vitto-
     rio Klostermann. Frank-
     furt/M. 1991. S. 9–20

147 Thomas Mann VIII/95

148 Thomas Mann: Briefe.
     A.a.O. S. 75 f.

149 Thomas Mann VIII/31

150 Ebenda S. 24

151 Ebenda S. 128 f.

152 Dichter über ihre Dich-
     tungen. Thomas Mann,
     Teil I: 1889–1917. A.a.O.
     S. 25

ALFRED DÖBLIN

Der kleine Aufsatz über den Besuch in Housseras erschien zuerst in der F.A.Z. vom 20. August 1977. – Dem Beitrag »Der geniale Amokläufer« liegt das Manuskript eines Vortrags zugrunde, den ich Ende der achtziger und Anfang der neunziger Jahre an verschiedenen Universitäten gehalten habe. Bisher nicht gedruckt. – Der Aufsatz über »Berlin Alexanderplatz« wurde zuerst (in gekürzter Fassung) in der Reihe »Romane von gestern – heute gelesen« in der F.A.Z. vom 9. Juli 1989 veröffentlicht.

1 Alfred Polgar: Kleine Schriften. Band I: Musterung. Herausgegeben von Marcel Reich-Ranicki in Zusammenarbeit mit Ulrich Weinzierl. Rowohlt Verlag, Reinbek bei Hamburg 1982, S. 92

2 Alfred Döblin: Briefe. Ausgewählte Werke in Einzelbänden. Herausgegeben von Walter Muschg, weitergeführt von Heinz Graber. Walter-Verlag, Olten und Freiburg im Breisgau 1970, S. 206

3 Robert Minder: Dichter in der Gesellschaft. Erfahrungen mit deutscher und französischer Literatur. Insel Verlag, Frankfurt/M. 1966, S. 189 f.

4 Alfred Döblin: Schriften zu Leben und Werk. Ausgewählte Werke in Einzelbänden. Herausgegeben von Anthony W. Riley. A.a.O. 1986, S. 267

5 Ebenda S. 63

6 Ebenda S. 20

7 Ebenda S. 92

8 Ebenda S. 14 f.

9 Hermann Kesten: Lauter Literaten. Porträts. Erinnerungen. Verlag Kurt Desch, München 1963, S. 405

10 Alfred Döblin: Schriften zur Politik und Gesellschaft. Ausgewählte Werke in Einzelbänden. A.a.O. 1972, S. 214

11 Alfred Döblin: Schriften zu Leben und Werk. Ausgewählte Werke in Einzelbänden. A.a.O. 1986, S. 242

12 Alfred Döblin: Kleine Schriften I. Ausgewählte Werke in Einzelbänden. 1985. A.a.O. S. 88

13 Alfred Döblin: Briefe. A.a.O. S. 361

14 Ebenda S. 207

15 Ebenda S. 26

16 Robert Minder: Dichter in der Gesellschaft. A.a.O. S. 187

17 Alfred Döblin: Schriften zu Leben und Werk. A.a.O. S. 96

18 Ebenda S. 79

19 Alfred Döblin: Briefe. A.a.O. S. 206

20 Ebenda S. 206 f.

21 Ebenda S. 336

22 Ebenda S. 498 f.

23 Alfred Döblin: Schriften zu Leben und Werk. A.a.O. S. 24

24 Ebenda S. 98

25 Alfred Döblin: Kleine Schriften I. A.a.O. S. 85

26 Alfred Döblin: Schriften zu Leben und Werk. A.a.O. S. 93 f.

27 Ebenda S. 371

28 Alfred Döblin: Aufsätze zur Literatur. Ausgewählte Werke in Einzelbänden. A.a.O. 1963. S. 122

29 Alfred Döblin: Briefe. A.a.O. S. 72

30 Alfred Döblin: Aufsätze zur Literatur. A.a.O. S. 131

31 Alfred Döblin: Schriften zu Leben und Werk. A.a.O. S. 332

32 Ebenda S. 179

33 Thomas Mann X/883

34 Alfred Döblin: Briefe. A.a.O. S. 34

35 Alfred Döblin: Schriften zu Leben und Werk. A.a.O. S. 241

36 Alfred Döblin: Aufsätze zur Literatur. A.a.O. S. 15

37 Alfred Döblin: Briefe. A.a.O. S. 145

38 Alfred Döblin: Schriften zu Leben und Werk. A.a.O. S. 52

39 Ebenda S. 183

40 Ebenda S. 95

41 Alfred Döblin: Berlin Alexanderplatz. Die Geschichte vom Franz Biberkopf. Ausgewählte Werke in Einzelbänden. A.a.O. 1961, S. 47

42 Ebenda S. 111

43 Walter Benjamin: Gesammelte Schriften III. Herausgegeben von Hella Tiedemann-Bartels. Frankfurt/M. 1973, S. 235

44 Materialien zu Alfred Döblin ›Berlin Alexanderplatz‹. Herausgegeben von Matthias Prangel. suhrkamp taschenbuch 268. Frankfurt/M. 1975, S. 58

45 Alfred Döblin: Briefe. A.a.O. S. 165 f.

46 Alfred Döblin: Berlin Alexanderplatz. A.a.O. S. 282

47 Ebenda S. 287, 289

48 Ebenda S. 483

49 Alfred Döblin: Schriften zu Leben und Werk. A.a.O. S. 463

50 Ebenda S. 56

51 Alfred Döblin: Aufsätze zur Literatur. A.a.O. S. 17

52 Alfred Döblin: Kleine Schriften I. A.a.O. S. 230 f.

53 Alfred Döblin: Aufsätze zur Literatur. A.a.O. S. 288

54 Alfred Döblin: Berlin Alexanderplatz. A.a.O. S. 15

55 Ebenda S. 9

56 Alfred Döblin: Schriften zu Leben und Werk. A.a.O. S. 463

57 Materialien zu Alfred Döblin: ›Berlin Alexanderplatz‹. A.a.O. S. 93

58 Wolfgang Koeppen: Gesammelte Werke in sechs Bänden. Herausgegeben von Marcel Reich-Ranicki in Zusammenarbeit mit Dagmar von Briel und Hans-Ulrich Treichel. Band 5: Essays und Rezensionen.

Suhrkamp Verlag, Frankfurt/M. 1986. S. 231 ff.

59 »Frankfurter Allgemeine Zeitung« vom 5. August 1978.

60 Günter Grass: Werkausgabe in zehn Bänden. Herausgegeben von Volker Neuhaus. Band IX. Essays, Reden, Briefe, Kommentare. Herausgegeben von Daniela Hermes. Hermann Luchterhand Verlag, Darmstadt und Neuwied 1987, S. 236–255

61 »Frankfurter Allgemeine Zeitung« vom 5. August 1978

ROBERT MUSIL

Der Essay, entstanden 2001/2002, ist bisher unveröffentlicht. Während der Arbeit an ihm habe ich zahlreiche Telefongespräche mit zwei Kollegen geführt – mit Karl Corino, einem der besten Kenner Robert Musils, und mit Ulrich Weinzierl, einem der besten Kenner der österreichischen Literatur. Beiden sei für viele wichtige Hinweise und freundschaftliche Warnungen herzlichst gedankt.

Es werden folgende Kürzel verwendet:

MoE – Robert Musil: Gesammelte Werke. Der Mann ohne Eigenschaften. Roman. Herausgegeben von Adolf Frisé. Rowohlt Verlag, Reinbek bei Hamburg 1978.

Prosa – Robert Musil: Gesammelte Werke. Prosa und Stücke. Kleine Prosa, Aphorismen, Autobiographisches. Essays und Reden, Kritik. Herausgegeben von Adolf Frisé. Rowohlt Verlag, Reinbek bei Hamburg 1978.

Tgb. – Robert Musil: Tagebücher. Herausgegeben von Adolf Frisé. Rowohlt Verlag, Reinbek bei Hamburg 1976.

Briefe – Robert Musil: Briefe 1901 – 1942. Herausgegeben von Adolf Frisé unter Mithilfe von Murray G. Hall. Rowohlt Verlag, Reinbek bei Hamburg 1981.

1 Gotthold Ephraim Lessing: Werke. Herausgegeben von Herbert Göpfert. Carl Hanser Verlag, München 1970–1979. Band IV, S. 699

2 Tgb. S. 11

3 Das edle Blut. Eine Erzählung von Ernst von Wildenbruch, Neue Ausgabe. G.Grote'sche Verlagsbuchhandlung, Berlin 1912, S. 62

4 Brecht XXI/315

5 Thomas Mann X/416

6 Prosa S. 1323

7 Briefe S. 304

8 Prosa S. 1318

9 Kritische Friedrich-Schlegel-Ausgabe. Herausgegeben von Ernst Behler unter Mitwirkung von Jean-Jacques Anstett und Hans Eichner. Zweiter Band: Charakteristiken und Kritiken I. Herausgegeben und eingeleitet von Hans Eichner. Verlag Ferdinand Schöningh, München, Paderborn, Wien. 1967, S. 208

10 Prosa S. 43 u. 58

11 Prosa S. 21

12 Tgb. S. 137

13 Prosa S. 1323

14 Prosa S. 1324

15 Kritische Friedrich-Schlegel-Ausgabe. A.a.O. Sechzehnter Band: Fragmente zur Poesie und Literatur. Erster Teil. S. 112

16 Prosa S. 196

17 MoE S. 620 f.

18 »Pardon« 1968/5. S. 20–26

19 »Frankfurter Allgemeine Zeitung« vom 3. Mai 1968

20 »Die Zeit« vom 10. Mai 1968

21 MoE S. 95

22 MoE S.126

23 MoE S. 127

24 MoE S. 276

25 »Frankfurter Allgemeine Zeitung« vom 13. Dezember 1980

26 »Frankfurter Allgemeine Zeitung« vom 13. Juni 2001

27 Musil. Eine Einführung von Eckhard Heftrich. Artemis Verlag, München und Zürich 1986, S. 77

28 MoE S. 173 f.

29 Prosa S. 950

30 MoE S. 64 f.

31 MoE S. 150

32 MoE S. 78

33 MoE S. 88

34 MoE S. 174

35 MoE S. 106 f.

36 Prosa S. 1259

37 Tgb. S. 924

38 MoE S. 108

39 MoE S. 1941

40 MoE S. 1943

41 Wolfgang Koeppen: Robert Musil oder Ein erschreckendes Gebirge. in: W. K, Gesammelte Werke in sechs Bänden.

Herausgegeben von Marcel
Reich-Ranicki in Zusam-
menarbeit mit Dagmar
von Biel und Hans-Ulrich
Treichel. Band 6 Essays und
Rezensionen. Suhrkamp
Verlag, Frankfurt/M.,
S. 204

42 Prosa S. 9

43 Prosa S. 92

44 Elias Canetti: Das Augen-
spiel. Lebensgeschichte
1931–1937. Carl Hanser
Verlag, München 1985,
S. 291

45 Tgb. S. 151f., Briefe S. 504,
Tgb. S. 766

46 Tgb.II/S. 701

47 Prosa S. 1160

48 Tgb. S. 913

49 Prosa S. 1312

50 Prosa 1915

51 Prosa 941f.

52 MoE S. 1910

53 MoE S. 650

54 Briefe S. 504

55 Prosa S. 954

56 Prosa S. 64

57 Prosa S. 950f.

58 Tgb. S. 606

59 MoE S. 102

60 Tgb. S. 317

61 Heimito von Doderer: Die
Wiederkehr der Drachen.
Aufsätze/Traktate/Reden.
Herausgegeben von Wende-
lin Schmidt-Dengler. Bie-
derstein Verlag, München
1984, S. 165

62 Prosa S. 1161

63 Heimito von Doderer:
Tagebücher 1920–1939.
Band I 1920–1934. Heraus-
gegeben von Wendelin
Schmidt-Dengler, Martin
Loew-Cadonna und Gerald
Sommer. Verlag C. H. Beck,
München 1996. S. 374

64 MoE S. 1941

65 MoE S. 123 u. 126

66 Prosa S. 1327

67 Walter Benjamin: Briefe.
Herausgegeben und mit
Anmerkungen versehen
von Gershon Scholem und
Theodor W. Adorno. Band
2. Suhrkamp Verlag, Frank-
furt/M., 1966. S. 575

68 MoE S. 1937

69 Alfred Döblin: Briefe.
Walter Verlag, Olten 1970.
S. 361 f.

70 Hermann Broch: Die
unbekannte Grösse und
frühe Schriften. Mit den
Briefen an Willa Muir.
Herausgegeben von Ernst
Schönwiese. Rhein-Verlag,
Zürich 1961, S. 318

71 Zitiert nach: Karl Corino,
Der Dämon der Mög-
lichkeit. Vom Scheitern
Robert Musils. In: Rowohlt
Literatur Magazin 30,
›Siegreiche‹ Niederlagen.
Scheitern: die Signatur der
Moderne. Herausgegeben
von Martin Lüddke und

Deld Schmidt. Reinbek bei
Hamburg 1992. S. 62
72 Karl Corino. A.a.O.
73 Ebenda
74 Hans Mayer: »Zur deutschen
Literatur der Zeit. Zusammen-
hänge, Schriftsteller, Bücher.«
Rowohlt Verlag, Reinbek bei
Hamburg. S. 142 f.
75 Prosa S. 41
76 Brief an den Autor vom
2. Oktober 2001
77 Brief an den Autor vom
13. November 2001

78 »Die Zeit« vom 3. März 1989
79 Dieter Kühn: »›Der Mann ohne
Eigenschaften‹ – Figur oder
Konstruktion«. Neue Rund-
schau 1980 Heft 4. S. 121
80 MoE S. 459
81 MoE S. 461
82 Tgb. S. 601
83 MoE S. 694
84 MoE S. 899
85 MoE S. 1651
86 MoE S. 1233
87 Ebenda
88 MoE S. 1656

Franz Kafka

Vortrag aus Anlaß des 100. Geburtstags von Franz Kafka, gehalten
1983 an der Akademie der Wissenschaften und der Literatur zu
Mainz und an der Katholischen Akademie Hamburg. Zuerst gedruckt in der F.A.Z. vom 2. Juli 1983.

1 Susan Sontag: Kunst und
Antikunst. 24 literarische
Analysen. Deutsch von
Mark W. Rien. Carl Hanser
Verlag, München 1980, S. 13
2 Heinz Politzer: Franz Kafka,
der Künstler. S. Fischer Verlag, Frankfurt/M. 1965, S. 43
3 Franz Kafka: Briefe an
Milena. Erweiterte und neu
geordnete Ausgabe. Herausgegeben von Jürgen Born
und Michael Müller.
S. Fischer Verlag, Frank-
furt/M. 1983.
4 Franz Kafka: Briefe 1902–
1924. Herausgegeben von

Max Brod. S. Fischer Verlag,
Frankfurt/M. 1966, S. 97
5 Ebenda S. 97.
6 Franz Kafka: Briefe an
Milena. A.a.O. S. 268
7 Ebenda S. 30
8 Franz Kafka: Tagebücher
1910–1923. Herausgegeben
von Max Brod. S. Fischer
Verlag, Frankfurt/M. 1967,
S. 204
9 Franz Kafka: Briefe an
Milena. A.a.O. S. 44 u. 20
10 Ebenda S. 7
11 Gina Kaus: Und was für ein
Leben … Albrecht Knaus
Verlag, Hamburg 1979, S. 55 f.

12 Franz Kafka: Briefe 1902–
     1924. A.a.O. S. 101

13 Franz Kafka: Briefe an
     Milena. A.a.O. S. 18

14 Ebenda S. 108

15 Ebenda S. 20

16 Ebenda S. 317

17 Ebenda S. 41

18 Ebenda S. 26 f.

19 Ebenda S. 41

20 Ebenda S. 54

21 Franz Kafka: Briefe 1902–
     1924. A.a.O. S. 275

22 Franz Kafka: Briefe an
     Milena. A.a.O. S. 42

23 Ebenda S. 201

24 Ebenda S. 29

25 Ebenda S. 32

26 Ebenda S. 23

27 Ebenda S. 60

28 Ebenda S. 47

29 Ebenda S. 60

30 Ebenda S. 52

31 Ebenda S. 371

32 Franz Kafka: Briefe an Felice
     und andere Korrespondenz
     aus der Verlobungszeit.
     Herausgegeben von Erich
     Heller und Jürgen Born.
     Mit einer Einleitung von
     Erich Heller. S. Fischer
     Verlag, Frankfurt/M. 1970,
     S. 351 f.

33 Franz Kafka: Briefe 1902–
     1924. A.a.O. S. 229

34 Kafka. Ein Leben in Prag.
     Text und Bilddokumen-
     tation: Hartmut Binder.
     Verlag Mahnert-Lueg bei
     Langen Müller, München
     1982, S. 199

35 Franz Kafka: Briefe an
     Milena. S. 93

36 Ebenda S. 94

37 Ebenda S. 100

38 Ebenda S. 113

39 Ebenda S. 115

40 Ebenda S. 119

41 Ebenda S. 126 u. 129

42 Ebenda S. 197 u. 199

43 Ebenda S. 299 u. 235

44 Ebenda S. 274

45 Ebenda S. 299

46 Ebenda S. 301

47 Franz Kafka: Briefe 1902–
     1924. A.a.O. S. 295

48 Franz Kafka: Briefe an
     Milena. A.a.O. S. 371

49 Franz Kafka: Briefe 1902–
     1924. A.a.O. S. 316

50 Ebenda S. 195

51 Kafka: Briefe an Milena. S. 302

52 Ebenda S. 299

53 Ebenda S. 228

54 Ebenda S. 59

55 Ebenda S. 290

KURT TUCHOLSKY

Der Aufsatz »Ein Deutscher ohne Deutschland« erschien zuerst in der »Frankfurter Allgemeinen Zeitung« vom 21. Januar 1983, der Beitrag »Einer von uns« aus Anlaß von Tucholskys hundertstem Geburtstag in der »Frankfurter Allgemeinen Zeitung« vom 27. Januar 1990.

1 Kurt Tucholsky: Unser
ungelebtes Leben. Briefe an
Mary. Herausgegeben von
Fritz J. Raddatz. Rowohlt
Verlag, Reinbek bei Ham-
burg 1982

2 Tucholsky I/871

3 Kurt Tucholsky:
Ausgewählte Briefe 1913–
1935. Herausgegeben von
Mary Gerold-Tucholsky
und Fritz J. Raddatz.
Rowohlt-Verlag, Reinbek
bei Hamburg 1962.
S. 205

4 Tucholsky II/108

5 Tucholsky III/1029

6 Kurt Tucholsky: Ich kann

nicht schreiben, ohne zu
lügen. Briefe 1913 bis 1935.
Herausgegeben von Fritz J.
Raddatz. Rowohlt Verlag
1989. S. 96

7 Ebenda S. 46

8 Kurt Tucholsky: Ausgewählte
Briefe 1913–1935. A.a.O.
S. 132

9 III/437

10 Kurt Tucholsky: Ich kann
nicht schreiben, ohne zu
lügen. A.a.O. S. 79

11 Ebenda S. 160

12 Ebenda S. 75

13 Ebenda S. 77

14 Ebenda S. 177f.

15 Ebenda S. 72

Bertolt Brecht

Rede zum 50. Jubiläum des Aufbau-Verlages am 24. September 1995
im Schauspielhaus am Gendarmenmarkt in Berlin. Zuerst gedruckt
in der F.A.Z. vom 6. Januar 1996.

1 Brecht XXVI/230

2 Frisch V/342

3 Ebenda

4 Brechts Äußerung wurde
von Walter Benjamin über-
liefert. Siehe Walter
Benjamin: Versuche über
Brecht. Herausgegeben und
mit einem Nachwort ver-
sehen von Rolf Tiedemann.
Suhrkamp Verlag,

Frankfurt/M. 1966 (edition
suhrkamp Nr. 172), S. 118

5 Brecht XXVI/460

6 Brecht XXIII/67

7 Brecht XXVIII/316

8 Brecht XXVIII/36 u. 39

9 Brecht XXVIII/39

10 Goethe XXXIX/206

11 Brecht XVIII/41

12 Franz Kafka: Briefe an
Milena. A.a.O. S. 108

Personenregister

Die Deutsche Bibliothek – CIP-Einheitsaufnahme
Ein Titeldatensatz für diese Publikation ist bei
Der Deutschen Bibliothek erhältlich.

2. durchgesehene und korrigierte Auflage
© 2002 by Deutsche Verlags-Anstalt, Stuttgart München
Alle Rechte vorbehalten
Gestaltung und Satz: Brigitte Müller, Stuttgart
Druck und Bindearbeit: GGP Media, Pößneck
Diese Ausgabe wurde auf chlor- und säurefrei gebleichtem,
alterungsbeständigem Papier gedruckt.
Printed in Germany
ISBN 3-421-05514-9

Marcel Reich-Ranicki

Die Anwälte der Literatur

360 Seiten

€ 12,90 / sFr 22,-

ISBN 3-421-06564-0

Die Literaturkritik, Marcel Reich-Ranickis Passion, ist auch Thema dieses Buchs. Der Band bietet 23 essayistische Porträts bedeutender Kritiker und jener großen Dichter und Schriftsteller, in deren Werk die Kritik eine wichtige Rolle spielt. Reich-Ranickis Leidenschaft für die Literatur verleiht seinen Porträts von Lessing bis Martin Walser einen besonderen Reiz. Über sie alle schreibt »der erste Literaturkritiker der Nation« liebevoll und anschaulich, aber auch skeptisch und polemisch. Er ist der Chronist, er ist das Gedächtnis der deutschen Kritik.

www.dva-buch.de

Marcel Reich-Ranicki

Vom Tag gefordert

Reden in deutschen Angelegenheiten

208 Seiten

€ 19,90 / sFr 35,20

ISBN 3-421-05501-7

Große Reden Marcel Reich-Ranickis, Reden aus gegebenen Anlässen, die jedoch stets weit über diese Anlässe hinausgingen. Genau aus diesem Grund fanden Sie ausnahmslos ein starkes Echo, in das sich sowohl begeisterte Zustimmung als auch erregter Widerspruch zu einer brisanten Mischung zusammenfanden. Polemisch, temperamentvoll und leidenschaftlich spricht Reich-Ranicki über sein Verhältnis zu drei deutschen Genies: Goethe, Hölderlin und Kleist. Seine Reden sind immer auch ein Bekenntnis in eigener Sache. In diesem Sinne ist der Band eine aufregende und notwendige Ergänzung zu seiner Autobiographie »Mein Leben«.

DVA

www.dva-buch.de